KB204298

법상교학 총서 I

자은대사 규기와 심식론의 변천

저자 박재용

도서출판 해조음

머리말

이 책은 법상유식 관점에서 심식론의 변천 배경과 그 과정을 다루고자 하는 것이 목적이다. 초기불교에서 유식불교에 이르는 1,000여 년의 기간을 교리사적으로 살펴볼 때, '마음'이 무엇인지를 다루는 심식론(心識論)이 그 핵심 논의 중 하나라고 볼 수 있다. 심식론과 관련된 대표적 논의에는 안식~의식에 이르는 6식 및 아뢰야식과 같은 심층식에 대한 내용이 있다. 또 각 식이 갖는 고유의 역할 및 다른 식과의 관계와 더불어 심소의 등장, 심·심소의 상응, 심작용설 등의 설도 함께 다루어진다. 심식론의 변천 과정은 심과 심소에 대한 전반적 변화 내용을 담고 있는 것이다. 본서의 기획 의도와 주요 내용을 다음과 같은 물음을 필두로 소개한다.

심식론은 왜 달라졌고, 어떠한 과정을 거쳐 변화하였는가?

초기불교 이후 심식론 변천의 내용은 다음과 같은 세부 항목으로 분류된다. 6식은 하나의 체(體)인가 별도의 체인가? 초기불교에 등장하지 않는 심소가 부파불교에 나타나게 된 배경은 무엇인가? 심과 심소는 같은 것인가 다른 것인가? 심·심소 상응설이나 심작용설은 왜 나타나는가? 9심 및 5심은 무엇인가? 일상적 마음인 6식 외에 유분식이나 아뢰야식과 같은 심층식은 왜 등장하게 되었는가? 부파불교의 유분식과 유식불교의 아뢰야식의 차이는 무엇인가? 이상과 같은 물음들이 심식론의 변천 과정을 설명할 때 해명되어야 할 부분이다. 심식론을 소개하는 기존 문헌에서는 특정 부파의 심식론 내용을 단편적으로 소개하는 데 그치고 있어, 변천의 과정과 내용에 대한 전반적 논의가 한정적이고 불충분하다. 본서에서는 초기불교-부파불교-유식불교로 이어지는 심식설의 변화를 법상유식의 관점에서 하나로 꿰어 정리하고자 한다. 심·심소 별체론, 심·심소 상응설, 심작용설, 9심과 5심, 식체의 분화 등 변천의 과정과 배경을 설명한 후 부파불교 이후 법상유식에서 심식론이 어떻게 달라졌는지를 재구성한다. 이를 위해 부파불교의 9심과 유식불교의 5심을 키워드로 하여 핵심적인 차이가 무엇인지를 구분함으로써, 심식론 변천이 일어난 배경과 과정에 대해 구체적으로 설명한다.

자은대사 규기는 인도유식을 어떻게 계승하였는가?

규기는 현장의 제자로 법상종을 세운 인물이다. 법상종의 교학을 법상교학이라고 하는데, 인도의 유식논사 호법이 찬술한 『성유식론』에 기초한 교학이므로 법상유식 혹은 호법유식이라고도 부른다. 규기는 호법유식을 계승·발전 시켜 법상교학을 체계화하였고, 자신의 주저인 『대승법원의림장』을 통해 독창적 사유를 하고 있다. 유식불교 심식론의 핵심 내용으로는 제8아뢰야식을 중심으로 한 심식설과 종자설·업설, 식의 3소의[종자의, 구유의, 개도의] 등을 들 수 있다. 이를 다루는 호법의 논의는 같은 유식 논사인 난타·안혜 등과도 차이가 있다. 규기는 유식논사들 간의 쟁점이 되는 부분을 해결하기 위해 자신만의 독창적 내용을 보충하고 있다. 본서에서는 호법유식의 심식론을 다룬 후, 규기가 이를 계승하여 완결 짓고자 한 내용이 무엇인지를 고찰한다. 이 논의를 통해 호법유식과 법상유식의 차별적 내용이 구체적으로 드러난다.

이 책은 크게 3부로 구성되어 있다.

1부는 I장과 II장에 해당하며, 자은대사 규기의 저술과 법상교학의 특징을 포괄적으로 설명한다. 규기의 생애에 대해 『송고승전』을 통해 살펴보고, 삼장법사 현장의 역경 사업과 법상종의 성립 및 법상교학의 특징을 다룬다.

2부는 III장에 해당하며, 이 책의 핵심 주제인 심식론의 변천을 담고 있다. 초기불교 이후 부파불교를 거쳐 유식불교에 이르는 심식론의 변화를 살펴보고 자은대사 규기가 어떻게 법상 고유의 심식론을 완성하고자 했는지를 고찰한다. III장의 내용은 필자의 박사 논문의 논지를 토대로 재구성한 것이다.

3부는 IV장으로, 규기가 독자적으로 제시하는 오종유식과 오중유식의 내용을 자세히 설명하면서 법상유식관의 특징을 정리한다. 이 내용 역시 필자의 연구논문에 기초하였다.

동아시아 전통에서 『성유식론』과 『대승법원의림장』에 기초한 법상유식은 교학적으로나 철학적으로 매우 중요하다. 일본에서는 법상전통이 1,500여 년 이상 이어져 내려온 반면, 국내에서는 오래전 그 맥이 끊어진 바 있다. 1970년대 김동화 박사의 주도하에 법상유식이 소개된 이후 적지 않은 주목을 받아 연구가 활발해졌으나, 2010년대 이후 관련 연구가 상대적으로 저조한 실정이다. 이런 상황에서 국내에서 법상유식 연구가 활발해지길 바라는 마음에 법상교학 총서가 기획되었다.

법상교학 총서 I권에 해당하는 이 책은 법상유식 관점에서 심식론의 변천을 위주로 다루고 있지만, 총서의 II권 이후에서는 『대승법원의림장』 전반에 나타난 법상교학의 체계를 밝히고자 한다. 그동안 국내에서는 법상교학에 대한 기초 연구는 물론이고 『대승법원의림장』에 대한 연구도 거의 이루어지지 않았다. 일본에서는 관련 연구가 적지 않게 진행됐지만 일부 장(章)만을 소개한다든지, 장들 간의 상호인용 관계를 밝히는 등 부분적 연구 활동에만 치우쳐 있다. 또한, 규기의 주장을 그대로 수용하여 소개하고 있다는 점에서 비판적 문헌 연구에 대한 아쉬움도 남는다.

이 머리말에서만도 여러 물음이 등장하는데, 사실 이 책은 호법유식에서 전혀 다루지 않는 내용을 왜 굳이 규기가 추가해서 다루려고 했는지에 대한 소박한 의문에서 시작하였다. 물음이 종자가 되어 불교교리사를 뒤적이며 그 이유를 찾게 하는 동력이 되었고 마침내 연구의 결과물로 현행하게 된 것으로 생각한다. 마지막으로 이 책에 전개된 핵심 주장들은 법상교학에 대한 필자의 개인적 해석에 기초한 것이므로, 논리상의 오류 역시 모두 필자의 몫임을 밝혀둔다.

그동안 필자를 이끌어 주신 수많은 분의 도움이 없었다면 이 책은 나오기 어려웠을 것이다. 특별히 『송고승전』「규기전」의 번역을 게재할 수 있게 허락해 주시고, 여러 조언을 아끼지 않으신 천안 평심사 정원(淨圓) 스님께 지면을 빌려 감사를 전한다. 그리고 무엇보다도 어려운 시기에 흔쾌히 출판을 승낙하고 책을 내어 주신 해조음 이주현 대표와 편집진께 감사드린다.

여러모로 부족한 책이지만 국내 법상유식 연구의 활성화에 조금이나마 도움이 되기를 바라며 유관 연구자를 포함 독자 여러분께도 감사의 말씀을 드린다.

2020년 겨울
북한산 문수봉 자락에서
박재용 합장

목차

I. 규기와 현장의 역경사업

II. 법상종의 교학

III. 심식론의 변천과 법상유식

IV. 규기의 유식관

부록

Ⅰ. 규기와 현장의 역경사업

1. 자은대사의 생애

자은대사(慈恩大師) 규기(窺基, 632~682)는 당(唐)나라 시대의 대표적인 유식논사이다. 대사는 삼장법사 현장(玄奘, 602~664)의 직전 제자로서 그의 유식사상을 이어받아 법상종을 창종(創宗)하였다. 예로부터 대사는 '백본(百本)의 소주(疏主)'라는 별칭으로도 유명한데, 그 만큼 많은 경론의 주석서를 평생 집필하였기 때문이다. 대사에 대한 전기(傳記)는 대략 13편이 전해져 내려오며, 그 목록은 다음과 같다.[1)]

『성유식론장중추요(成唯識論掌中樞要)』
『대당대자은사법사기공비(大唐大慈恩寺法師基公碑)』
『대자은사대법사기공탑명정서(大慈恩寺大法師基公塔銘并序)』
『성유식론후서(成唯識論後序)』
『법화경전기(法華經傳記)』
『법화경현찬요집(法華經玄贊要集)』
『송고승전(宋高僧傳)』「당경조대자은사규기전(唐京兆大慈恩寺窺基傳)」
『당태종황제어제기공찬비(唐太宗皇帝御製基公讚記)』
『대당대자은사화찬(大唐大慈恩寺画讚)』
『심경유찬서(心經幽贊序)』
『유식이십론후서(唯識二十論後序)』

1) 渡辺隆生(1982), 「慈恩大師の伝記資料と教学史的概要」『慈恩大師御影聚英』, 慈恩大師御影聚英刊行會, 興復寺; 藥師寺 編, 京都: 法藏館, pp.194-195.

『장중추요기(掌中樞要記)』

『대자은사대승기공(大慈恩寺大乘基公)』

후대에 많이 인용되는 대표적인 전기로는 『송고승전(宋高僧傳)』「규기전(窺基傳)」[2]이 있고, 『성유식론장중추요』[3]에는 대사가 직접 서술한 자전적 내용이 남아 있다. 규기는 장안(長安)의 대자은사(大慈恩寺)에 오랫동안 머물며 역경과 저술 작업을 하였기 때문에 '자은대사(慈恩大師)'라는 칭호를 얻었다. 후대 문헌에서는 '규기(窺基)'라는 명칭 대신 '기(基)' 혹은 '자은대사'로 언급되는 경우가 많다. 일본학자 渡辺隆生은 '규기(窺基)'라는 칭호를 사용하는 것은 고증(考證)상 문제가 있으므로 '기(基)' 혹은 '대승기(大乘基)'로 쓰는 것이 옳다고 주장한다.[4] 본서에서는 문맥에 따라 '자은대사 규기' 혹은 '규기'로 칭하기로 한다.

먼저 자은대사 규기의 생애에 대해 『송고승전』「규기전」의 내용을 중심으로 소개하고자 한다.[5]

---

2) 찬영(贊寧) 등 찬, 『송고승전』(『대정장』50). 송(宋)나라 찬영(919-1002) 등은 단공(端拱) 원년(988) 송 태종에게 봉헌하고자 『송고승전』을 찬술하였다. 『송고승전』에는 당(唐)에서 송(宋)에 이르는 350년간 고승 533인의 전기(傳記) 및 130인의 부전(附傳)이 기록되어 있다. 역경·의해·습선·명률·호법·감통·유신·독송·흥복·잡과 등 10편(編)으로 구성되었다. 자은대사 규기에 대한 자료는 30권 중 「의해편(義解篇)」에 해당하는 권4의 「당경조 대자은사 규기전(唐京祖 大自恩寺 窺基傳)」에 나와 있으며, 자은대사의 전기(傳記)와 업적(業蹟)을 집대성한 사전(史傳)이다. 자은대사 입적 후 300여 년이 경과한 송대에서 편집된 것으로, 당(唐)대의 전기사료보다 후기의 자료라서 그 가치가 떨어지지만 그 기술에 있어 오래된 자료들을 잘 인용하고, 구성에서도 세세하게 다루고 있어 자은대사 전기 중에서 완비된 자료로 평가받고 있다.

3) 규기 찬, 『성유식론장중추요』(『대정장』43)

4) 渡辺隆生(1982), p.206.

5) 『송고승전』「규기전」의 원문과 번역은 책 뒤의 부록을 참고하라. 「규기전」 전문은 국내에서 처음 번역된 것으로, 천안(天安) 평심사(平心寺) 정원(淨圓)스님께서 직접 번역하였고 필자가 각주를 달았음을 밝혀둔다.

규기는 당나라 수도인 장안(長安) 출신으로 속성은 울지(尉遲)이다. 그의 선조는 후위(後魏) 사람으로 당나라에 편입되었다. 조부는 위나라 장군 출신이지만, 부친은 당나라 장군으로 개국공신이기도 했다. 모친은 비씨로 꿈에 월륜을 집어 삼켰는데 이것이 규기의 태몽이었다고 전한다. 어릴 적부터 다른 아이와 다르게 서적을 읽고 학습하는데 탁월하였다고 한다.

현장은 길을 가다 우연히 규기를 마주치게 되었는데, 규기의 눈과 눈썹이 환하고 빼어나며 행동거지가 의젓하여 장군가의 자손이라 생각하였다. 현장은 첫눈에 규기를 출가시켜 제자로 삼기를 희망하였는데, 자신의 불법 선양에 큰 기여를 할 것으로 생각하였다. 현장은 불경을 구하러 인도에 갔을 때 인도의 수행자에게 점을 친 적이 있었는데, 귀국 후 뛰어난 제자를 얻게 될 것이라는 길한 점괘를 받은 바 있다. 이에 현장은 직접 규기의 부친을 만나 출가시킬 것을 권유하였다. 규기의 부친은 아들이 거칠고 사나워서 출가를 한다 해도 가르침 받기가 어려울 것이라고 사양했으나, 현장은 규기의 기도가 출중함을 내세워 계속 설득하였고 결국 승낙을 얻었다. 부친은 현장의 청을 받아들였으나 문제는 규기였다. 그는 현장의 권유대로 출가하여 스님이 되기를 강력하게 거부하였다. 거듭된 설득에 규기는 3가지 조건을 내세워 자신의 출가를 조건부로 받아들이게 된다. 3가지 조건이란 첫째, 금욕하지 않고 정욕을 풀 수 있도록 허락할 것, 고기를 먹을 수 있게 할 것, 오후에 식사를 허용할 것의 셋이었다. 규기는 출가자가 지켜야 할 계율의 일부를 범할 수 있도록 요청한 것이다. 현장은 먼저 규기가 내건 이 세 가지 조건을 받아들이고 이후 부처님의 지혜에 들어갈 수 있게 하려고 임시로 수긍하였다. 후대 규기는 삼거화상(三車和尚)으로 불리기도 했는데, 세 수레에 각각 불교경전, 술, 여인을 싣고 다녔다고 전해졌기 때문이다. 규기의 이러한 행각은 과장된 점이 없지 않다. 규기는 자신의 저술인 『성유식론장중추요』에 9세에 모친을 여읜 이후 세속적인 일에 관심이 없었다고 출가동기를 적고 있다. 만약 이것이 사실이라면 규기를 칭하는 삼거화상이라는 수식어는 과장된 것이라고 볼 수 있다.

규기는 17세에 출가하여 불법에 입문한 후 현장의 제자가 되었다. 처음에는 광복사(廣福寺)에 머물렀는데, 워낙 총명하고 지혜가 출중하였으므로 후에 현장이 머무는 대자은사(大慈恩寺)로 옮겼다. 자은사에서 규기는 천축어를 학습하고 경론을 일람하면서 보냈고, 이후 사찰 내의 분쟁을 조정하고 푸는데 탁월한 역량을 발휘하였다. 25세 이후부터 역경에 참여하였고 대소승 경론 30여 종을 해석하고 연구하는데 능통하였다. 또한 이들 경론의 주석서를 짓는데 온 힘을 다했으며, 특유의 독창성을 발휘하여 100여 본(本)의 소(疏)를 지은 것으로 알려져 있다.

현장은 신방(神防), 가상(嘉尙), 보광(普光), 규기(窺基) 등 4명의 제자와 함께 『성유식론』을 번역하였다. 『성유식론』에는 정설인 호법(護法)의 설을 포함 인도 유식의 10대 논사의 주장이 모두 담겨져 있었다. 얼마 후 규기는 현장을 만나 『성유식론』 역경작업의 사퇴를 요청하여 현장이 그 이유를 물으니 지금 진행하는 역경작업이 근본을 놓치고 순수함을 잃는 것 같아서 불참하겠다고 하였다. 만약 10대 논사의 설을 모두 싣는 대신, 호법의 정설만을 본(本)으로 삼는다면 후대에 책망을 받는다 해도 근본을 살리는 것이라고 현장에게 간청하였다. 현장은 이를 받아들여 신방 등 3인을 역경 작업에서 내보내고, 규기에게만 『성유식론』의 번역 일을 맡겼다. 규기 저술인 『성유식론장중추요』에도 이와 유사한 내용이 있다. 『성유식론』 번역과 함께 규기는 『성유식론』에 대한 현장의 강설을 들은 대로 수록·편찬하여 『성유식론술기』를 저술하였다. 『성유식론술기』에 빠진 내용은 『성유식론장중추요』에서 보충하였으므로, 규기의 『성유식론』 관련 주석서는 2권인 셈이다.

『성유식론』 역경 당시 서명사(西明寺)에는 신라승 원측(圓測)이 머물고 있었다. 『송고승전』에 따르면 원측은 현장이 『성유식론』을 강설하는 곳에 들어가기 위해 문지기에게 뇌물을 주었고, 현장의 강독을 숨어서 청강하였다고 한다. 이후 원측은 『성유식론』의 내용을 엮어 논지를 소통시킨 후 서명사에서 승려들을 모아 『성유식론』을 강의하였다. 규기는 이 소식을 듣고 비통해 했는데, 현장은 원측이 인명학(因明學)에 통달하지 못했다고 하면서 규기에게 별도로 진나(陳那)의 『인명정리문론(因明正理門論)』을 강설하여 위로하였다고 한다. 『성유식론』 이후 규기는 『유식이십론』(1권)·『변중변론』(2권)·『아비달마계신족론』(1권)·『변중변론』(3권)·『아비달마계신족론』(3권)·『이부종륜론』(1권)등에서 역경을 책임지는 중직을 맡았다고 전해진다.

역경 작업 이후 규기는 오대산, 태행산 등을 거쳐 서하(西夏)의 한 사찰에서 숙박하면서 꿈을 꾸게 된다. 꿈속에서 신음소리가 들려 봉우리에 올라 성을 바라보니, 이곳에 왜 왔느냐고 꾸짖는 소리를 들었다. 얼마 후 동자가 나타나 산 아래에서 고통 받고 있는 중생을 보았는지 물었는데, 형체는 보지 못하고 소리만 들었다고 대답했다. 동자는 검 한 자루를 주면서 배를 가르면 그들을 볼 수 있다고 하였는데, 규기가 배를 가르자 빛이 일어나 산 아래를 비추었고 수많은 사람들이 고통을 받는 모습을 보게 되었다. 잠시 후 동자가 종이와 붓을 던졌고 규기가 이를 받으며 꿈이 끝났다. 규기는 다음날 아침 기이하게 여겨 사찰 내를 찾아보았는데, 빛을 발하는 곳에서 『미륵상생경』을 얻게 되었다. 규기는 꿈을 기억해서 이 경에 대한 소를 지었고, 집필하는 도중 붓에 사리가 떨어졌다고 한다.

이후 규기가 태원으로 향해 갈 때 세 대의 수레로 이동했는데, 맨 앞 수레에는 경론 등 책 상자가 들어 있었고, 중간 수레에는 규기가 탔으며, 맨 뒤 수레에는 여인과 음식을 실었다. 가는 도중 한 노인을 만나게 되었는데, 그는 수레에 무엇이 있는지를 물었다. 규기는 집안 식구와 경론이 들어 있다고 대답하였다. 노인은 가족과 함께 지내는 것은 불교의 가르침에 어긋나는 것이라고 꾸짖었다. 규기는 잘못을 뉘우치고 이후 수레를 버리고 혼자 갔다고 한다. 승려로서의 본분을 일깨워준 노인은 문수보살의 화신이었다고 한다. 『송고승전』에서는 이 일화도 앞뒤가 맞지 않는다고 하면서, 규기가 장기간 현장과 함께 옥화궁에서 역경을 하였는데 세 수레를 어디에 두었겠냐고 반문하고 있다. 이후 규기는 여러 곳을 다니면서 대중들을 교화하기도 하였다. 박릉(博陵)에서 『법화경』을 강의하고 이에 대한 소를 짓기도 하였고, 수차례 남산율종의 시조인 도선율사를 만났다고 전하고 있다.

규기는 682년 병을 얻어 같은 해 11월 13일 자은사 번경원(翻經院)에서 입적하였다. 속세 나이로 51세이었지만, 출가년도가 정확하지 않아 승려로서의 나이는 알려지지 않았다. 번촌(樊村) 북거(北渠)에 있는 현장의 무덤 근처에 모시고 합사하였다. 제자들이 장례 길을 배웅할 때, 인근에 스님과 재가자들이 구름처럼 모였다고 한다. 생전에 규기는 미륵상을 조성하고 그 앞에서 매일 보살계 한 편을 외우면서 도솔천에 태어나기를 원했는데, 그 뜻에 맞게 온 몸이 환하게 빛을 발하였다. 이후 오대산에 옥으로 문수보살상을 조성하고, 금색으로 반야경을 사경한 이후에도 빛을 냈다고 한다. 규기 입적 후 약 150년 후인 830년 7월 평원으로 탑을 옮기면서 살펴보니 치아 40근이 끊어지지 않고 옥과 같이 있는 것이, 마치 부처님 치아와 유사했다고 한다.

규기 사후 여러 사찰에서는 규기의 상을 그리면서 '백본소주진(百本疏主眞)'이라고 써넣었다. 규기의 모습을 신체가 건장하고, 당당하였다고 적었고, 규기가 대중들을 가르치는데 게으르지 않았다고 기록하고 있다. 자은사에서 전해 내려오는 『대자은사 삼장법사전(大慈恩寺三藏法師傳)』에서는 규기를 대승기(大乘基) 혹은 자은법사(慈恩法師)라고도 칭하였다.

『송고승전』「규기전」에서는 다음과 같이 끝을 맺고 있다. 현장은 유가유식을 개창한 조(祖)이며, 규기는 문장을 적고 서술한 종(宗)이다. 조(祖)와 더불어 종(宗)은 지난 100대 중 가장 빛나는 대(代)로서 중생에게 미친 공덕은 넓고도 크다. 현장에게 규기가 없었다면 어떻게 교학을 확장했으며, 천하 대중들의 안목을 넓혔겠는가. 규기는 장군가의 아들로서 현장의 문하생이 되었다. 장군가에 태어나 이후 법의 장군[法將]이 된 인물은 천년 이래 유일하다. 잡초 우거진 선조의 밭에 아들이 파종을 하여 즐겁게 수확한 것이 아니겠는가. 바로 '백본의 소주'인 규기를 말하는 것이다.

이상으로 『송고승전』에 근거하여 자은대사의 생애를 알아보았는데, 되도록 원문의 내용을 가감 없이 풀어서 서술하였다.

2. 규기의 저술

규기의 사상은 현장(玄奘) 문하에서 형성된 것으로 『성유식론』 등 유식

관련 논서의 번역과 밀접한 연관이 있다. 현장은 입적을 앞둔 시점까지 경론의 번역에 몰두하였는데 그 중 유식경론의 역출(譯出)에 관심이 많았다. 규기는 현장의 신역(新譯) 유식경론에 의거하여 당시 유행하던 구유식설을 비판하였고, 법상종을 세워 법상유식의 선양과 발전에 힘썼다.

1) 저술 목록

여러 문헌에 언급되는 규기의 저술은 대략 40여 부로서, 그 중 현존하는 것은 25부 109권에 달한다. 규기의 대표 저술을 살펴보면 다음과 같다.

현존(現存)하는 주요 자료

1. 『유가사지론약찬(瑜伽師地論略纂)』 16권 『대정장(大正藏)』 43권
2. 『유가사지론겁장송(瑜伽師論劫章頌)』 1권 『만속장(卍續藏)』 1-75-3
3. 『변중변론술기(辯中邊論述記)』 3권 『대정장(大正藏)』 44권
4. 『대승백법명문론해(大乘百法明門論解)』 2권 『대정장(大正藏)』 44권
5. 『대승백법명문론췌언(大乘百法明門論贅言)』 1권 『만속장(卍續藏)』 1-76-5
6. 『유식이십론술기(唯識二十論述記)』 2권 『대정장(大正藏)』 43권
7. 『성유식론술기(成唯識論述記)』 20권 『대정장(大正藏)』 43권
8. 『성유식론장중추요(成唯識論掌中樞要)』 4권 『대정장(大正藏)』 43권
9. 『성유식론요간(成唯識論料簡)』 2권 『만속장(卍續藏)』 1-76-5
   규기 찬술여부 불투명

10. 『성유식론별초(成唯識論別抄)』 10권 『만속장(卍續藏)』 1-77-5

규기 찬술여부 불투명

권1, 5, 9, 10 만 현존

11. 『대승아비달마잡집론술기(大乘阿毘達磨雜集論述記)』 10권 『만속장(卍續藏)』 1-74-4~5

(완본이 아님, 『대법초(対法抄)』 · 『잡집론초(雜集論抄)』라고도 함)

12. 『설무구칭경소(說無垢稱經疏)』 6권 『대정장(大正藏)』 38권

13. 『승만경술기(勝鬘經述記)』 2권 『만속장(卍續藏)』 1-30-4

14. 『아미타경통찬소(阿彌陀經通贊疏)』 3권 『대정장(大正藏)』 37권

15. 『아미타경소(阿彌陀經疏)』 1권 『대정장(大正藏)』 37권

16. 『관미륵상생도솔천경찬(觀彌勒上生兜率天經贊)』 2권 『대정장(大正藏)』 38권

17. 『금강반야경찬술(金剛般若經贊述)』 2권 『대정장(大正藏)』 33권

18. 『반야바라밀다심경유찬(般若波羅蜜多心経幽賛)』 2권 『대정장(大正藏)』 33권

19. 『대반야바라밀다경이취분술찬(大般若波羅密多經理趣分述讚)』 3권 『대정장(大正藏)』 33권

20. 『법화경위위장(法華經為為章)』 1권 『만속장(卍續藏)』 1-52-4

21. 『묘법연화경현찬(妙法蓮華經玄讃)』 20권 『대정장(大正藏)』 34권

22. 『금강반야론회석(金剛般若論會釋)』 3권 『대정장(大正藏)』 40권

23. 『인명입정리론소(因明入正理論疏)』 3권 『대정장(大正藏)』 40권

24. 『대승법원의림장(大乘法苑義林章)』 7권 『대정장(大正藏)』 45권

25. 『이부종륜론술기(異部宗輪論述記)』 1권 『만속장(卍續藏)』 1-83-3

26. 『서방요결석의통규(西方要決釋疑通規)』 1권 『대정장(大正藏)』 47권

실전(失傳)된 자료

『섭대승론초(攝大乘論抄)』 10권

『현양성교론소(顯揚聖教論疏)』 ?권

『대승백법명문론결송(大乘百法明門論決頌)』 1권

『대승백법명문론현체(大乘百法明門論玄替)』 권

『관소연연론소(觀所緣緣論疏)』 1권

위 저술에서 1~11까지 11종[실전자료 포함 16종]이 유식관련 논서인데, 그 중 『성유식론』 관련 저술은 4종에 이른다. 실전자료를 포함해서 유식관련 논소(論疏)가 상당 부분을 차지하고 있음을 알 수 있다. 유식문헌 외에도 『반야경』, 『법화경』, 『아미타경』, 『설무구칭경』 등에 이르기까지 대승경전 전반에 걸쳐 주석 작업을 진행한 것을 알 수 있다.

2) 저술의 특징

규기는 불교교학 중 유식을 중요시 여겨 다수의 논소(論疏)를 남기고 있다. 규기의 유식 관련 소(疏)는 미륵 · 무착, 세친. 진나, 호법, 안혜 등의 저술에 대한 것이다.

규기가 남긴 미륵 · 무착 논서의 소(疏)로는 『유가사지론약찬』과 『유가사지론겁장송』 등이 있고, 세친 저술 논서의 소로서 『변중변론술기』, 『대승백법명문론해』, 『대승백법명문론췌언』, 『유식이십론술기』 등이 있다. 진나 저술의 소에는 『관소연연론소』가 있고, 호법 저술의 소로는 『성유식론술기』를 포함 4종이 있고, 안혜 저술에 대한 소에는 『대승아비달마잡집론술기』 등이 있다.

『성유식론』 관련 주석서 중 『성유식론술기』와 『성유식론장중추요』는 법상유식에 있어 매우 중요한 주석서인데, 『성유식론술기』의 '술기(述記)'라는 표현에 주목할 필요가 있다. 중국에서는 '술이부작(述而不作)'이라고 하여 "서술하되 짓지는 않는다."라는 말이 있는데, 여기서 '술기'란 "서술하여 기록한다."라는 뜻이다. 따라서 『성유식론술기』는 규기 자신의 사상이 아니라 현장의 구술을 기록한 것으로 볼 수 있다. 규기의 저작 중에는 『성유식론술기』 외에도 『변중변론술기』, 『유식이십론술기』, 『대승아비달마잡집론술기』, 『승만경술기』, 『대반야바라밀다경이취분술찬』 등이 있는데, 제목에서 알 수 있듯이 현장의 강론을 그대로 받아 적었을 뿐 자신의 독창적 저서가 아님을 밝힌 것이다.

『대승법원의림장』은 규기의 독창적인 사상을 담고 있는 대표 저술이다. '대승법원의림장(大乘法苑義林章)'의 '장(章)'이란 '장단(章段)'이라는 의미로 수(隋)·당(唐)대 이후 주석서나 주해서의 저술형식을 나타내는 용어이다. 이 형식에서도 알 수 있듯이 『대승법원의림장』의 각 장은 독립된 29개의 장(章)으로 구성되어 있으며, 자유롭게 여러 주제를 망라한다. 각 장에서는 법상교학의 교판(教判), 유식의 이치, 수행론, 과위(果位) 등 법상교학 전반을 다루고 있다. 『대승법원의림장』은 규기가 평생 동안 집필한 것으로, 『성유식론술기』나 『성유식론장중추요』보다 후대의 저작으로 알려져 있다.[6] 후대 법상논사들은 『대승법원의림장』을 필독서로 여겨 연구하였고 많은 주석서를 남기고 있다.

『대승법원의림장』에 대한 주석은 당나라 뿐 아니라, 신라·일본에서도

6) 林香奈(2008), 「基撰とされる諸經疏の成立過程について」, 『東洋大學大學院紀要』第44集, 東京: 東洋大學大學院. 林香奈(2012), 「基撰とされる論疏および『大乘法苑義林章』の成立過程について」, 『불교학보』61집, 서울: 동국대학교 불교문화연구원.

이루어졌다. 법상종의 제2조(祖)인 혜소(慧沼, 648~714)는 『대승법원의림장보궐(大乘法苑義林章補闕)』 3권[4,7,8권만 현존]을 저술하였고, 제3조인 지주(智周, 668~723)는 『대승법원의림장결택기(大乘法苑義林章決擇記)』4권을 주석하였다. 신라승 의적(義寂)은 『대승의림장(大乘義林章)』12권을 찬술하였고, 신라승 경흥(憬興) 또한 『대승법원의림장기(大乘法苑義林章記)』4권을 주석하였으나 의적이나 경흥의 글은 전해져 내려오지 않는다. 중국과 한국에서 법상교학이 쇠퇴하면서 『대승법원의림장』 연구도 미진하게 되어 주석서도 거의 남아 있지 않는다. 일본에서는 지금까지도 법상전통이 이어져 8세기부터 18세기에 이르기까지 『대승법원의림장』에 대한 연구가 활발하게 진행되었다. 일본 전승 문헌에 언급된 주석서 종류만 40여종에 이르지만,[7] 지금은 많이 실전(失傳)되어 일부만 전해져 내려온다. 헤이안 시대 전기 승려인 선주(善珠, 723-797)는 『대승법원의림장』의 일부를 주석하여 『법원의경(法苑義鏡)』5권을 찬술하였다. 평비(平備)는 『대승법원의림장기(大乘法苑義林章記)』7권을 찬술하였으나 현존하지 않는다. 『대승법원의림장』의 특정 장만을 뽑아 주석한 경우도 있다. 진흥(眞興, 935~1004)은 『대승법원의림장』의 「유식장(唯識章)」을 주석하여 『유식의사기(唯識義私記)』6권을 저술하였고, 청범(淸範, 962~999)은 「오심장(五心章)」을 주석하여 『오심의략기(五心義略記)』를 남기고 있다. 18세기 일본승 기변(基辯, 1722~1792)은 『대승법원의림장』에 대한 방대한 주석인 『대승법원의림장사자후초(大乘法苑義林章獅子吼鈔)』 22권을 저술하였다.

『대승법원의림장』에 대한 주석 전통이 활발했던 반면 한계도 존재한다. 고대 주석서는 물론 현대 연구에서도 대부분 규기의 주장을 옹호하거나

7) 高井観海(1937), 「大乘法苑義林章解題」, 『國譯一切經 和漢撰述部二 : 諸宗部二』, 東京: 大東出版社.

그대로 인정하는 내용으로만 이루어져서 비판적 고증이 거의 이루어지지 않았다. 또 근대 이후 특정 장에 대한 부분적 연구만이 이루어져 『대승법원의림장』의 전반적인 교학체계 및 규기의 다른 저술과의 이론적 정합성 등 현대적인 교학 연구 역시 미흡한 편이다.

3. 현장의 역경사업

규기는 법상(法相)의 기본 교리를 체계화했지만, 여기에는 삼장법사 현장의 역할이 매우 컸다고 볼 수 있다. 당 태종 재위시인 629년(정관 3년) 서역으로 들어간 현장은 17년을 머문 후 645년(정관 19년) 장안으로 돌아왔다. 이에 대한 기록은 현장이 귀국한 다음 해 출간한 『대당서역기(大唐西域記)』에 자세히 서술되어 있다.

1) 현장의 인도기행

중국 내에서의 불교 공부에 한계를 느낀 현장은 27세의 나이에 인도로 떠날 결심을 하게 된다. 인도로 떠나기 전 현장은 지론학파(地論學派)와 섭론학파(攝論學派)의 유식사상을 배운 바 있으므로 유식에 대한 관심이 많았다고 볼 수 있다. 여행 초기 현장은 인도에서 서북 인도의 카슈미르 지방에서 아비달마 불교 등을 학습한 후, 마가다국의 나란다(那爛陀, Nālandā) 사원에서 장기간 머물렀다. 당시 나란다 사원은 불교교학을 교수하는 인도 최대의 대학이었고, 유식학파, 중관학파의 교리를 중심적으로 가르쳤다는 기록이 남아있다. 나란다에 머무는 승려만 4000여명에 달하였고, 기타 재가자 등을 합쳐서 1만 여 명이 넘게 수학하는 대규모 대학이었다고도 한다. 나란다에 도착한 직후 현장은 계현(戒賢, Śīlabhadra)으로부터 가르침을 받는다. 계현은 유식 교학의 대가로서 호법(護法, Dharmapāla, 530~561)의 유식학을 물려받았다. 현장은 제일 먼저 계현의 『유가사지론(瑜伽師地論)』 100권 강독에 참가한 이후 5년간 유식학파의 학설을 습득하였다.

현장이 『성유식론』의 원본을 구하게 된 배경을 살펴보기로 하자. 호법은 나란다 대학의 학장을 맡았고 이때 자신을 포함 친승 · 화변 · 덕혜 · 안혜 · 난타 등 유식논사 10명의 『유식삼십송』 주석서를 일인당 10권씩 수집하였다. 이것이 『성유식론』의 원본으로 총 100권으로 구성되었다. 호법은 32세에 입적하였는데 그 전에 현감(玄鑒)이라는 사람에게 이 책 100권을 인연있는 사람에게 주도록 부탁한 바 있다. 나란다 학장 계현은 현감에게 요청하여 현장으로 하여금 『성유식론』 원본을 물려받도록 하였다고 한다.

『대당서역기』와 『대자은사삼장법사전(大慈恩寺三藏法師傳)』에는 현장이 나란다 이후 인도 각지의 사원을 돌아다니며 부파불교 및 대승교학을 배운 것으로 나타난다. 대표적으로 서인도에서는 정량부(正量部)의 『근본아비달마』를 배웠고, 장림산(杖林山)에서는 승군(勝軍) 논사로부터 『유식결택론(唯識決擇論)』 · 『장엄경론(莊嚴經論)』 등 유식교학을 학습하였다고 한다.

2) 역경사업과 유식교학

중국 내 역경의 역사는 2세기 무렵부터 13세기에 이르기까지 1,000여 년에 이른다. 이 시기 동안 방대한 경전이 한역되었고 역경가만해도 200명이 넘었는데, 그 중 대표적인 역경가로 구마라집(鳩摩羅什), 진제(眞

諦), 현장(玄奘), 불공(不空)의 4인을 들 수 있다. 이들의 역경 시기에 따라 고역(古譯), 구역(譯), 신역(新譯)의 셋으로 구분하기도 한다. 고역이란 구마라집 이전에 이루어진 번역으로 후한, 삼국, 서진 등 4세기 이전의 번역을 가리킨다. 구역은 구마라집에서 현장 이전까지의 번역을 가리키며 시기적으로 4세기~7세기 중반에 해당되며 구마라집과 진제가 이 시기에 활동하였다. 7세기 중반 현장은 새로운 역어를 확정하여 역경작업에서 사용했는데 이를 신역이라고 한다. 불공은 8세기 이후의 대표적 역경가로서 『금강정경(金剛頂經)』과 같은 밀교경전의 역경에 힘썼다. 이들 4인의 역경가 중 후대 불교에 가장 큰 영향을 끼친 사람은 현장이었다.

인도에서 17년간 대소승의 여러 교학을 섭렵한 현장은 645년(정관19년) 520질 657부의 경전을 가지고 귀국하였다. 현장은 당 태종(太宗)의 전폭적인 지원을 받아 장안의 홍복사(弘福寺)에서 역경작업을 시작하였다. 『개원석교록(開元釋教錄)』[8]에 의하면 귀국 후 20년 동안 76부 1347권의 경론을 번역했는데 한대(漢代)부터 원대(元代)까지 번역된 전체 한역경전의 약 4분의 1에 해당한다. 현장이 평생 번역을 한 기일을 계산해보면 5일에 1권씩 번역한 셈이다. 그럼에도 산스끄리뜨 원문의 뜻을 최대한 충실히 반영하여 번역한 것으로 평가 받는다.

현장은 귀국 직후 『유가사지론』을 중심으로 『섭대승론』, 『해심밀경』 등의 유식경론을 집중적으로 번역하였고,[9] 다음으로 『구사론』 『발지론』 『대비바사론』 등 아비달마 논서를 위주로 번역하였으며, 마지막으로 반야

8) 『개원석교록』(『대정장』55), 560c.

9) 대표적인 유식경론의 역경년도는 다음과 같다. 647년 『해심밀경』5권을 번역하였고, 648년 이후에는 장안에 자은사를 건립하고 번경원을 설치하여 역경에 전념하였는데, 648년 『유가사지론』100권을, 659년 『섭대승론본』3권, 『섭대승론세친석』10권, 『섭대승론무성석』10권, 『성유식론』 등을 번역하였다.

경론 계통을 번역하였다. 현장의 번역 시기와 내용을 보면 유식경론, 아비달마 논서, 반야경론의 순으로 나뉜다. 이 순서는 유식불교의 삼전법륜설(三轉法輪說)을 반영한 것이다. 삼전법륜설이란 붓다가 아비달마, 반야, 유식의 순서로 3번 설법을 했다는 인도유가행파의 설로서 유식의 입장에서 불교 전체를 종합하고자 한 것이다. 현장은 인도에 머물 때 계현으로부터 삼전법륜설을 배운 바 있는데, 번역하는 경론의 순서에서 그 영향이 드러나고 있다.10)

유식경론 중 가장 중요한 위치를 차지하고 있는 논서가 『유가사지론』과 『성유식론』이다. 『유가사지론』은 초기 유식의 교리를 담고 있고 총 100권의 방대한 분량이다. 원본 『성유식론』은 총 100권으로 『유식30송』에 대한 10대 논사의 주석이 모두 실려 있었다. 규기의 생애에서 살펴봤듯이 규기는 호법의 설만 남겨두고 다른 논사의 설을 대폭 줄이기를 현장에게 요청한 결과 호법의 해석을 중심으로 편집하여 번역한 것이 현재의 『성유식론』 10권이다.

『유가사지론』 번역 이후 중국내 다른 유식학파들이 많은 관심을 가졌고 그 내용을 해석하는 데 적지 않은 차이가 있었다. 현장과 규기는 이러한 문제를 인식하고, 『성유식론』을 번역할 때는 호법설을 정설로 하고 다른 논사의 이름조차 기록하지 않은 채 '유의(有義)'라고 표현하면서 합유(合糅)하였다. 대신 현장은 원본 『성유식론』에 있는 내용을 자세하게 규기에게 구두로 전하였고 이후 『성유식론술기』를 통해 10대 논사 각각의 주장이 그나마 알려지게 되었다.

당시 유식논사들은 소의경론에 따라 유가사(瑜伽師), 해심밀사(解深密

---

10) 吉村誠(2013), 『中國唯識思想史硏究 - 玄奘と唯識學派』, 東京: 大藏出版, p.13.

師), 유식사(唯識師), 섭론사(攝論師) 등으로 불리었다. 현장과 규기의 유식은 『성유식론』을 바탕으로 하였는데 이를 신(新)유식이라 부른다. 신유식의 등장으로 인해 아뢰야식과 말나식, 종자설, 3성설, 전의(轉依) 등의 제반 유식 교리가 갖춰져서 구(舊)유식인 섭론학파 등과 차이를 갖게 된다. 신유식을 배우는 논사들을 신논사라고 불렀고, 법상종(法相宗)은 신논사들이 세운 종파 중 하나로서 원(元)대에까지 존속하게 된다.

II. 법상종의 교학

1. 법상종의 성립

현장은 인도 유식 중 호법유식으로 대표되는 『성유식론』을 중시했으며 법상종은 이 논서의 교의(敎義)에 근거하고 있다. 법상종의 1대 조(祖)는 규기로서 그의 별칭인 자은대사로부터 유래하여 자은종(慈恩宗)이라고 불리었다. 다른 이름으로는 유가종(瑜伽宗) · 유식종(唯識宗), 응리원실종(應理圓實宗), 보위승교(普爲乘敎) 등이 있다.

이번 장에서는 법상종의 창종 배경, 법상 교판, 법상교학에 대해 살펴보고자 한다.

1) 교판불교

중국불교는 교판(敎判)불교로 유명한데, 여기서 교판이란 교상판석(敎相判釋)의 준말이다. 인도로부터 경전이 중국으로 입수될 때 경전의 성립 시기나 배경, 종류와 무관하게 다양한 경로로 들어오면서 어떤 경전이 부처님의 진실한 가르침인지, 여타의 경전과는 어떻게 다른지를 판단하고 이를 체계적으로 이해하고자 하였다.

인도에서도 중국의 교판과 유사한 구분이 있었다고 볼 수 있다. 부파불교 시기 교리상의 차이로 인한 분열이나, 대승불교의 흥기로 인한 대승 · 소승의 구분 등이 그것이다. 대승불교 논사 용수(龍樹)는 『대지도론(大智度論)』, 『십주비바사론(十住毘婆沙論)』 등에서 대승과 소승의 차이를 구분하였고, 난행도와 이행도로 나누어 분류하기도 하였다. 중기 유식경전인 『해심밀경』에는 붓다의 교설 시기를 3시(時)로 나누어서 제1시를 성문승(聲聞乘), 제2시를 대승(大乘), 제3시를 일체승에 대응시켰다. 경론에 담긴 교설의 차이가 있었음에도 인도불교에서는 중국불교와 다르게 교판을 분류·정립하지 않았다. 반면 중국에서는 교판을 만들고 이를 통해 별도의 종파를 건립하는 경우가 대부분이었다.

일본 불교학자 키무라 키요타카에 따르면 중국의 교판 종류는 20여종이 넘으며, 이를 제창한 사람도 20~30명에 달한다고 한다.[11] 일반적으로 교판은 ① 대승불교와 소승불교, ② 붓다의 설법시기[천태5시, 법상3시], ③ 수행의 난이도[난행도, 이행도], ④ 수행과 깨달음의 즉시성[돈교, 점교], ⑤ 중생의 태도와 근기[자력, 타력] 등으로 나눈다.[12]

이에 대한 몇 가지 예로서, 혜관(慧觀, 5세기 전반)은 크게 돈교와 점교로 나누고 점교 가운데 5시를 열어 삼승별교(三乘別教)·삼승통교(三乘通教)·억양교(抑揚教)·동귀교(同歸教)·상주교(常住教)로 나누었다. 유규(劉虯, 438~495)도 7단계로 불교를 나누어 가장 상위에 『무량의경』·『법화경』·『열반경』을 두었다. 이 외에도 정토교 담란은 자력·타력의 이력(二力) 교판으로 구분했고, 정영사(淨影寺) 혜원(慧遠, 523-592)은 성종(性宗)·파성종(破性宗)·파상종(破相宗)·현실종(顯實宗)의 4종교판으로 나누고 있다.[13] 전승(傳承)되는 교판들 대부분은 내용상의 차이에도 비슷한 형태를 갖추고 있다.

후대 학자들은 남북조시대 이후 중국 불교에서 가장 중요시한 경전으

---

11) 키무라 키요타카(1989), 『중국불교사상사』(서울: 민족사), p.62.

12) 花田凌雲(1976), 『唯識論講義』 上(名著出版), p.32.

13) 키무라 키요타카(1989), p.65.

로 『화엄경』을 꼽는데, 화엄종은 이를 소의경전으로 하여 성립된 종파이다. 그 외에도 『법화경』을 소의경전으로 하여 법화종이 성립되었고, 법상종의 경우도 이러한 교판불교의 흐름 속에서 『성유식론』을 소의경론으로 하여 창종되었다.

2) 유식불교

5세기 전반 중국에서는 여래장 사상과 관련된 경론이 다수 번역되었다. 5호16국 말기 담무참(曇無讖, 385-433)은 『열반경』을, 붓다발타라(佛陀跋陀羅, 359-429)는 니원경(泥洹經)[열반경 이역본]과 『여래장경』을, 구나발타라(求那跋陀羅, 394-468)는 『승만경(勝鬘經)』·『능가경(楞伽經)』(4권)을 번역하였다.

유식경론으로는 담무참이 『보살지지경(菩薩地持經)』, 구나발마(求那跋摩)가 『보살선계경』, 구나발타라가 『상속해탈경』[『해심밀경』의 부분역] 등을 번역하였다. 시기적으로 볼 때 중국내에서는 유식사상 보다 『열반경』·『승만경』·『능가경』 등과 같이 여래장 사상을 설하는 경전이 크게 유행하였다. 이로 인해 여래장 사상을 먼저 수용한 상태에서 유식사상에 대한 해석이 이어졌고, 이것이 중국 유식이 인도불교와 다르게 독자적으로 전개하게 된 주요 원인이 되었다.[14)]

중국내 유식관련 종파 역시 경론의 역출과 밀접한 관련이 있는데, 남북조에서 수당에 이르기까지 시기적으로 3단계에 걸쳐 유식논서가 번역되었다. 『십지경론』, 『섭대승론』, 『성유식론』의 역출(譯出) 이후 각각 지론종, 섭론종, 법상종이 성립되었다. 유식 논서들 간의 내용 차이도 존재하

---

14) 吉村誠(2013), p.6.

는데, 중기 유식에 속하는 진제의 유식설은 후기에 해당하는 『성유식론』과 일치하지 않는 부분이 많다. 초기 유식논서에서는 앞뒤가 안 맞는 내용이 등장하지만 『성유식론』에는 모순된 내용이 거의 보이지 않는다.

중국의 유식사상은 6세기 초 북위 낙양에 도래한 보리유지(菩提流支), 늑나마제(勒那摩提) 등에 의해 시작되었다고 볼 수 있다. 두 역경가는 『십지경』[15]에 대한 세친의 주석서인 『십지경론』을 공역하였는데, 이 논서에서는 아리야식(阿梨耶識)이나 자성청정심 등과 같은 심식설이 등장한다. 이 번역본을 토대로 『십지경론』을 연구하는 지론학파(地論學派)와 지론종이 성립되었고 이들을 지론사(地論師)라고 불렀다.

진제(眞諦, Paramārtha 499-569)는 6세기말 중국으로 들어와 『섭대승론석』 등을 비롯하여 주요 유식경론을 번역하였고, 중국내 유식사상의 경향은 『십지경론』에서 『섭대승론』으로 변화하게 된다. 이후 많은 유식논사들이 『섭대승론』을 연구하게 된 결과 섭론종이 성립되었다. 현장 역시 인도로 떠나기 전 섭론학파에서 『섭대승론석』을 중심으로 유식교학을 공부하였다고 전해진다.

3) 법상종의 성립과 교판

법상종이라는 명칭[16]은 '법(法)의 상(相)'을 중요시한다고 하여 붙여진

15) 『화엄경』 십지품의 이역본이다.

16) 길촌성은 '법상종'이라는 호칭은 일본의 종파 명을 중국에 투영한 것에 불과하다고 주장한다. 중국에서는 법상종이란 명칭을 스스로 사용한 적이 없기 때문이라는 것이 그 주장의 요지이다. 법상종은 원래 중국내에서 현장(玄奘) 및 자은(慈恩) 종파를 제3인칭으로 부르던 것이 굳어진 것이라고 한다. 현장·자은계의 불교를 따르던 사람들이 '법상종'라고 자칭한 흔적은 없고, 오히려 화엄종의 법장(643-712)이 현장 · 자은계 불교를 '법상'이라고 호칭한 것에 그 원류가 있다고 한다. 현장과 그 문하의 저술에서 스스로를 법상종이라고 칭하는 부분은 찾아보기 힘들며, 오히려 현장 등은 자

이름이며, 『해심밀경』의 「일체법상품(一切法相品)」에서 유래한 것으로 알려져 있다. 법상종은 자은대사 규기가 창종하였으므로 후대에 대사의 호를 따서 '자은종'[17]이라 칭하게 되었다. 다른 이름으로 '응리원실종'[18]이라고도 하는데, 변계소집과 의타기성을 제거하고 원성실성의 묘리를 증득하므로 일체의 법이 모두 이치에 따른다[應理]고 하여 붙여진 것이다. 일본학자 길촌성(吉村誠)은 '자은종'이나 '유식종'이 사서(史書)에 기록된 중국내 유식 학통을 지칭하는 종파명이므로, 일본에서 유래한 '법상종'이라는 이름보다 더 걸맞는 호칭이라고 주장한다. 이 책에서는 기존 국내의 용례에 따라 '자은종' 대신 '법상종'이라는 명칭을 사용하기로 한다.

규기는 '법상교학(法相教學)'이라는 독자적인 유식교학 체계를 만들어 법상종을 창종하였다. 법상종 초조(初祖)인 규기는, 제2대조 혜소(惠沼)와 제3대조 지주와 함께 법상삼조(法相三祖)라고 불린다. 규기는 『성유식론술기(成唯識論述記)』와 『성유식론장중추요(成唯識論掌中樞要)』, 혜소는

신의 교리를 '대승'이라고 칭할 때가 많았다. 중국에서는 법상종에 해당되는 종파가 사라졌지만, 일본에서는 이미 7세기 경 법상종이 형성되었고 현재까지도 나라(奈良)의 흥복사(興福寺)와 약사사(藥師寺)를 중심으로 그 종파가 이어지고 있다. 吉村誠(2013), p.33.

17) 길촌성은 자은종이란 호칭에 대해서도 문제를 제기하고 있다. "자은종은 자은대사의 유식교학 전통을 말하는 것이지만 현장의 사상이 규기와 꼭 같은 것은 아니다. 현장을 따르던 사람들은 규기의 입문 이전부터 존재했고, 현장의 사후에도 규기를 따르던 사람들만 활약한 것은 아니다. 현장의 사상은 번역 작업을 통해 제자들에게 전달됐을 것으로 보이지만, 주요한 유식경론은 규기가 역장에 참여하기도 전에 대부분 번역을 끝냈다. 따라서 현장의 유식사상을 생각할 경우에는 초기부터 역장에 참여했던 제자, 이를테면 원측 등의 해석에 주의를 기울일 필요가 있을 것이다. 이처럼 현장과 그 문류의 모든 것을 고찰할 경우 자은종이라고 칭한다면 그 실체에 어긋나는 것이다. 이에 비해 '유식종'이란 칭호는 보다 합당하다." 吉村誠(2013), pp. 35-36.

18) 규기는 『법화현찬』과 『설무구칭경소』에서 8종판(八宗判)을 지어 유식의 입장을 '응리원실종(應理圓實宗)'이라 칭하고 교상판석을 세워 종지(宗志)를 설명한다. 일체 법의 성(法)과 상(相)을 분석적으로 설명하므로 법상교학의 특징을 '성상(性相)'이란 말로 표현하기도 한다.

『성유식론요의등(成唯識論了義燈)』, 지주는 『성유식론연비(成唯識論演祕)』를 저술하였고 모두 지금까지 전해져 내려오고 있다.

법상종의 창종에는 다음과 같은 의문이 남는다. 현장 대신 규기가 법상종을 세우게 된 이유는 무엇일까. 현장은 인도에서 가져온 불전 중 유식문헌을 중요시 여겼음에도 자신의 저작을 남기지 않았으며, 또 스스로 종파를 세우지도 않았다. 이 물음에 대한 대답은, 현장이 역경작업에 몰두하느라 다른 일을 할 여력이 없었다는 것이다. 현장의 최후 역경은 『대반야경』 600권이었는데 완역한 다음 해(664년) 입적하였다. 현장이 입적하던 해 제자들은 『대보적경(大寶積經)』의 번역을 청하였는데 기력이 없어서 몇 행만 번역하고 그쳤다고 한다.[19] 그리고 얼마 후 생애를 마쳤으니 임종 직전까지 역경에만 전념한 것이다. 대신 수제자 자은대사 규기가 그의 뜻을 계승하게 되었다.

법상종의 교판은 규기가 저술한 『설무구칭경소』에 8종으로 설해지고 있다.[20] 8종교판은 부파불교의 설로부터 대승불교를 거쳐 최종적으로 법상종에 이른다. 각 종의 특징을 알아보면 다음과 같다.

첫째, 아법구유종(我法俱有宗)이란 부파불교 중 윤회의 주체인 아(我)를 인정하는 독자부(犢子部)를 말한다. 오온(五蘊)의 화합인 아(我)와 그 요소인 법(法)이 모두 실재한다고 보고 있다.

둘째, 유법무아종(有法無我宗)은 설일체유부(說一切有部) 즉 구사종(俱舍宗)으로서, 아(我)는 실재하지 않지만 그 요소인 법(法)은 모두 실재한다고 주장한다.

19) 미즈노 고겐(1996), 『경전의 성립과 전개』(서울: 시공사), p.166.

20) 『설무구칭경소』(『대정장』38, 999a-b)

셋째, 법무거래종(法無去來宗)은 대중부(大衆部)로서 오직 현재의 법만이 존재할 뿐이며 과거나 미래의 법은 체(體)와 용(用) 모두가 존재하지 않는다고 주장한다.

넷째, 현통가실종(現通假實宗)은 설가부(說假部)로서 과거와 미래는 존재하지 않고 현재만 있다고 한다. 설혹 현재 존재하는 사물이라고 해도 모두 실재하지 않고 실법(實法)과 가법(假法)으로 나뉜다고 주장한다. 온(蘊)은 실이고 12처(處)와 18계(界)는 가인데, 법에 따라 실법과 가법이 일정하지 않다. 이들의 설은 경량부(經量部) 혹은 성실론(成實論) 등과 유사하다.

다섯째, 속망진실종(俗妄眞實宗)은 설출세부(說出世部)로서 세속은 모두 가법인데 허망하기 때문이고, 출세간의 법은 모두 실법인데 허망하지 않기 때문이라고 한다. 이들의 주장은 출세간만이 진실하다고 보고 있다.

여섯째, 제법단명종(諸法但名宗)는 일설부(一說部)로서 모든 아(我)와 법(法)은 실재하는 것이 아니라 가법인 명칭에 지나지 않는다고 주장한다. 이상 6종(宗)은 모두 부파불교에 속한다.

일곱째, 승의개공종(勝義皆空宗)은 중관학파인 청변(淸辨) 등의 주장으로 일체개공(一切皆空)을 설하는 『반야경(般若經)』의 입장과 같다. 일체법이 세속제로는 유(有)이지만, 승의제의 입장에서는 공(空)하다는 것이다. 『반야경』의 주석서인 『중론(中論)』 등을 소의(所依)로 하는 인도의 중관학파나 중국의 삼론종이 여기에 속한다.

여덟째, 응리원실종(應理圓實宗)은 법상종으로 『화엄경』·『해심밀경』 등의 설을 교의로 한다. 부파불교에서는 유(有)를 설하고 『반야경』이나 『중론』 등에서는 공(空)을 설하는데, 각각 '있다고 하는 집착[有執]'을 일으키거나 '없다고 하는 집착[空執]'을 일으키므로 문제가 있다. 법상종 등에서는 유집과 공집을 지양한 중도(中道)를 설하고, 호법의 설을 정설로 삼는다.

8종교판은 아비달마-중관-유식으로 이어지는 삼전법륜(三轉法輪)과 밀접한 관련이 있다.

2. 법상교학의 특징

다른 학파와 대비되는 법상교학의 특징으로는 삼전법륜(三轉法輪), 오성각별(五性各別), 사중출체(四重出體), 식전변(識轉變), 8식 별체(別體)와 8식 구기(俱起), 아뢰야식(阿賴耶識)과 종자설(種子說), 사분(四分), 삼류경(三類境) 등을 들 수 있다. 이 외에도 법상교학의 독특한 특징에 속하는 오심(五心), 오종유식(五種唯識), 오중유식(五重唯識) 등은 규기가 『대승법원의림장』에서 독자적으로 세운 교학으로 뒷장에서 상세하게 살펴볼 것이다.

1) 삼전법륜

삼전법륜이란 붓다가 아비달마, 반야, 유식의 순서로 3차례 설법을 했다는 인도유가행파의 설이다. 앞에서 현장의 역경 순서가 삼전법륜설에 의거한다고 밝힌 바 있다. 삼전법륜은 인도에서 유래된 설이며 이후 삼시(三時)교판으로 불리게 된다. 삼전법륜은 『해심밀경』의 「무자성상품(無自性相品)」[21]에 등장하는데 간략히 설명하면 다음과 같다.

21) 『해심밀경』(『대정장』16, 97a-b)

붓다는 제1시(時)에 성문승(聲聞乘)에게 4성제를 설하여 법의 바퀴[法輪]를 굴렸지만 이 가르침은 완성된 요의(了義)의 가르침이 아니었다. 다음으로 제2시에 대승(大乘) 수행자에게 무자성(無自性) 가르침을 은밀하게 설하여 법의 바퀴를 굴렸으나 이것도 완성된 가르침은 아니었다. 마지막으로 제3시에 일체승(一切乘)에게 무자성의 가르침을 명료하게 설하여 법의 바퀴를 굴렸는데 이것이 가장 뛰어난 가르침이었다는 것이 삼전법륜설이다. 여기에는 불교가 성문승[소승], 대승, 일체승의 순서로 발전했다고 보는 유식학파의 교판이 반영되어 있다. 유식학파는 스스로를 소승과 대승을 통합하는 일체승 즉 일승(一乘)으로 규정했고, 모든 가르침 중 유식사상이 가장 수승하므로 불교 전체를 포섭할 수 있다고 보았다. 『해심밀경』의 3전법륜설에서 제1시의 성문승 가르침은 아비달마의 유(有)를 설한 것이고, 제2시의 대승 가르침은 반야경의 공(空)을 설한 것이며, 제3시의 일체승 가르침은 유식사상의 중(中)을 의미한다. 곧 유·무에 해당하는 아비달마·반야사상이라는 양극단을 넘어 유식은 중도를 설했다는 것이다.

『해심밀경』의 삼전법륜설을 이어받아 규기는 동일한 의미의 삼시교판(三時教判)설을 주장하는데, 『설무구칭경소』, 『대승법원의림장』, 『묘법연화경현찬』에서 이에 대해 설하고 있다. 『설무구칭경소』[22]에 따르면, 제1시에서는 법유(法有)를 말하는 『아함경』 등으로 소기(小機)의 아집을 깨뜨린다. 제2시에서는 오직 법공(法空)을 설하는 반야경 등으로 대기(大機)의 법집을 깨뜨린다. 제3시에서는 비공비유(非空非有)의 중도(中道)를 설하는 『화엄경』·『해심밀경』·『열반경』·『법화경』·『능가경』·『후엄경』

---

22) 『설무구칭경소』(『대정장』38, 999a)

·『승만경』 등으로 아집과 공집 모두를 깨뜨린다는 것이다. 『해심밀경』의 삼전법륜설은 계현을 거쳐 현장에게 전달되었고, 규기는 이를 계승하여 좀 더 상세하게 삼시교판설을 정립했다고 볼 수 있다.

2) 오성각별

오성각별이란 중생을 보살종성(菩薩種性)·독각종성(獨覺種性)·성문종성(聲聞種性)·부정종성(不定種姓)·무성유정(無性有情)의 다섯 종성(種姓)으로 나누어, 각 종성마다 성불(成佛)하는 데 차별이 있다고 하는 설이다. 심지어 다섯 종성 중 무성유정은 성불할 수 없다고까지 주장한다. 이 설은 현장이 번역한 『불지경론』이나 『대승장엄경론』 등을 전거로 하는데, 논에서는 다섯 종성을 열거하고 무종성자(無種性者)는 성불하지 못한다고 설하고 있다. 성불에 있어 차별을 설하는 오성각별설은 이후 중국에서 많은 논란을 일으켰다. 이미 『법화경』 등의 영향을 받아 일천제(一闡提)를 포함 모든 중생이 성불할 수 있다는 사상이 널리 퍼져있었기 때문이다. 여기서 일천제란 선근(善根)이 끊어져 조금도 선한 생각을 일으키지 않는 자로서, 법상종에서는 일천제에게는 불성이 없다고 주장한다. 반면 『열반경』에서는 모든 중생에게 불성이 있다는 실유불성설(悉有佛性說)의 내용이 있으며, 『법화경』에서도 이와 유사한 일승설을 설하고 있다.

오성각별을 주장하는 법상종과 일체개성불(一切皆成佛)을 주장하는 다른 종파들 간에 대립이 발생하게 되고, 이후 오성각별설은 『성유식론』의 무루종자 개념을 통해 보완되기까지 한다. 『성유식론』에서는 아뢰야식에 본유(本有)의 무루종자가 설해지는데, 그 유무에 따라 오성각별이 있다고 정의한다. 이에 의하면 성문의 무루종자를 가진 자가 성문종성, 독각의 무루종자를 가진 자가 독각종성, 보살의 무루종자를 가진 자가 보살종성,

성문 내지 독각 내지 보살의 무루종자를 가진 자가 부정종성, 어떠한 무루종자도 가지지 않은 자가 무성유정이라는 것이다. 이처럼 법상유식에서는 『불지경론』의 오성각별설을 『성유식론』의 무루종자설로 보완하여 다른 학파와 논쟁을 지속하였다.

이후 법상종에서는 오성각별과 일체개성불을 회통하는 논리로 이행이불성설(理行二佛性說)이나 소분일체설(少分一切說)[23]을 주장하기도 하였다. 이행이불성설이란 불성을 이불성(理佛性)과 행불성(行佛性)으로 2분하고 이불성은 모든 중생에게 있으나 행불성은 일부 종성에만 있다고 하는 설이다. 소분일체설은 『열반경』의 실유불성설이나 『법화경』의 일승설이 주로 부정종성(不定種性)을 대상으로 한 방편의 가르침이라는 설이다. 이행이불성설과 소분일체설 모두 불성의 유무에 대한 회통을 시도한 것이지만 법상종의 오성각별설은 후대에 이르기까지 지속적으로 비판의 대상이 된다.

3) 사중출체

사중출체(四重出體)란 유식교법의 체[敎體]를 정의한 것으로 호법, 계현을 거쳐 현장에게 전수되었다. 현장은 호법의 사중출체론을 보완해서 규기에게 전했다고 한다. 자세한 내용이 『성유식론술기』와 『대승법원의림장』 등에 설명되고 있는데, 여기에서는 『대승법원의림장』에 나오는 사중출체의 내용을 알아보기로 한다.

사중출체는 경전의 체(體)에 글[文]과 뜻[義] 두 가지가 있다고 하는 대목[24]에 등장한다. 경전의 체인 글[文]에 다시 두 가지가 있는데 하나는

---

23) 吉村誠(2013), p.16.

무성(無性)설이고, 다른 하나는 호법(護法)설이다. 이 중 호법설로 제시되는 것이 사중출체로서 섭상귀성체(攝相歸性體) · 섭경종식체(攝境從識體) · 섭가수실체(攝假隨實體) · 성용별론체(性用別論體)의 네 가지이다.

첫째, 섭상귀성체란 만물의 차별된 상(相)이 궁극적으로 진여인 성(性)에 포함된다는 것이다. 여기서 진여는 일체법의 실성(實性)이자 의지처이다. 경전에서는 이에 대해 일체중생이 여래장을 갖는다고 설한다. 『대반야경』에서는 "일체유정은 모두 여래장을 갖는다."라고 하고, 『승만경』에서는 "생사가 곧 여래장이다."라고 설한다. 또 『무구칭경』에서도 "일체중생은 모두 같다."고 한다. 유위법과 무위법은 체만 다르고 법은 같다. 이를 바다에 바람이 불어 파도가 치는 것에 비유하는데, 파도란 바람이 인연이 되어 일어나는 상(相)이지만 바다와 같은 성(性)이므로 시간이 흐름에 따라 바다와 하나가 된다. 유식교학 관점에서 섭상귀성은, 유루종자가 제8 아뢰야식에 저장되었다가, 선 · 악 · 무기로 현행하여 변화하는 상(相)이 되는 것이다. 제8본식은 성(性)으로서 모든 종자를 거둬들인다. 아뢰야식을 설하는 유식의 관점으로 본 섭상귀성인 것이다. 또 깨달음 이전의 식은 유위법으로 개별적인 상(相)을 갖지만, 이후 무위인 진여로 돌아갈[歸] 때 성(性)에 포함되므로 섭상귀성이다. 섭상귀성체란 섭상귀성을 교의 체로 한다는 의미이다.

둘째, 섭경종식체란 외부 대상인 경(境)을 식(識)에 포함시킨다는 것이다. 외부 대상이란 식이 변화한 것으로, 견분(見分)인 식의 상분(相分)이다. 따라서 경은 궁극적으로 식에 포함되므로 섭경종식이라고 한다. 『화엄경』에서는 이를 삼계유심(三界唯心)이라고 표현한다. 마음작용인 심소

24) 『대승법원의림장』(『대정장』45, 252c)

는 심왕을 따르므로 모든 것은 유식이다. 일체법은 모두 유식이라고 하는 교의 체가 곧 섭경종식체이다.

셋째, 섭가수실체란 가(假)를 실(實)에 따르게 한다는 것이다. 여기서 가는 병(甁)과 같은 물체로서 색 · 향 · 미 · 촉의 4진(塵)의 집합체이다. 병이 가(假)인 이유는 4진과 같은 실법 상에 가립된 것이기 때문이다. 심소법을 이용해 섭가수실을 설명하면, 심과 상응하지 않는 불상응행법은 색과 심의 분위(分位)에 가립되는 법으로서 색과 심이라는 실법을 체로 한다.[25] 가법을 실법에 포함시킨다는 교의 체가 섭가수실체이다.

넷째, 성용별론체란 성과 용 각각을 별도로 논한다는 것이다. 여기서 성(性)은 색(色) · 심(心) 등의 실법(實法)을 말하고 용(用)은 불상응행법(不相應行法)의 가법(假法)을 가리키므로, 성과 용은 각각 다른 범주에 속한다. 이를 12처로 설명하면, 12처 중 10처[5경(색성향미촉), 5근(안이비설신)]는 색법이므로 실법이고, 2처인 법경 · 의처 중 법경은 가법과 실법으로 나뉜다. 『유가사지론』의 5위 100법 중 무상정, 멸진정 등을 포함하는 불상응행법은 24가지로 모두 가법이다. 따라서 색과 심은 실법으로 놓고, 심소법 중 불상응행법은 가법으로 보아 별도로 논한다는 교의 체가 성용별론체이다.

이 4가지 체는 얕은 차원에서 깊은 차원으로 진행하며 그 순서는 ① 성용별론체[성(性)과 용(用)] ② 섭가수실체[가법(假法)과 실법(實法)] ③ 섭경종식체[경(境)과 식(識)] ④ 섭상귀성체[상(相)과 성(性)]이다. 이를 정리하면 ① 사물은 일반적으로 성과 용으로 나눌 수 있고, ② 성에는 가법과 실법이 있다. ③ 실법인 경과 식에서 경은 식으로 환원되며, ④ 만

25) 불상응행법은 가이고, 색과 심은 실법이다. 병이 가(假)인 이유는 4진[=實]의 집합체이기 때문이다.

물의 상은 궁극적으로 진여인 성에 포함된다는 것이다.

얕은 차원에서 깊은 차원으로 진행하는 4중출체설의 방법론은, 이후 규기가 유식의 교법을 체계적으로 분류하는 데에도 사용한다. 이른바 오중유식(五重唯識)이 그것이며 IV.2장에서 다룰 것이다.

법상종의 유식교학은 모두 『성유식론』이나 『대승법원의림장』에 의거하여 전개되고 있다는 점에서, 지론종이나 섭론종과 같은 기존의 유식학파와 교리상의 차이가 있다. 앞서 살펴보았던 삼전법륜, 오성각별, 사중출체 등이 법상종을 대표하는 교의(敎義)이다.

이 외에도 법상교학의 특징을 대표하는 것 중 하나가 8식 전체를 3능변식(三能變識)으로 나누어 아뢰야식 · 말나식 · 전6식을 각각 10문(門) · 9문(門)으로 고찰 · 정립한 점이다. 8식설의 정립을 통해 아마라식(阿摩羅識)을 진식(眞識)으로 보는 다른 학파의 9식설은 결과적으로 부정된다. 이 외에도 식전변(識轉變)을 인능변(因能變) · 과능변(果能變)으로 나누어 설한 점, 종자론[본유종자, 신훈종자, 신구합생, 종자육의, 능훈 · 소훈], 4분설(四分說), 3류경설(三類境說) 등도 법상유식의 대표적 특징으로 들 수 있다. 또 심식론에 있어서 8식이 체(體)가 다르고 각 식(識)이 동시에 일어날 수 있다고 하는 8식 별체(別體) 및 구기(俱起)설은 초기불교, 부파불교, 유식불교로 이어지는 심식론 변천의 종착점이라고 할 수 있다. [심식론의 변천과 법상교학에 대해서는 III장에서 자세히 다룰 것이다.]

4) 소의경론

법상종의 소의경론(所依經論)으로는 6경(經) 11론(論)이 있지만, 이들

전부가 법상교학의 내용과 일치하지는 않는다. 오히려 이 경론들은 넓은 의미에서 유식불교의 기반이 되었다고 보아야 할 것이다. 『성유식론술기』에 등장하는 6경 11론을 이역(異譯)까지 포함하여 열거하면 다음과 같다.[26)]

6경

① 대방광불화엄경(大方廣佛華嚴經)
대방광불화엄경 60권 동진(東晋) 불타발타라(佛陀跋陀羅) 역
대방광불화엄경 80권 당(唐) 실차난타(實叉難陀) 역
대방광불화엄경 40권 당(唐) 반야(般若) 역

② 해심밀경(解深密經)
심밀해탈경(深密解脫經) 5권 위(魏) 보리유지(菩提流支) 역
불설해절경(佛說解節經) 1권 진(陳) 진제(眞諦) 역
(현장 역의 승의제상품(勝義諦相品)의 이역(異譯))
해심밀경(解深密經) 3권 당(唐) 현장(玄奘) 역
상속해탈지바라밀다요의경(相續解脫地波羅蜜多了義經) 1권
송(宋) 구나발타라(求那跋陀羅) 역

③ 여래출현공덕장엄경(如來出現功德莊嚴經)
실전(失傳)

---

26) 『성유식론술기』(『대정장』43, 229c-230a)

④ 대승아비달마경(大乘阿毘達磨經)

실전(失傳)

⑤ 능가경(楞伽經)

입능가경(入楞伽經) 10권 위(魏) 보리유지(菩提流支) 역

능가아발타라보경(楞伽阿跋陀羅寶經) 4권 송(宋) 구나발타라(求那跋陀羅) 역

대승입능가경(大乘入楞伽經) 7권 당(唐) 실차난타(實叉難陀) 역

⑥ 후엄경(厚嚴經)

대승밀엄경(大乘密嚴經) 3권 당(唐) 일조(日照) 역

대승밀엄경(大乘密嚴經) 3권 당(唐) 불공(不空) 역

11론

① 유가사지론(瑜伽師地論) 미륵(彌勒)보살 설(說)

유가사지론(瑜伽師地論) 100권 당(唐) 현장(玄奘) 역

보살지지경(菩薩地持經) 10권 북량(北涼) 담무참(曇無讖) 역

보살계본(菩薩戒本) 1권 북량(北涼) 담무참(曇無讖) 역

보살선계경(菩薩善戒經) 9권 유송(劉宋) 구나발마(求那跋摩) 역

우바새오계위의경(優婆塞五戒威儀經) 1권 송(宋) 구나발마(求那跋摩) 역

결정장론(決定藏論) 3권 진(陳) 진제(眞諦)역

보살계본(菩薩戒本) 1권 당(唐) 현장(玄奘) 역

보살계갈마문(菩薩戒羯磨文) 1권 당(唐) 현장(玄奘) 역

왕법정리론(王法正理論) 1권 당(唐) 현장(玄奘) 역

불위우전왕설왕법정론경(佛爲優塡王說王法正論經) 1권 당(唐) 불공(不空) 역

② 현양성교론(顯揚聖教論) 무착(無着) 조(造)

현양성교론(顯揚聖教論) 20권 당(唐) 현장(玄奘) 역

③ 대승장엄경론(大乘莊嚴經論) 무착(無着) 조(造)

대승장엄경론(大乘莊嚴經論) 10권 당(唐) 바라파밀다라(波羅頗蜜多羅) 역

④ 집량론(集量論) 진나(陳那) 조(造)

실전(失傳)

⑤ 섭대승론(攝大乘論) 무착(無着) 조(造)

섭대승론 2권 후위(後魏) 불타선다(佛陀扇多) 역

섭대승론 3권 진(陳) 진제(眞諦) 역

섭대승론본 3권 당(唐) 현장(玄奘) 역

⑥ 십지경론(十地經論) 천친(天親) 조(造)

십지경론(十地經論) 12권, 후위(後魏), 보리유지(菩提流支) 역

⑦ 분별유가론(分別瑜伽論) 미륵(彌勒)보살 설(說)

실전(失傳)

⑧ 관소연연론(觀所緣緣論) 진나(陳那) 조(造)

무상사진론(無相思塵論) 1권 진(陳) 진제(眞諦) 역

관소연연론(觀所緣緣論) 1권 당(唐) 현장(玄奘) 역

⑨ 유식이십론(唯識二十論) 천친(天親) 조(造)

대승능가유식론(大乘楞伽唯識論) 1권 후위(後魏) 구담반야유지(瞿曇般若流支) 역

대승유식론(大乘唯識論) 1권 진(陳) 진제(眞諦) 역

유식이십론(唯識二十論) 1권 당(唐) 현장(玄奘) 역

⑩ 변중변론(辯中邊論) 천친(天親) 조(造)

중변분별론(中邊分別論) 2권 천친(天親) 조(造) 진(陳) 진제(眞諦) 역

변중변론(辯中邊論) 3권 세친(世親) 조(造) 당(唐) 현장(玄奘) 역

⑪ 대승아비달마집론(大乘阿毘達磨集論) 무착(無着) 조(造)

대승아비달마집론(大乘阿毗達磨集論) 7권 당(唐) 현장(玄奘) 역

대승아비달마잡집론(大乘阿毘達磨雜集論) 17권 안혜(安慧) 합유 당(唐) 현장(玄奘) 역

위에 소개된 6경 11론 중 『성유식론』의 교학과 밀접한 관련이 있는 경론은 『해심밀경』과 『유가사지론』이며,[27] 다른 경론은 부분적으로만 관련이 있다.

27) 김동화(2001), 『유식철학』, 서울: 뇌허불교학술원, p.53.

III. 심식론의 변천과 법상유식

불교교리사는 심식론 변천의 역사라고 해도 과언이 아니다. 초기불교에서 후대불교에 이르기까지 모두 심식(心識)의 문제와 그 변천과정을 다루고 있기 때문이다. 이번 장에서는 불교교리사에서 심식론의 변천이 어떻게 진행되었는지에 대해 고찰하기로 한다. 또 변천의 정점(頂點)에 해당하는 호법유식의 특징을 부파불교의 심식론과 비교한 후, 규기는 어떠한 내용과 방식으로 법상교학을 완성하려고 했는지 알아보고자 한다.

1. 심식론의 변천

초기불교, 부파불교, 대승불교로 이어지는 불교사상사(佛教思想史)의 흐름에서 심식설(心識說)은 여러 변천과정을 겪어왔다.[28] 초기불교의 심식설은 다분히 종교적·윤리적 내용을 담고 있는 단순한 구조였으나[29],

---

28) 水野弘元은 심식설의 변화를 시기별로 나누어 논의하고 있는데, (1)초기불교시대, (2) 부파불교시대, (3) 초기 대승불교시대, (4) 대승학파 시대로 나누고 있다. 심식에 대한 고찰에 있어 부파불교 시대에서는 상좌부계와 대중부계로 나뉘며, 대승학파 시대에도 여래장설(如來藏說)·법상(法相)적 심식설(心識說)·성상(性相)적 심식설 등의 구별이 있다고 하고 있다. 水野弘元(1964), 『パーリ佛教を中心とした佛教の心識論』(東京: ピタカ), p.3.

29) 勝又俊教는 초기불교의 심식설을 다음 4가지 측면으로 파악하고 있다. 인간관의 측면, 종교적 측면, 인간의 심리작용 고찰의 측면, 심작용의 성립과정의 4가지이다. ① 인간관의 일면으로 심리 작용을 고찰하는 경우이다. 그것은 명색(名色), 지(地)·수(水)·화(火)·풍(風)·공(空)·식(識)의 6계(界)설이나 단식(段食)·촉식(觸食)·사식(思食)·식식(識食)의 4식설이나, 색·수·상·행·식의 5온설, 12인연설의 무명-행-식-명색-6처-촉-수-애-취-유-생-노사 등으로 보고 있다. 그러나 심작용을 분석하거나 혹은 심작용의 성립 과정을 고찰하고 있을 뿐이며, 아직 심·심소 같은 식체와 식의 작용을 구별하는 사상은 성립되지 않았다. ② 종교적 입장에서 미(迷)의 심

부파불교에 들어 마음을 자세히 분석하는 경향에 따라 이론적 체계화가 이루어졌다. 찰나찰나 변화하는 상이한 심적 상태를 심과 심소(心所)로 나누면서 심에 대한 새로운 논의가 등장하기 시작했고, 번뇌론(煩惱論)·업론(業論)·선정론(禪定論)·지혜론(智慧論)·수도론(修道論) 등 교리의 체계화가 이루어졌다. 부파불교 초기에는 심의 본성(本性)보다는 일상적으로 활동하는 심식(心識)에 초점을 맞추었고, 후기에 들어 현상적인 심 배후에 있는 심층식에 대한 논의가 시작된다.[30] 이는 마음을 자세히 분

리 및 오(悟)의 심리를 분석적으로 고찰해서, 미오(迷悟)의 심리적 의의를 명확히 하는 것이 필요하다. 우선 미(迷)의 심리로서 번뇌심을 3독(毒), 4폭류(瀑流), 4취(取), 5개(蓋), 9결(結), 16심구(心垢), 21예(穢) 등으로 꼽고 이를 분석해서 또 그것들을 일군의 유형으로 정리하고 있으나 후세의 아비달마불교가 되면 번뇌심을 일정한 방침 아래에 분류하게 된다. 오(悟)의 입장은 수행방법으로서 4념처(念處), 4정근(正勤), 5근(根), 5력(力), 7각지(覺支), 8정도(正道)의 37보리분법(菩提分法)등으로 나누고 있다. ③ 인간의 심리 작용을 고찰하는 입장이 제시되는데 이는 심의식설이라고 볼 수 있다. 심(心)과 의(意)와 식(識) 각각은 따로 쓰이는 경우가 있지만 함께 쓰이는 경우도 있으며, 심의식은 한편으로는 동의어가 됨과 동시에 다른 편으로는 각각 다른 의미를 가지며, 다른 용법도 있다. 그리고 아미달마불교가 되면 심의식을 6식(심왕)으로 하고, 체는 같은데 이름은 다르다고 설하므로, 각각의 차별을 논하는 경향이 나타나고, 더구나 유식 불교가 되면 심을 아뢰야식, 의를 말나식, 식을 6식으로 하는 사상이 나타나 심의식설이 8식설의 근거가 된다고 여겨지게 되었다. 따라서 원시 불교의 마음 의식 이론은 아직 그다지 중요한 문제를 제시하지 않았는데도 불구하고 후세 심리학적 고찰이 진전되고 하나의 학문적 체계를 형성하게 되면 큰 문제를 발전시키게 하는 것이다. ④ 심작용의 성립과정에 대한 고찰이다. 심의식 설과, 4식, 5온 등에 설하는 식을 료별작용으로 보는 경우, 구체적으로는 6식을 가리키게 되지만, 그 6식의 작용은 어떻게 일어나 어떻게 다른 심리 작용이 수반하여 일어나게 되는가. 곧 인식 과정을 어떻게 생각했느냐는 것이 하나의 문제가 된다. 勝又俊教(1974), 『佛教における心識說の硏究』(東京: 山喜房佛書林), pp. 345-352. 본서에서는 세 번째 심리작용 고찰의 측면과 네 번째 심작용의 성립과정 측면을 중심으로 심식론의 변천을 살펴보고자 한다.

30) 이하에서는 초기불교에서 거론되는 전5식이나 제6의식과 같이 일상적인 심을 현상식 혹은 현상심으로 표현하기로 하고, 현상식 배후에 있다고 가정되는 근본식(根本識)·보특가라(補特伽羅)·유분식(有分識)·궁생사온(窮生死蘊)·세의식(細意識)·일미온(一味蘊) 등을 총체적으로 심층식이라고 표현하기로 한다. 유식불교의 제7식이나 제8식 또한 심층식으로 표현할 것이다. 또한 유식불교에서는 심(心)과 식(識)을 다르게 보지만, 논의의 전개에 맞춰 심과 식을 같은 의미로 혼용할 것이며 다르게 쓰이

석하는 아비달마적 경향이 반영된 것이며, 업설(業說) 및 윤회의 주체 문제 등이 거론되면서 심층식이 등장하게 된다.[31)]

1) 변천의 주요 내용

초기불교와 부파불교 시대에 동일한 의미[32)]로 쓰이던 심(心) · 의(意) · 식(識)에 대한 정의는 심층식의 등장과 함께 다른 내용으로 바뀌고 기능에서도 차이가 있게 된다.[33)] 부파에 따라 심층식은 근본식(根本識) · 보특가라(補特伽羅) · 유분식(有分識) · 궁생사온(窮生死蘊) · 세의식(細意識) · 일미온(一味蘊)[34)] 등으로 불리며, 그 내용에도 차이가 있다. 초기불교의 5

는 경우는 별도로 명기할 것이다. 그 예로서 유분심(有分心)과 유분식(有分識)을 같은 의미로 사용하기로 한다.

31) 水野弘元은 심식(心識)에 대한 논의를 심층식(深層識)에 해당하는 본체심(本體心)과 일상적인 인식활동에 해당하는 현상심(現像心)으로 나누고 있다. 이에 대한 논의로서, (1) 현상심만 인정하거나 (2) 본체심을 중심으로 고찰하고, (3) 본체심과 현상심의 양자를 인정하면서 그 관계를 고찰하는 것의 세 가지로 나누고 있다. 이어서 (1) 현상심만을 인정하는 것을 다시 두 가지로 나누고, ① 현상심을 안식(眼識) 내지 의식(意識) 등의 표면심 만으로 한정거나, ② 표면심뿐 아니라 아뢰야식 등의 잠재심 또는 무루종자와 같은 잠재력도 설하는 것으로 분류하고 있다. 水野弘元 (1964), pp. 8-9.

32) 『아비담심론』에서는 심(心) · 의(意) · 식(識)을 이름만 다르고 실제로는 같다고 하고 있다. 『아비담심론』(『대정장』28, 810b) 또한 『아비달마구사론』에서도 심 · 의 · 식 세 가지 명칭은 달라도 그 체는 동일하다고 하고 있다. 『아비달마구사론』(『대정장』29, 21c)

33) 대표적으로 심(心) · 의(意) · 식(識)이 명칭은 다르지만 체(體)가 같다고 하는 설 [『아비달마구사론』(『대정장』29, 21c)]과 심 · 의 · 식을 6식신으로 보는 설 [『아비달마품류족론』(『대정장』26, 692b)] 등이 있다. 이 외에도 『아비달마대비바사론』에서는 심(心) · 의(意) · 식(識)을 구별하는 여러 설을 소개하고 있다.(『아비달마대비바사론』(『대정장』27, 37c) 참조.

34) 『섭대승론』에는 대중부의 설로 근본식, 화지부의 설로 궁생사온, 독자부의 설로 보특가라 등을 들고 있다.(『섭대승론』(『대정장』31, 134a, 141a)) 참조. 상좌부의 유분식은 무성(無性)의 『섭대승론석』에서 설해진다. (『섭대승론석』(『대정장』31, 386b)) 참조. 세의식은 경량부의 Kumāralāta의 설이라고 하고(『성유식론술기』(『대정장』43, 239a)), 일미온은 경량부의 설로 전해진다.(『이부종륜론술기』(『대정장』53, 589c))

온(蘊), 6식(識) 등 일상적인 심식론은 아비달마에서 심층식에 대한 논의를 거쳐 유식불교에서 아뢰야식 중심의 8식설로 바뀌게 된다. 이는 심식설의 변화가 수세기에 걸쳐 일어났다는 것을 의미한다. 식체뿐 아니라 심과 심소(心所)를 보는 관점에도 변화가 일어난다. 초기불교에서는 심과 심소[심의 작용]를 별도로 보지 않고 단지 심의 순차적 작용만이 있다고 했으나, 부파불교에 들어서는 심으로부터 심소를 분리하여 별체로 탐구하면서 심·심소의 상응 개념으로 변화하게 된다.

초기불교 이후 심식설 변천은 크게 다섯 가지로 요약·분류할 수 있다.

첫째, 식 명칭의 변화이다. 초기불교에서 심(心)·의(意)·식(識)은 용어만 다르고 동일한 작용을 하는 것이었지만, 유식불교에 이르러 각각은 별체로서 다른 작용을 하게 된다. 초기 및 부파불교에서 심(心)·의(意)·식(識)의 용례에 대해 알아보기로 한다.

둘째로, 심과 심소가 나뉘는 과정이다. 초기불교에서는 '심소'라는 용어가 있지 않았고, 심(心)과 심의 작용으로 표현되었다. 부파불교 이후에 점차 심의 작용을 별도의 심소(心所)라는 형태로 실체화하고, 심과 심소가 상응한다고 하는 심·심소상응설이 나오면서 심소론이 정립되었다. 심소가 어떠한 과정을 통해 심으로부터 독립했는지를 살펴보고자 한다.

세 번째로, 심작용설의 성립이다. 심작용설은 식체로서의 심(心)·의(意)·식(識)이나 심의 부수적 작용인 심소와는 다르게, 일상적 인식과정을 구체적인 형태로 표현하는 것으로 볼 수 있다. 5온설과 12연기설에 나타나는 식의 순차적 작용이 후대에 심작용설로 바뀌는 것을 확인할 수 있다.

네 번째로, 심작용설과 유사한 논의로서 9심, 5심의 등장이다. 9심 및

5심은 인식작용에 대한 내용을 담고 있으며 부파불교 이후 등장한다. 9심은 17 인식과정(vīthicitta)이라고도 하며 남방 상좌부 문헌에 잘 나타나고 있다. 5심은 5가지 마음의 인식과정을 말하며 유식문헌에 설해지고 있다. 9심[혹은 17 인식과정]과 5심을 비교하면 심식설의 변천과정을 좀 더 자세히 알 수 있게 된다.

다섯 번째로, 심층식의 등장과 식체의 분화과정이다. 앞서 살펴보았듯이 초기불교에서는 심(心)·의(意)·식(識)을 하나로 보았고, 부파불교에서 심층식(深層識)의 초기 형태가 등장한다. 이를 이어받아 유식불교에서는 식체 분화의 최종형태로서 8가지 식으로 정립했다. 심층식의 등장과 더불어 식체의 일이(一異) 논의가 어느 시점에 등장하는지를 살펴보고, 식체가 하나인 경우와 여럿으로 나뉠 경우 심식설의 내용에 어떠한 변화가 일어나게 되었는지를 고찰하기로 한다.

2) 식 명칭의 변화

초기 경전에서 등장하는 심(心)·의(意)·식(識)이라는 명칭은 각각 별도의 작용을 의미하는 것이 아니라 집기(集起)하고, 사량(思量)하고, 요별(了別)하는 심리작용 모두를 총괄적으로 표현한 것이다.[35] 초기불교에서는 안(眼)·이(耳)·비(鼻)·설(舌)·신(身)·의(意) 6식을 인식 활동의 주체로 보았지만 아직 심소론은 등장하지 않았다. 아비달마 불교시대에 들어 이 6식을 심(心) 또는 심왕(心王)으로 표현하면서, 수반되는 여러 심작용을 심소라고 표현하게 된다. 단편적인 심의 작용들을 몇 가지 범주에 넣어 심소로 분류하는 동시에, 6식만으로는 인간의 심리작용의 근원을 설

35) 『아비달마구사론』(『대정장』29, 21c)

명할 수 없다고 보아 유분식(有分識)이나 궁생사온(窮生死蘊)같은 별도의 식(識)을 도입하였다. 이 경향은 후대 유식학파로 이어져 현상적(現象的) 의식인 6식 외에 근원적(根源的) 심층식인 아뢰야식과 말나식을 상정하게 되었다.

초기 경전에 등장하는 심(心) · 의(意) · 식(識)의 뜻을 살펴보면 다음과 같다. 우선 심(心, citta)은 √cit('생각하다')라고 하는 어근에서 파생된 말로 심만으로 설해지는 경우도 있지만, 선심(善心)이나 불선심(不善心)처럼 다른 자(字)와 결합해서 표현되기도 한다. 의(意, manas)는 √man ('사량하다')라는 동사의 어근에서 나온 말로 기본적 심리작용을 가리킨다. 식(識, vijñāna)은 vijñāti('요별하다')라는 동사에서 나온 말로서 인식작용를 나타내는 곳에 쓰인다.

심(心) · 의(意) · 식(識)은 각각 다른 어근에서 파생된 것으로 어원적 의미나 용례가 다르지만 초기 경전에서는 기본적인 심의 작용을 표현할 때 섞어서 사용하고 있다. 심(心) · 의(意) · 식(識)을 붙여서 함께 사용하는 경우도 등장하는데 이때는 모든 심의 작용을 총칭한다. 심(心) · 의(意) · 식(識)이라는 용어가 초기경전, 부파논서, 유식경론에 어떤 용례로 설해지는지 알아보기로 한다. 초기경전인 『잡아함경』의 예를 살펴보면 다음과 같다.

> 심·의·식은 하룻밤에 잠시 동안 전변하여 다르게 생하고 다르게 멸한다. 마치 원숭이가 수림(樹林)을 떠돌 때 잠시 나뭇가지 하나를 놓고 [다른] 하나를 잡는 것과 같다. 이 심·의·식도 그와 같이 다르게 생하고 다르게 멸한다.[36]

---

36) 『잡아함경』(『대정장』2, 81c)

인용문에서처럼 심(心)·의(意)·식(識)은 함께 쓰이는 경우가 많이 있으며, 서로 다른 의미로서가 아니라 총체적인 의식작용을 나타내는 경우에 해당된다. 초기경전의 용례는 아비달마 시대에도 이어져, 심(心)·의(意)·식(識)이 이름만 다르고 실제로는 같은 의미라고 설하고 있다.[37] 『품류족론』에서 다음과 같이 설한다.

> 심(心)이란 무엇인가? 심(心)·의(意)·식(識)이다. 다시 말하면 무엇인가? 6식신으로 안식·이식·비식·설식·신식·의식이다.[38]

여기서 심은 심(心)·의(意)·식(識)과 같은 의미로 쓰이고 있다. 또한 『아비담심론』에서도 다음과 같이 설한다.

> 심(心)이란 의(意)이고, 의(意)란 식(識)이다. 실제로는 같지만 이름만 다른 것이다.[39]

『성실론』에도 비슷한 표현이 등장하는데, 심(心)·의(意)·식(識)에 대해 체(體)는 하나이지만 이름은 다르다고 한다.[40]

이보다 후대 논서인 『아비달마대비바사론』에서는 심(心)·의(意)·식(識)을 구별하는 몇 가지 설을 소개하고 있다.

> 따라서 계경(契經)에서 설하길 심·의·식 셋이 있다. 소리가 비록 달라

37) 勝又俊教(1974), p.325.
38) 『아비달마품류족론』(『대정장』26, 692b)
39) 『아비담심론』(『대정장』28, 810b)
40) 『성실론』(『대정장』32, 274c)

> 도 차별이 없다. 다시 어떤 설이 있는데, 심·의·식 셋에는 역시 차별이 있다. ①이름에 곧 차별이 있는데, 심이라 하고 의라 하고 식이라고 하는 것이 다르기 때문이다. ②다시 이어서 세(世)에 역시 차별이 있다. 이를테면 과거를 의라고 하고, 미래를 심이라 하고, 현재를 식이라 한다. ③다시 역시 시설(施設)에 차별이 있는데 계(界)에 시설되는 것이 심, 처(處)에 시설되는 것이 의, 온(蘊)에 시설되는 것이 식이다. ④다시 뜻[義]에 차별이 있는데, 심(心)은 종족의 뜻이고, 의는 생문의 뜻이며, 식은 적취의 뜻이다. ⑤다시 이어서 업에 차별이 있는데, 원행(遠行)은 심의 업(業)이고, ... 전행(前行)은 의의 업이며, ... 속생(續生)은 식의 업이다. ...... ⑥다시 이어서 채화(彩畫)는 심의 업(業)이고, ... 귀취(歸趣)는 意의 업이며, ... 요별은 식의 업이다. ...... ⑦다시 이어서 자장(滋長)은 심의 업이고, 사량은 의(意)의 업이며, 분별은 식의 업이다. ...... 심·의·식 셋은 차별이 있다.[41]

명(名)·세(世)·시설(施設)·의(義)·업(業) 등 7가지 예를 들어 심(心)·의(意)·식(識)에 차별이 있다고 설하고 있는데, 이와 같은 내용은 이전의 논서에서는 다루어지지 않은 것으로 심·의·식이 각각 다른 뜻으로 변화하는 중간단계에 해당된다고 볼 수 있다. 이러한 변화는 후에 유식학파에서 심(心)·의(意)·식(識)을 각각 아뢰야식·말나식·전6식으로 나누는 전거가 된 것으로 볼 수 있다.

유식경론의 교설은 크게 『해심밀경』-『유가사지론』-『성유식론』으로 이어진다. 이 중 초기 유식경전인 『해심밀경』의 「심의식상품」에 처음으로 종자심식(種子心識), 아타나식(阿陀那識), 아뢰야식 등의 이름이 등장하는데,[42] 이전의 경론에서는 설해지지 않던 내용이다.[43] 또 전6식과 함께

41) 『아비달마대비바사론』(『대정장』27, 371b)

42) 『해심밀경』(『대정장』16, 692b)

아타나식, 아뢰야식이 등장하긴 해도 제7 말나식은 언급되지 않는다. 그러나 심(心)을 아뢰야식으로 보고 6식과 차별화시킨 점과, 전6식의 기저에서 작동하는 심층식을 상정하였다는 점에서 8식설로 향해가는 직전 단계의 심식론을 언급하고 있다고 볼 수 있다.

심(心) · 의(意) · 식(識)을 각각 아뢰야식 · 말나식 · 전6식으로 배대한 것은 『유가사지론』이며 말나식이란 용어가 처음 등장한다.[44]

> 모든 식을 심 · 의 · 식이라 한다. 만약 가장 수승한 것에 따르면 아뢰야식은 심(心)이라 한다. 왜 그러한가? 이 식으로 인해 일체법의 종자를 집취할 수 있기 때문이다. ...... 말나(末那)는 의(意)라고 한다. 모든 때에 아(我), 아소 및 아만 등을 집착하고 사량을 성(性)으로 한다. 다른 식들은 식(識)이라 한다. 경계를 요별하는 것을 상(相)으로 한다. 이와 같이 3종이 있다.[45]

『유가사지론』은 아뢰야식 · 말나식 · 전6식 형태로 심을 8가지로 나누는 최초의 문헌이라고 볼 수 있다.[46] 『유식30송』과 『성유식론』은 이 설을 그대로 받아들여 8식 체계를 정교하게 정립하였다.

지금까지 심(心) · 의(意) · 식(識)의 변천에 대해 간략히 살펴보았는데, 심 · 의 · 식이 별개의 식체로 분리되기 위해서는 심(心)과 심작용[심소]이 나뉘는 변화가 선행되어야 한다. 이어서 식체가 심과 심소로 나뉘는 과정을 고찰하고자 한다.

---

43) 김동화(2001), 『불교교리발달사』(서울: 뇌허불교학술원, 2001), p.682.

44) 김동화(2001), 『불교교리발달사』, p.702.

45) 『유가사지론』(『대정장』30, 651b)

46) 勝又俊教(1974), p.344.

3) 심소론의 발생

(1) 심과 심소의 분화

심소론의 발생이란 측면에서 심식설의 변천 과정을 살펴보자. 심소(心所)는 심수(心數)라고도 하며 '심에 속한 것(cetasika)'이라는 의미를 가지고 있다. 초기불교에서는 심소에 해당되는 것이 별도로 있지 않았고, 그때그때 심의 작용이 달라지는 것으로 보았다. 부파불교 초기에 심을 체(體)와 용(用)의 둘로 분류하면서, '용(用)으로서의 심소'가 분리된 이후 심과 심소가 상응한다는 설까지 등장하게 된다.[47]

심소론은 초기불교에 설해지는 심(心)·의(意)·식(識)을 6식[심왕]으로 하고, 그 밖에 다른 심작용들을 몇 가지 심소 유형으로 분류하면서 성립된다. 니까야나 아함경에서는 심과 심소를 구분하여 나누지 않았지만 부파불교에 들어와 심소설이 나타나게 된다.[48] 초기불교 교설 중 핵심을 이루는 것은 5온설(五蘊說)과 12연기설(十二緣起說)인데,[49] 특히 5온설에 있어서 색(色)을 제외한 수(受)·상(想)·행(行)·식(識) 중 식(識)을 심(心)의 주체[識體]로 보고, 수(受)·상(想)·행(行)을 심의 작용으로 보았다.[50] 원래 5온설은 무아설(無我說)을 주장하기 위한 교설이지만, 후대

---

47) 勝又俊教(1974), p.336.

48) 水野弘元(1964), p.10.

49) 초기불교의 교설 중에는 5온(蘊)설과 12연기(緣起)설 외에도 4식(識)설[斷食·觸食·思食·識食], 6계(界)설[地界·水界·火界·風界·空界·識界] 등이 있지만 여기서는 5온설과 12연기설을 중심으로 고찰하기로 한다.

50) 김동화는 초기[원시] 불교시대에 심소론이 있었다는 것을 부정하며 다음과 같이 심소에 대해 정리하고 있다. "5온설 중 색을 제외한 수·상·행·식은 일심을 분석한 것으로 이 중에 식(識)은 심(心)의 주체라 할 수 있고, 수·상·행의 3자는 심(心)의 작용이다. 이 심(心)의 작용을 후세에 이르러서는 심소라 명명했으나 이때에는 아직 이러한 숙어는 사용되지 않았다. 심의 작용에 관해서는 수·상·행 이외에도 소위 번뇌라 하여 여러 가지 종류를 설하여 있다.…… 중략 …… 후세에 설하는 심소론이란 요컨대 이와 같은 모든 심리작용설을 정리한 것에 불과한 것이니, 이것은 대개

논사들은 현상계의 제법(諸法)을 분류하는 기준으로 삼기도 했다.[51] 부파불교에서는 심의 작용에 해당하는 수(受)·상(想)·행(行)을 심소법으로 보는 초기형태의 심소론이 성립하게 된다. 5온 중 3온인 수(受)·상(想)·행(行)에 갖가지 번뇌[52]를 더한 것이 후대의 심소론으로 발전했다고 볼 수 있다.[53] 아비달마 논서에서는 이를 바탕으로 행온(行蘊)을 심상응행온(心相應行蘊)과 심불상응행온(心不相應行蘊)의 둘로 나누면서, 심상응행온으로 사(思)·촉(觸)·작의(作意) 등을 들고 있다.[54]

행온(行蘊)을 사(思)심소의 관점에서 파악할 수도 있다.[55] 행온의 '행

대번뇌(大煩惱), 또는 근본혹(根本惑)이니 수혹(隨惑)이니 하는 부정(不淨)한 심리작용을 열거한 것이다." 김동화(2001), 『불교교리발달사』, pp. 100-101.

51) 김동화는 5온에 대해서 다만 현상계의 분류기준의 일부라고 하고 있다. "원시불교에서는 현상계 제법을 물심양면에 걸쳐 요소적 지견에서 이것을 5온, 12처, 18계 등으로 분류하는 것이 그 상례로 되어있다." 김동화(2001), 『불교교리발달사』, p.63. 또한 5온에 대해서 "5온을 제행(諸行)이라고 하는 설(『잡아함경』 권1, 1경), 5온을 제법이라고 하는 설(『잡아함경』 권1, 9경) 등"으로 설명하고 있다. 김동화(2001), 『불교교리발달사』, p.84.
"또한, 색온이라 하는 것은 일체 물질을 총칭하는 것이요, 수와 상은 정신작용 중에서 특히 중요한 부분을 적출한 것이며, 행은 천류(遷流)의 의(義)로 유위생멸의 일체 제법을 가리키는 것이니 그 소섭(所攝)의 법은 허다하므로 총명(總名)으로 호칭하는 것이다. 그리고 식은 정신의 주체를 말하는 것이다." 김동화(2001), 『불교학개론』(서울: 뇌허불교학술원, 2001), p.124.

52) 초기불교에서의 번뇌는 『장아함경』, 『잡아함경』, 『증지부경』, 『증일아함경』, 『중부경』, 『중아함경』 등에 3루(漏)설, 4박(縛)설, 오하분결(五下分結)설, 오상분결(五上分結)설, 7결(結)설, 16심예(心穢)설 등으로 언급되고 있다. 김동화(2001), 『불교학개론』, pp. 100-101.

53) 『순정리론』 권11에는 다음과 같이 경량부의 심소론이 언급되는데, 부파불교 중 경량부에서는 후대에 이르러 3심소가(心所家)·4심소가·10심소가·14심소가 등의 여러 설을 주장했는데, 여기서 3심소는 수·상·사, 4심소는 3심소에 촉을 더했고, 10심소는 수·상·사·촉·욕·혜·염·작의·승해·삼마지의 10대지법이며, 14심소는 10대지법에 탐·진·치를 더한 것이다. 김동화(2001), 『불교교리발달사』, pp. 270-271.

54) 김동화(2001), 『불교교리발달사』, p.298.

55) 행(行)을 사(思)로 볼 수 있는지에 대해서는 초기 경전 마다 차이가 있다. 요한슨에 따르면, "『상응부경전』 III 60은 행을 사로 정의하고 있고, 사는 의지나 의도를 의미한다."고 하고 있으며, 이어서 "행은 의도적 행위[思]이고, 육처의 하나에 속한다."고

(行)'을 '사(思)'심소로 대치하면, 5온의 수(受)·상(想)·행(行)은 수(受)·상(想)·사(思)가 된다. 이 경우 3온은 아비달마에서는 대지법에, 유식에서는 변행심소에 포함된다.[56] 대지법과 변행심소에 3온이 포함되어 있다는 것에서 5온과 심소가 밀접한 관계라는 것을 알 수 있다. 아비달마와 유식불교에 있어 심소론의 가장 큰 차이는, 아비달마에서는 초기불교 전통인 5온설 체계에서 심소론을 논하는 반면, 유식불교에서는 8식설 체계에서 심소론을 설한다는 점이다.[57] 대표적 유식 문헌인 『유식30송』에서는 심소를 8식 각각에 상응하는 형태로 정리하고 있다. 이것은 불교교리의 변천에 있어 5온설 중심에서 8식 중심으로 심식론이 바뀌게 된 것을 의미한다.

북방 아비달마에서는 심소의 수를 46종,[58] 남방 아비달마의 경우 52종으로 정리하고 있다.[59] 여러 유식문헌에 등장하는 심소의 수는 51종,

---

하고 있다. Johansson(2006), 『초기불교의 역동적 심리학』(서울: 경희대학교 출판국), p.73.

56) 아비달마에서 대지법(大地法)은 심왕과 더불어 일체의 심리작용에 주변(周遍)해서 일어나는 것을 말한다. 대지법(大地法)은 수, 상, 사, 촉, 욕, 혜, 념, 작의, 승해, 삼마지 등 10가지이다. 김동화(2001), 『구사학』(서울: 뇌허불교학술원), p.75, p.98. 유식에서는 변행(遍行)심소가 아비달마의 대지법(大地法)과 같은 역할을 한다. 변행심소는 촉, 작의, 수, 상, 사 5심소이다. 이 5심소의 순서는 『유가사지론』, 『현양성교론』, 『대승백법명문론』에서는 작의, 촉, 수, 상, 사이지만, 『대승오온론』이나 『성유식론』에서는 위와 같이 촉, 작의, 수, 상, 사의 순으로 되어있다.

57) 勝又俊教(1974), p.384.

58) 아비달마의 46심소에 대해서는 『아비달마구사론』(『대정장』29, 19a) 참조.
대지법(大地法) 10(受, 想, 思, 觸, 欲, 慧, 念, 作意 , 勝解, 三摩地)
대선지법(大善地法) 10(信, 不放逸, 輕安, 捨, 慚, 愧, 無貪, 無瞋, 不害, 根)
대번뇌지법(大煩惱地法) 6(癡, 放逸, 懈怠, 不信, 昏沈, 掉擧)
대불선지법(大不善地法) 2(無慚, 無愧)
소번뇌지법(小煩惱地法) 10(忿, 覆, 慳, 嫉, 惱, 害, 恨 諂, 誑, 憍)
부정지법(不定地法) 8(尋, 伺, 隨眠, 惡作, 貪, 瞋, 慢, 疑)

59) 남방아비달마의 대표적인 논서인 『아비담맛타상가하』에서 거론되는 52심소는 다음과 같다. (대림스님·각묵스님(2002), 『아비담마 길라잡이』(상)(서울: 초기불전연구원),

53종, 55종 등으로 차이가 있긴 하지만 51종으로 보는 것이 일반적이다.[60] 51심소는 변행(遍行), 별경(別境), 선(善), 번뇌(煩惱), 수번뇌(隨煩惱), 부정(不定)심소 등 6종의 큰 범주로 나뉜다.[61] 6종의 심소들은 제8식, 제7식, 제6식, 전5식 등과 그때그때 상응해서 심왕의 작용을 돕는 역할을 한다.

---

p.193. 도표 참조)
공일체심(共一切心)심소 7(觸, 受, 想, 思, 心一境性, 命根, 作意)
잡(雜)심소 6(尋, 伺, 勝解, 精進, 喜, 欲)
불선(不善)심소 항상 일어남 4(痴, 無慚, 無愧, 掉擧)
선(善)심소 항상 일어남 19(信, 念, 慚, 愧, 不貪, 不嗔, 中捨, 身經眼, 心輕安, 身輕快性, 心輕快性, 身柔軟性, 心柔軟性, 身適業性, 心適業性, 身熟達性, 心熟達性, 身端直性, 心身端直性)
선(善)심소 절제 3(正語, 正業, 正命)
선(善)심소 무량 2(悲, 喜)
선(善)심소 지혜 1(慧根)

60) 심소에 대해서는 대승과 소승에 이견이 있는데, 소승의 『대비파사론』에서는 49, 『구사론』 권4에서는 46으로 세우고 있다. 대승 논서인 『대법론』 권1에서는 55, 『유가사지론』 권1에서는 53으로 세우고 있으나 『현양론』 권1, 『성유식론』, 『대승백법명문론』, 『대승오온론』(『대정장』31, 848c) 등에서는 51로 세우고 있다. 일반적으로 소승에서는 『구사론』의 설인 46, 유식에서는 51로 세우고 있다. 후카우라 세이분(2012), 『유식삼십송풀이』(서울: 운주사) p.298.
또한 남방 아비달마, 북방아비달마의 여러 논서 및 유식학파의 여러 논서에 설해지는 심소의 수와 각 심소에 대해서는 水野弘元(1964), pp. 348-352 참조.

61) 유식불교의 51심소는 『성유식론』(『대정장』31, 26c) 및 『대승백법명문론』(『대정장』31, 855b) 참조.
변행(遍行)심소 5(觸, 作意, 受, 想, 思)
별경(別境)심소 5(欲, 勝解, 念, 定, 慧)
선(善) 11(信, 慚, 愧, 無貪, 無瞋, 無癡, 勤, 輕安, 不放逸, 行捨, 不害)
번뇌(煩惱) 6(貪, 瞋, 癡, 慢, 疑, 惡見)
수번뇌(隨煩惱) 20(소수혹 10: 忿, 恨, 覆, 惱, 嫉, 慳, 誑, 諂, 害, 憍
중수혹 2: 無慚, 無愧
대수혹 8: 掉擧, 昏沈, 不信, 懈怠, 放逸, 失念, 散亂, 不正知)
부정(不定)심소 4(悔, 眠, 尋, 伺)

(2) 심 · 심소의 상응

심과 심소를 분화시킨 후 심소가 독립적인 작용을 할 수 있다고 하면, 심소 역시 별체가 있는 것으로 인정된다. 심 · 심소 상응설은 심과 심소가 별체이고 서로 상응해서 작용한다고 하는 설이다. 심 · 심소 상응설 체계가 처음 등장하는 논서는 『잡아비담심론』으로, 여기에는 사(事) · 시(時) · 의(依) · 행(行) · 연(緣)의 5의평등(五義平等)설이 상응이라는 형태로 나타난다. 논에서 설하는 5의(義)평등은 다음과 같다.

> ①사(事)가 같다는 것은 하나의 심(心)에 먼저[一] 상(想)이 있고 다음에[二] 수(受)가 있다면 상응의 뜻이 아니다. 하나의 심에 하나의 상(想)이 생함으로써 다른 심소법도 역시 그러하다. 따라서 같다는 뜻은 상응한다는 뜻이다. 또한 시(時) · 의(依) · 행(行) · 연(緣)도 상응의 뜻이다. ②시(時)가 같다는 것은 일찰나에 생하기 때문이다. ③의(依)가 같다는 것은 만약 심이 안식에 의지하면 심소법 역시 그러하다. ④행(行)이 같다는 것은 만약 심이 행하여 청색이 생하면 심법 역시 그러하다. ⑤연(緣)이 같다는 것은 만약 심이 색을 연해 생하면 그것[심소] 역시 색을 연한다. 따라서 항상 상응한다고 설한다.[62]

『잡아비담심론』의 설은 심과 심소가 항상 상응해서 같이 있을 수 있다는 것이다. 5의(義)평등에서 중요한 것은 첫 번째 항목의 사(事)가 같다는 것으로, 상(想)과 수(受)가 순차적으로 일어나지 않고 함께 일어날 수 있다는 것이다. 이때 상(想)과 수(受)[63]가 '상응한다'고 표현한다. 초기불교에서는 '심소'라는 구분이 따로 없으므로 심 작용들이 순차적으로 일어난

62) 『잡아비담심론』(『대정장』28, 881a)

63) 상(想)과 수(受)는 심이 작용할 때 항상 상응하는 심소로서 10대지법(大地法) 중 하나이며, 후에 유식불교에서는 변행(遍行)심소로 분류된다.

다고 하지만, 상응설의 경우 순차적 생기보다는 상(想)과 수(受)가 동시에 있을 수 있다는 것을 강조한다.

심·심소 상응설이 어느 정도 완비된 형태를 띠게 된 것은 『아비달마대비바사론』이며 5의평등설을 비롯해서 여러 형태의 심·심소 상응설이 잘 정리되어 설해진다.[64] 5의평등설은 후에 『아비달마구사론』에도 그대로 계승되어[65] 소의(所依)·소연(所緣)·행상(行相)·시(時)·사(事)로서 내용은 비슷하지만 순서가 다르게 나타난다.[66]

유식불교에 들어 심소는 심왕소유(心王所有)의 법(法),[67] 즉 '심소는 심왕에 소속되는 법'으로 표현된다. 『성유식론』 권5에서는 항상 심왕에 의지해서 일어나고, 심왕과 상응하며, 심왕에 속해있기 때문에 심소라고 설한다.[68] 『성유식론』 권3에서는 심왕과 심소를 상응하는 법이라고 하면서

---

64) 勝又俊教는 『아비달마대비바사론』(『대정장』27, 80c)에 언급되는 심·심소상응을 다음과 같이 17가지로 정리하고 있다. "상응(相應)한다는 것은 (1) 체(體)가 같다는 뜻 (2) 같아서 서로 떨어질 수 없다는 뜻, (3) 같아서 별이(別異)가 아니라는 뜻, (4) 같이 운전하는 뜻(심(心)의 수레가 경(境)에 전전할 때 심소(心所)도 전전하여 함께 하나의 사(事)를 이룬다는 뜻, (5) 같이 소작(所作)한다는 뜻(새들이 동시에 와서 먹고 가는 것 같다), (6) 같이 상순(相順)한다는 뜻, (7) 같이 화합하는 뜻(물과 우유가 화합하는 것 같이), (8) 갈대단[束蘆]의 뜻(相依性), (9) 합색(合索)의 뜻(새끼줄을 합치면 재목(材木)을 끌고 가는 힘이 생기듯이), (10) 연수(連手)의 뜻(강을 건널 때 손을 잡고 건너면 건널 수 있듯이), (11) 相引生하는 뜻(세우(世友)의 설로서 소의(所依)가 같아서 상호 상인(相引)한다), (12) 상리(相離)하지 않는다는 뜻(소의로서), (13) 유소연(有所緣)의 뜻, (14) 소연(所緣)을 같이한다는 뜻, (15) 항시 화합한다는 뜻, (16) 항시 구생(俱生)한다는 뜻, (17) 생주멸(生住滅)을 함께 한다는 뜻, (18) 같이 하나의 사(事)를 짓는다는 뜻이 있다.", 勝又俊教(1974), p.395.

65) 勝又俊教(1974), p.395.

66) 『아비달마구사론』(『대정장』29, 22a)

67) 후카우라 세이분(2012), p.197.

68) 『성유식론』(『대정장』31, 26c), "항시 심왕에 의지해서 일어나고 심왕과 상응하며 심왕에 계속(繫屬)하기 때문에 심소라고 한다. 가령 아(我)에 속한 물건을 아소(我所)라고 하는 것과 같다. 심왕은 대상[所緣]에 대해 오직 총상(總相)만을 취하고 심소는 그에 대해 별상(別相)을 취한다. 심왕의 일을 도와 이루게 해서 심소라고 한다."

다음 네 가지로 정리한다. ① 심왕과 심소가 연(緣)할 때 시간이 동일하고, ② 심왕과 심소는 소의(所依)의 근(根)이 동일하며, ③ 심왕과 심소는 그 소연(所緣)의 경(境)을 같이 하고, ④ 심왕과 심소는 그 사(事)를 같이 한다는 것이다.[69] 『성유식론』에서도 『아비달마구사론』을 이어받아, 심소를 심왕의 상응법으로 보고 시(時)·근(根)·소연(所緣)·사(事)가 같다고 설한다. 다만 『성유식론』에서는 『아비달마구사론』의 5의평등 중 행상(行相)이 배제되어, 심왕과 심소는 4의평등이 된다. 그 이유는 유식불교에서 행상에 대한 정의가 이전과 달라졌기 때문이다. 유식에서 심왕은 총상(總相)을 연하고 심소는 총상과 별상(別相)의 2상을 연하는데,[70] 심왕과 심소의 행상이 달라지게 되어 제외된 것이다.

반면 심소 자체를 부정하는 설도 존재하는데, 결과적으로 심과 심소가 상응하는 것 자체가 부정된다. 초기불교에서는 심소를 따로 언급하지 않았으므로 심소부정설은 초기불교의 전통을 계승했다고 볼 수 있다.

(3) 심소 부정설

심소 부정설 혹은 심·심소 상응부정설은 『아비달마대비바사론』에 거론되고 있으며, 비유자(譬喩者)의 설로 소개된다.

> 비유자가 설하듯이 사려(思慮)는 심의 차별이고 별도의 체가 있지 않다. 사(思)와 려(慮)는 심소법으로 별도의 체(體)가 있다고 집착하는 것을 부정하기 위한 것이다.[71]

---

69) 후카우라 세이분(2012), p.197. 김동화(2001), 『유식철학』, p.132 참조. 『성유식론』(『대정장』31, 11c)

70) 『성유식론』(『대정장』31, 26c)

71) 『아비달마대비바사론』(『대정장』27, 216b)

존자 각천(覺天)도 다음과 같이 주장한다.

> 존자 각천이 다음과 같이 설한다. 모든 심·심소의 체는 곧 심이다. 왜냐하면 세제일법(世第一法)은 심(心)을 자성으로 한다.[72]

심과 심소의 체를 심이라고 놓고, 심소를 별도의 체로 인정하지 않고 있다. 이것은 심의 차별로서 그 작용만을 인정하고 심소가 있다는 것을 부정한다. 논에서는 심의 작용이 하나하나씩 차례로 진행되는 것을 다음과 같이 비유한다.

> 심·심소법은 전후에 생하는 것이지 일시에 일어나는 것이 아니다. 비유자가 설하듯이, 심·심소법은 인연들에 의지해서 전후에 생한다. 비유하면 상인(商人)들이 험하고 좁은 길을 지날 때 한 명씩 지나가지 둘이 함께 가는 것이 아닌 것과 같다. 심·심소법 역시 이와 같다.[73]

여기서는 심에 여러 심소가 전후로 일어나므로 동시에 일어나지 않는다고 한다. 설혹 심소법이 있다고 인정한다 해도 심소가 동시에 일어날 수 없다는 것을, 상인들이 한 명씩 차례차례 좁은 험로를 지나가는 것에 비유한다. 심소를 별체로 인정하지 않는 대신 여러 심작용들을 심의 차별로 보면서 구기(俱起)하지 않고 차례로 생기한다고 하는 것은 심·심소 상응설을 부정하는 것이다. 유사한 주장이 남방 상좌부의 『논사(論事)』에도 등장하는데, 대표적으로 왕산부(王山部)와 의성부(義成部)가 있다.[74]

---

72) 『아비달마대비바사론』(『대정장』27, 8c)

73) 『아비달마대비바사론』(『대정장』27, 79c

74) 『남전대장경』 제58권, 「논사」2, pp. 27-28, 「Kathāvatthu」, pp. 337-338. (勝又俊

『성실론』에서도 심소 부정설이 언급된다. 『성실론』에서는 수(受)·상(想)·행[思]·식(識)이 순차적으로 일어난다고 설하는데, 이는 심소 부정설에 의거한 것으로 볼 수 있다. 하리발마(訶梨跋摩)의 심소 부정설은 다음과 같다.

> 심(心)·의(意)·식(識)의 체는 하나이지만 이름이 다르다. 만약 법을 연(緣)할 수 있다면 심이라고 한다. 문) 만약 그러면 수(受)·상(想)·행(行) 등 심소들도 역시 심이라고 해야 한다. 함께 연할 수 있기 때문이다. 답) 수(受)·상(想)·행(行) 등은 모두 심의 차별을 말한다. ...... 또 단지 식신(識身)이 있다고 하지 심소가 있다고 하지 않는다. 또 3사화합이므로 촉(觸)이라고 한다. 만약 심소가 있다면 셋이라고 하지 않아야 하는데 실제로는 셋이라고 설하므로 단지 심 뿐이고 별도로 심소가 있지 않다고 알아야 한다.[75)]

『성실론』에 의하면 수(受)·상(想)·행(行) 등은 심소가 아니라 단지 심의 분위(分位) 차별이다. 논에서는 3사화합을 예로 들어 심소가 없음을 증명한다. 심소가 늘 상응한다면 근(根)·경(境)·식(識) 3사화합의 결과 촉(觸)이 생길 때 굳이 '셋이 화합한다'고 설할 필요가 없지만, 경전에서 이와 같이 설하는 이유로부터도 심소가 없다는 것이 입증된다고 하고 있다. 『성실론』 다른 부분에서도 몇몇 비유를 들어 심소를 부정한다.[76)]

敎(1974), pp. 401-402에서 재인용)

75) 『성실론』(『대정장』32, 274c)

76) 勝又俊敎는 『성실론』 권63 「비유수품(非有數品)」(『대정장』32, 275c) 및 권64 「명무수품(明無數品)」(『대정장』32, 276a)에 설해지고 있는 심소부정론을 다음과 같이 17가지로 정리하고 있다. 『성실론』「비유수품(非有數品)」과 「명무수품(明無數品)」의 품명(品名)에 있는 '수(數)'란 심소를 말하므로 결국 심소를 부정하는 품임을 알 수 있다. 우선 「비유수품(非有數品)」에서는, (1) 그대는 상응이라고 하기 때문에, 심소가

따로 있다고 하지만 그것은 옳지 않다. 왜냐하면 경에 설하는 곳의 "심은 혼자 행하고 멀리 가며, 침하고 장하는 모습이다."라는 것은 다른 심을 부정하는 것이 아니라, 심소를 부정하는 것이다. (2) 그대는 심소는 심에 의한다고 설하기 때문에, 심소가 따로 있다고 하지만, 의식이 심에 의한다고도 설하는 것이 가능하므로, 단지 의처의 문제만이 심소의 별립을 이루는 것은 무리다. (3) 그대는 심소가 없으면 5온설이 성립하지 않는다고 하지만 그렇게 생각해야하는 것이 아니라 심의 차별로서 수, 상, 행의 3온이 있다고 보아야 한다. (4) 그대는 심(식)은 근과 경 둘에 의해서도 생하고, 심소는 근 경 식 셋의 화합에 의해 생한다고 하지만, 만약 심과 심소가 구생한다는 설이라면 심이 둘에서, 심소가 셋에서 생한다는 설은 모순되게 된다. 그보다 오히려 앞선 때에 식이 일어나고, 후에 상 등이 일어난다는 것처럼, 심작용의 차제생기의 과정으로서 모든 심작용을 생각해야 한다. (5) 그대는 지(智)에 의해 식에 의하지 않는다고 설하므로, 심 밖에 심소가 있다고 하지만 지(智)도 식도 함께 심의 작용이며, 지(智)인 심에 의하고 식에 의하지 않는다고 설해야 하고, 따로 심소가 있다고 생각해야 하는 것이 아니다. (6) 그대는 심에 의해 생하므로 심소를 설한다고 하지만 심에서 심이 생할 수도 있으므로, 반드시 심에 의해 생하므로 그것이 심소라고는 말할 수 없을 것이다. (7) 그대는 부처는 심소가 없다고 명언되고 있지 않으므로 심소는 없다는 것은 아니라고 않지만, 우리도 심소가 전혀 없다고 주장하는 것은 아니다. 다만 마음의 차별인 점을 한 심소가 이름할 뿐이다라고 한다. 이것은 양자가 심소의 개념에 다른 견해를 나타내는 것이며, 전자는 심과 달리 심과 상응하는 것을 심소로 규정하는 것에 대해, 후자는 심의 차별의 여러 상(相)을 심소라고 호칭하는 것이다. (8) 그대는 심 심소의 명자의(名字義)를 말하는 경우, 집기의 뜻이 있으니까 심이라 이름한다고 하면 수 등도 후유(後有)를 집기하는 뜻이 있으므로 또한 심이라고 이름해도 좋을 것이다. 또 심과 심소는 함께 심에서 생하니까, 함께 심소라고 이름할 수 있다. 만약 사람이 단지 심소가 있다고 말하더라도 그 사람은 심소의 명의를 말할 뿐, 실로 별체로서의 심소를 설하는 것이 아니다. (9) 그대는 심과 수 등과는 소작이 다르다고 하고, 심 중에 각(覺)을 생한다고 하기 때문에 심소가 따로 있다고 주장하지만, 그것은 별체의 심소를 생각하지 않아도 심의 차별이 있으므로, 소작이 다른 것이며 또한 심 중에 각이 생하는 것은 심 중에 심이 생한다고 생각해도 좋다. (10) 그대는 "심(心)이 구(垢)이므로 중생은 구(垢)이며, 심이 정(淨)하므로 중생이 정(淨)하다."고 설하는 경우 만약 무명이나 혜명(慧明) 같은 심소가 없으면 무인(無因)의 어려움에 빠진다고 하지만, 그러나 심소는 없어도 구와 정은 있으므로 심소를 세워야 할 이유는 없다. (11) 그대는 심에 상응하므로 심소라고 이름하지만, 그 상응법이 인정되지 않으므로 따라서 심 밖에 심소는 인정되지 않는다고 설하는 것이다.

다음으로 「명무수품(明無數品)」에서 설하는 심소부정설은 다음과 같다. (12) 그대는 식과 수, 상, 행은 각각 작용이 다르기 때문에 심소가 있다고 하지만 그렇게는 말할 수 없다. 왜냐하면, 식이나 각이라는 작용에는 특별한 상위는 없다. 만약 심이 색을 식(識)하는 경우 각이라고 하고, 또한 상등이라고 할 수 있다. 예를 들어 이 사람을 식별하는 것을 알고, 고락을 받아들이는 것도 또한 고락을 아는 것이며, 따라서 식(識)하는 것은 다시 수하고 상하는 것이다. 따라서 식, 수, 상 등과 다른 작용이 아중현(衆賢)은 『순정리론(順正理論)』에서 심소 별체(別體)설을 주장하면서 심소 부정설도 함께 논하고 있다. 중현은 심소 부정설을 주장하는 논사들을 비유자(譬喩者)라고 하면서 다음과 같이 소개한다.

> 비유자가 있어 오직 심(心)만 있고 별도의 심소가 없다고 설한다. 심(心)이 상(想)과 함께 할 때 행상(行相)의 차별은 있을 수 없기 때문이다. 왜냐하면 행상은 오직 상(想)에만 있고 식(識)에는 없다. 심원하게 추구해야 한다. 오직 이 둘은 명언(名言)의 차별만 있지 체(體)의 차별이 없다는 것을 알 수 있다.77)

니며, 식만을 심왕으로 하고, 그 외의 것을 심소로 하는 것은 옳지 않다. (13) 그대는 심해탈 외에 혜해탈을 설하는 것은 심소를 인정하는 이유라고 하지만 그렇게 말할 수 없다. 왜냐하면 심에 염, 무명이 있기 때문에, 심이 염, 무명으로 되는 것이고, 무명이 혜를 때 묻게 하고, 염이 심을 때 묻게 하는 것이 아니다. 마찬가지로 또한 무명을 떠나므로 혜가 해탈하고, 염구를 떠나므로 심이 해탈한다고도 말할 수 없다. 또 경(經)에서 3루를 떠나므로 심이 해탈한다고 설하므로, 무명에 의해 심이 해탈하는 것이다. 만약 염에 의해 심이 해탈하고, 무명에 의해 혜가 해탈한다고 하면 독 등에 의해 무엇이 해탈하는가. 따라서 일반적으로 심을 떠나 해탈을 얻지 않는다. 그러므로 다만 심만 있다고 생각해야 하며, 심과 다른 심소를 인정해야 하는 것은 아니다. (14) 그대는 심이 뛰어나기 때문에 다만 심만을 설한다고 하지만 심에는 어떠한 뛰어난 의미가 있고, 혜 등에는 없는지가 명료하지 않다. 또 그대는 사람은 일반적으로 심을 알고 있으므로 심으로 설한다고 하지만 실제로는 사람은 많은 고락을 알기 때문에 오히려 수라고 설해야 하는 것은 아닌가? (15) 그대는 경전에서 단지 일법을 끊으면 아나함도를 얻는다고 하지만 그것은 탐욕의 일법을 끊는 것으로 일체의 번뇌를 끊는 것은 아니므로 다른 심소도 있다고 하지만, 그러나 경전의 의미는 부처는 중생의 번뇌가 매우 많아 항상 심을 덮으므로 그 번뇌를 일법이라고 설할 뿐이며, 이 일법을 끊으면 다른 번뇌도 스스로 끊을 수 있는 것이다. (16) 그대는 경전에서 안으로 명식신이 있고 밖으로 색이 있다고 설하는 경우, 그 명은 심이 아니라 심소를 가리킨다고 하지만, 이 경전에는 원래 그런 의미의 것은 설하고 있지 않다. 그것은 그대가 다만 그렇게 억상분별할 뿐이지 바른 것은 아니다. (17) 그대는 또 촉은 수 등의 인이 되므로, 촉도 독립한 심소라고 하지만, 그러면 촉도 수도 함께 상응법이면서 촉은 수 등의 원인이 되고, 수 등은 촉의 인이 되지 않는다고 하는 모순에 빠지게 된다. 勝又俊教(1974), pp. 406-409.

77) 「아비달마순정리론」(『대정장』29, 395a)

심과 심소는 명언(名言)의 차별만 있고 체(體)의 차별이 없으므로 결국 심소가 없다고 설한다. 이것은 앞의 『아비달마대비바사론』에서 소개한 비유자의 설과 동일한 것으로 볼 수 있다. 이를 통해 심소 부정설을 주장한 대표적인 부파가 비유자라는 것을 알 수 있다.[78] 『순정리론』에는 비유자 외에도 다른 부파의 설이라고 하면서 심소를 부정하는 3가지 설을 더 거론하는데 주요 내용은 심을 떠나 심소가 있을 수 없음을 밝히는 것이다.[79]

지금까지 심(心) 외에 별도로 심소가 존재해서 심과 상응한다고 하는 심・심소 상응설과, 심소가 별체임을 부정하는 설에 대해 살펴보았다. 북방아비달마에서는 『성실론』, 비유사(譬喩師), 존자 각천(覺天) 등이, 남방아비달마에서는 왕산부와 의성부 등이 심소 부정설을 주장하는 것을 알 수 있다. 심과 심소가 상응하고 심소가 별체로 존재한다고 하는 설은 이후 부파불교에서 주류를 이루게 되었고 유식불교까지 이어지게 된다.

앞의 내용을 간략히 정리하면 다음과 같다. 심소가 별체이고, 심과 심소가 상응한다는 것은 초기불교의 소박한 관점에서 보면 이해하기 어려운 측면이 있다. 왜냐하면 초기불교에서는 심(心)・의(意)・식(識)을 별체가 아닌 6식의 작용으로 간주하고, 식의 다양한 활동을 다른 용어로 언급했을 뿐이다. 앞서 보았듯이 심소 별체설이나 상응설을 부정하는 이유는 심작용이 모두 차례로 일어난다고 보기 때문이다. 이후 부파불교에서는 식

78) 여기서 비유자(譬喩者, dārṣṭāntika)는 비유논사(譬喩論師), 비유부(譬喩部), 비유종(譬喩宗)으로도 불린다. 『아비달마대비바사론』에 처음으로 거론되는데, 유부(有部)의 비바사사(毘婆沙師)가 자신의 교의체계를 경・율・론 삼장에 근거해서 설명하는 반면 '비유자들은 거친 비유의 세속법으로 성교(聖敎)를 제멋대로 해석해서 어지럽히는 사람들'이라고 하고 있다. 권오민은 비유자를 경량부(經量部) 계통으로 보고 있다. 권오민, 『상좌 슈리라타와 경량부』(서울: 씨아이알, 2012), p.128.

79) 「아비달마순정리론』(『대정장』29, 396a)

체와 그 작용을 분리해서 중심이 되는 식체와 종속적인 작용[심소]으로 나누었는데, 심소가 분리되면서 심과 심소의 상응설이 대두되었다. 심소가 심에서 분리되면서, 심소론을 중심으로 불교가 다시 재편되고, 식체도 하나가 아닌 여러 식체가 인정되어 후대 유식불교에서는 별체로서의 8식과 그에 상응하는 심소론으로 변화하게 된다.

4) 심 작용설

심작용설은 초기불교의 심식설과 유사한 측면이 있는데, 심·심소 상응의 관점에서 심을 파악하는 대신 심 자체의 순차적인 작용을 말하는 것이다. 식의 순차적인 인식과정으로서 심작용설은 어떠한 배경에서 등장하게 되었는지를 알아보자. 초기불교 이래 심작용설의 원형으로 볼 수 있는 것은 5온(蘊)과 12연기(緣起)이다. 앞의 심과 심소의 분화에서 이미 살펴본 바와 같이, 5온 중 식온(識蘊)과 색온(色蘊)을 제외한 3온을 심소로 본다면 이를 심작용으로 파악할 수 있다. 『아함경』이나 『니까야』 등에는 관련 내용이 없지만 후대 아비달마에서는 3온을 심소로 보고 이를 5온 중 하나인 식[심]과 상응시켰다.

(1) 5온과 인식과정

초기 경전에서 자주 언급되는 예로서, 안식이 대상을 마주치는 인식과정에 5온을 대입해 볼 수 있을 것이다.

안식[識]
　+　　→ 수(受) → 상(想) → 사(思)[행(行)]
대상[色]

이 형태는 『맛지마니까야』의 「마두삔디까(Madhupiṇḍika)」경에서는 다음과 같이 정리되어 설해지고 있다.[80)]

> 벗들이여, 안(眼)과 색(色)을 조건으로 해서 안식(眼識)이 생겨나고, 이 세 가지를 조건으로 촉(觸)이 생겨나고, 촉(觸)을 조건으로 수(受)이 생겨나고, 수(受)를 지각[想]하고, 지각[想]한 것을 사유[思]하고, 사유[思]한 것을 희론한다.

위의 내용을 간단히 정리하면 다음과 같다.

안식(識)
+ → 촉(觸) → 수(受) → 상(想) → 사(思) → 희론(戲論)[81)]
대상(色)

여기서 색(色)·수(受)·상(想)·행[思]·식(識)의 5온 외에도 촉(觸)과 희론(papañca)이 언급되고 있다.[82)] 촉·수·상·사는 아비달마에서는 대지법(大地法), 유식에서는 변행심소에 속한다. 대지법과 변행심소의 특징은 항상 심왕과 함께 일어난다는 것이다. 여기에 변행심소 중 작의(作意)를 대입하면 다음과 같다.

---

80) 전재성 역주, 「꿀과자의 경(Madhupiṇḍika)」, 『맛지마니까야』1(서울: 한국빠알리성전협회, 2003), pp. 384-401.

81) 이 그림은 이필원, 「초기불교의 정서 이해」, 『인문논총』 제67집(서울: 서울대학교 인문학연구원), p.62 참조.

82) 여기서 희론(papañca)은 심소가 아니라 의식의 작용이다. 여기에서는 5온과 심작용의 관계를 살피고자 하는 것이므로 희론에 대해서는 따로 언급하지는 않을 것이다. 초기불교의 희론에 대한 논의는 다음 책을 참조. Bhikkhu Ñaṇanada(1986), Concept and Reality in Early Buddhist Thought, Kandy: BPS.

안식

\+ → 작의(作意) → 촉(觸) → 수(受) → 상(想) → 사(思)[83]

대상

이로부터 유식불교의 변행심소 순서[84]가 인식과정의 단계와 비슷하다는 것을 알 수 있다. 부파불교 논서인 『성실론』에서는 식(識)·상(想)·수(受)·행(行)의 4심을 인식과정으로서 언급하고 하면서 심·심소 상응설을 부정하고 심의 순차적인 작용을 주장하였다. 이 경우의 4심은 5온을 통해 인식의 순차적 과정을 나타내고자 한 것으로 볼 수 있다.

(2) 12연기와 인식과정

12연기 중 일부를 순차적 인식과정으로 보는 것도 가능하다. 연기설에는 12지(支)외에도 5지(支), 6지(支), 9지(支), 10지(支), 11지(支) 등의 연기설이 있으며,[85] 연기설에서 각 지(支)가 연속적으로 이어지는 것은 인

83) 앞의 주에서 밝혔듯이, 『성유식론』의 변행심소의 순에 의거해서 배치한 것이다. 여기서 희론은 papañca의 역어이다.

84) 유식 논서에서 변행심소의 순서는 『유가사지론』, 『현양성교론』, 『백법명문론』 등에서는 작의 - 촉 - 수 - 상 - 사 이고, 『대승오온론』, 『유식30송』, 『성유식론』 등에서는 촉 - 작의 - 수 - 상 - 사 이다. 반면 아비달마 논서에서 10대지법 중 앞의 다섯 심소의 순서는 수 - 상 - 사 - 촉 - 작의 (『계신족론』, 『품류족론』, 『발지론』 등)의 순서이거나 수 - 상 - 사 - 촉 - 욕 (『아비달마구사론』, 『순정리론』 등)의 순서이다. 이로부터 유식불교에서는 작의가 앞쪽에 배치되는 것을 알 수 있다. 10대지법과 변행심소의 성립경위와 순서에 대해서는 勝又俊教(1974), pp. 423-428 참조.

85) 연기설에는 5지, 6지, 9지, 10지, 11지등 여러 유형이 있는데, 그중 유명한 것은 5지연기설(5支緣起說)로서 탐애연기설(貪愛緣起說)이라 하며, 10지연기설은 제식연기설(薺識緣起說)이라고 하며, 12지연기설은 무명연기설(無明緣起說)이라고 한다.
- 간단한 연기 형태
  무지 → 취 → 고
  무지 → 애 → 취 → 고

과 관계에 의한 설정이다. 아함경과 니까야에는 다음과 같이 간단한 형태의 연기설이 설해진다.

> 식을 연해서 명색이 있고, 명색을 연해서 6입이 있고, 6입처를 연해서 촉이 있고, 촉을 연해 수가 있고, 수를 연해 애가 있다. ......하략 86)

위의 연기지를 배열하면 식 → 명색 → 6처 → 촉 → 수 → 애 → 취 ...... 의 순서가 되는데, 순차적 인식과정을 인과의 형태로 밝힌 것으로 볼 수 있다. 근 · 경 · 식 3사화합을 아래와 같이 설하기도 한다.

> 3사화합해서 촉이 있고 촉과 함께 수(受) · 상(想) · 사(思)가 생한다.87)

이를 표시하면 근(根) · 경(境) · 식(識) 3사화합 → 촉 → 수 → 상 → 사 의 형태이다.88)

- 5지연기(탐애연기설)
  무지 → 애 → 취 → 유 → 생 → 노·병·사·우·비·고뇌
- 9지연기
  식 ↔ 명색 → 촉 → 수 → 애 → 취 → 유 → 생 → 노사
- 10지연기(제식연기설)
  식 ↔ 명색 → 6입 → 촉 → 수 → 애 → 취 → 유 → 생 → 노사
- 12지연기(무명연기설)
  무명 → 행 → 식 → 명색 → 6입 → 촉 → 수 → 애 → 취 → 유 → 생 → 노사

  자세한 논의는 和辻哲郞, 『원시불교의 실천철학』(서울: 불교시대사, 1993), pp. 181-189 참조. 또한 연기설의 여러 유형에 대해서는 최봉수의 『원시불교의 연기사상연구』(서울: 경서원, 1991), 표외숙의 「원시불교의 십이연기설에 관한 연구」, 석사학위논문(동국대학교대학원, 1979) 등 참조.

86) 『잡아함경』(『대정장』2, 156c)

87) 『잡아함경』(『대정장』2, 72c)

88) 앞의 식(識) · 명색(名色) · 6처(處)와 근(根) · 경(境) · 식(識)은 같은 것으로 볼 수 있다. 왜냐하면 명색(名色)을 경(境)으로 보고, 6처를 근(根)으로 보게 되면 결국 내용임

연기설에 대한 설명에서도 일반적 형태의 인식과정이 들어가 있는 것을 알 수 있다. 여기서 촉(觸)이 수(受) 앞에 들어가 인식작용을 보충하고 있는데 이것이 후에 10대지법과 변행심소 중 하나로 정착됐다고 볼 수 있다.

지금까지 5온설과 12연기설로부터 심작용설의 원시적 맹아를 살펴보았다. 순차적인 식의 작용은 심소론이 도입되면서 변화가 일어난다. 앞서 살펴본 초기불교에서 식의 연속적인 인식작용의 경과를 정리하면 다음과 같다.

안식[識]
+ → 수(受) → 상(想) → 사(思)
대상[色]

위의 형태에서는 식(識) 또한 식체로서가 아닌 인식작용의 일부라고 볼 수 있으며, 안식(眼識) 이후에 수(受) → 상(想) → 사(思)가 순차적으로 발생하는 것이다. 이것이 심소론이 등장하는 아비달마 시대에는 다음과 같이 변화하게 된다.[89]

식(識) → 식 → 식 → …
(受想思 등) (受想思 등) (受想思 등)

순차적인 인식작용에 해당하는 수(受)·상(想)·사(思) 등은, 식과 상응

을 알 수 있다.

89) 水野弘元(1964), p.231.

하는 심소로 되어 찰나찰나 식과 함께 일어난다. 심소론의 등장으로 인해 순차적인 식의 작용은 심·심소의 상응설로 변화하게 된 것이다. 아비달마 심소법 중 10대지법(大地法)은 항상 심과 함께 작용하는 심소이다. 심과 10대지법은 늘 상응(相應)·구기(俱起)하게 된다. 이렇게 되면 순차적 인식과정으로서의 수(受) → 상(想) → 사(思)는 더 이상 인식론적 의미를 갖지 못하며, 결국 이들 심소가 순차적 인식작용의 요소로 등장할 수 없게 된다. 매순간 찰나찰나 심과 상응해서 발생하는 대지법에 포함되기 때문이다. 결과적으로 수(受)·상(想)·사(思)와 같은 역할을 하는 유사한 별도의 심작용설이 등장할 수밖에 없는데 이것이 9심이나 5심이 등장한 배경이라고 할 수 있다.

5) 9심과 5심

9심과 5심은 마음의 순차적인 인식작용을 나타내는 설로 초기불교의 경론에는 등장하지 않는다. 9심은 17 인식과정(vīthicitta)의 형태로 부파불교 중 하나인 남방 상좌부 문헌에 언급되며, 5심은 그보다 후대의 유식 문헌에 등장한다. 따라서 시기적으로 남방 상좌부의 9심이 유식의 5심에 비해 앞서서 설해졌다고 볼 수 있다.[90] 9심을 5심을 비교해 보면 심식설의 변천과정을 구체적으로 알 수 있게 된다.

9심설이 등장하는 남방 상좌부의 논서로는 『해탈도론』과 『아비담맛타

90) 5심은 『유가사지론』에 처음 등장하고, 9심은 『해탈도론』, 『청정도론』 등에서 언급되고 있다. 『해탈도론』보다 이전의 저작에 속하는 『무애해도』에 원시적 형태의 9심이 언급되고 있는데, 『무애해도』는 초기 아비달마시대(B.C. 250- A.D. 100년)에 성립된 것으로 추정하고 있다.(水野弘元(1964), p.18, p.20, p.849 참조) 또한 완성된 형태의 9심이 등장하는 『해탈도론』은 2세기 중반에 성립된 것으로 보고 있다.(水野弘元(1964), p.37 주22 참조) 한편 『유가사지론』의 성립시기는 3세기 중반이므로, 남방 상좌부의 9심이 5심의 원형이라고 볼 수 있을 것이다.

상가하』 등이 있다. 이 논서들에서는 심소론을 인정하면서 52심소를 열거하고 있다.[91] 52심소 중 심(心)에 항상 일어나는 공일체심(共一切心)심소로서 촉(觸) · 수(受) · 상(想) · 사(思) · 심일경성(心一境性) · 명근(命根) · 작의(作意)의 7가지가 있다. 이 심소들은 유식불교의 변행심소 5종과 유사하다. 이와 별도로 14종의 심작용 및 17 인식과정(vīthicitta)을 언급하고 있다. 남방 상좌부에서는 심소론과 심작용설이 공존하는데 이것이 다른 부파와는 차이점이라고 볼 수 있다. 水野弘元은 남방 상좌부를 '빠알리(Pāli) 불교 부파'라고 칭하면서 14종의 심작용 및 17 인식과정을 다루는 심식설이 빠알리 불교에서만 유일하게 존재하는 설이라고 주장한다.[92]

5심은 유식경론 중 『유가사지론』과 『성유식론』을 소의로 하는 법상유식에서만 전해져 내려오는 설이다. 5심은 9심 보다 후대에 성립된 것으로, 9심보다는 요소가 적지만 내용과 형식은 유사하다.

아비달마에서는 대지법(大地法)으로, 유식에서는 변행심소를 통해 어느 정도 인식과정을 표현할 수 있는데 왜 9심 및 5심을 별도로 설했는지 앞서 간단히 소개한 바 있으며 다음 장[III.2]에서 자세히 설명하고자 한다.

91) 水野弘元은 대지법(大地法)에 해당하는 심소와, 남방 상좌부의 9심 중 인식과정에 해당하는 심을 다음과 같이 배대하고 있다. 이로부터도 대지법이나 변행심소 대신 왜 별도의 용어를 사용해서 인식과정을 파악하려고 했는지를 추정해볼 수 있을 것이다.

『아함경』의 설	작의 →	촉 →	수 →	상		→	사	
상좌부 9심	인전 →	전5식 →	영수 →	추탁 →	확정	→	속행 →	피소연

상(想)은 추탁과 확정에, 사(思)는 속행과 피소연에 대응시키고 있다. 水野弘元(1964), p.917.

92) 水野弘元(1964), p.13.

6) 식체의 일이

식체(識體)가 하나인지 여럿인지에 대한 논의는, 여러 식이 구기(俱起)하는지 아닌지와 밀접한 관련이 있다. 여기서 '구기'라는 것은 '동시에 일어난다'는 표현이다. 여러 식이 일시에 구기할 수 있다면 식체가 별체(別體)라는 것을 인정하는 것이다. 반면 여러 식이 한 번에 하나씩밖에 생기하지 않는다고 해서 식체가 꼭 하나 뿐이라고는 볼 수는 없다. 식의 구기가 식체가 여럿임을 전제하지만, 여러 식이 있다고 해서 동시에 일어난다고 볼 수는 없기 때문이다.[93] 식체가 여럿이어도 한 번에 하나씩 밖에 일어나지 않을 수 있거나, 한 번에 여러 식들이 동시에 일어날 수도 있다.

식의 구기(俱起)에 대해서는 부파들 간에 다른 견해들이 존재한다. 식의 구기를 인정하지 않는 대표적인 부파로는 경량부(經量部), 성실종(成實宗)이 있으며, 각각 『발지론』, 『성실론』에 그 내용이 설해지고 있다. 『발지론』에서 구마라타(鳩摩羅多)는 6식은 구기하지 않는다고 주장하고,[94] 보특가라[有情]에 한번에 2심이 구생(俱生)하지 않는다[95]고 하면서 2심

93) 水野弘元은 이에 대해 식체가 하나인 식체동일설(識體同一說)은 심식(心識)의 불구기(不俱起)가 되지만, 식체가 여럿이라고 하는 식체별이설(識體別異說)은 심식(心識)이 구기(俱起)하는 경우도 있고 불구기(不俱起)하는 경우도 있다고 하고 있다. 이에 대한 자세한 논의는 水野弘元(1964), p.130 참조.

94) 김동화(2001), 『불교교리발달사』, p.269 참조.

95) 『아비달마발지론』(『대정장』26, 919b) "2심이 전전하여 서로 인(因)이 되는가? 답) 그렇지 않다. 왜 그러한가? 한 보특가라의 전이나 후에 2심이 구생하지 않는다. 또 후심이 전심의 인(因)이 되지 않는다. 2심이 전전하여 서로 연하는가? 답) 그렇다. 심이 일어날 때 미래의 심이 없듯이 곧 이를 생각해서 제2심이 일어난다. 심이 일어날 때 미래심이 있듯이 곧 이를 생각해서 제2심이 일어난다. 심이 일어날 때 미래의 도심(道心)이 없듯이 곧 이를 생각해서 제2심이 일어난다. 가령 심이 일어날 때 미래의 도심(道心)이 있듯이 곧 이를 사유해서 제2심이 일어난다. 가령 2심이 있는 것이 다른 [보특가라의] 심이라는 것을 알면 그 2심은 전전하여 서로 연한다. **왜 한 보특가라에 전이나 후에 2심이 구생하지 않는가? 답) 그렇지 않다. 제2[보특가라의]심은**

불구기를 설한다. 『성실론』에서는 「식불구생품(識不俱生品)」을 두고 심(心)·의(意)·식(識)의 체는 하나라고 하면서 심소법의 별체를 인정하지 않고 있으며, 모든 식의 일시 구생(俱生)도 부정하고 있다.[96] 설일체유부(說一切有部)에서도 한 심왕은 다른 심왕과 상응하지 않는다고 하면서 2심 불구기설(不俱起說)[97]을 주장한다.

식의 동시 구기를 인정하지 않는 부파는 그 대신 심왕과 심왕, 혹은 심왕과 심소의 차제생기(次第生起)[98]를 설한다. 심소 차제생기의 예로 촉(觸)과 수(受)의 생기 순서에 대한 논의가 있다. 부파에 따라 촉(觸) 다음 수(受)가 일어나는지, 동시에 일어나는지에 대한 이견이 있다. 촉(觸), 수(受)의 차제생기설은 상좌부 슈리라타의 설이고, 비바사사(毘婆沙師)는 촉, 수의 동시 생기설을 주장한다. 유부(有部)에서는 촉과 수가 서로에 대해 구유인(俱有因)이 되므로 구생한다고 한다. 유부(有部)는 심왕과 심왕은 같이 일어날 수 없지만 심소끼리는 같이 일어날 수 있다고 본 것이다. 세친(世親)도 유부의 상응구기설을 지지한다.

두 개의 심(心)이 동시에 일어나는 것에 대해 『아비달마대비바사론』에서는 대중부(大衆部)의 설[99]이라고 주장하고 있고, 『이부종륜론』에서도

등무간연이 아니기 때문이다. 유정 하나하나의 심은 상속해서 전전하기 때문이다." (강조는 필자)

96) 『성실론』(『대정장』32, 280b). 김동화(2001), 『불교교리발달사』, pp. 458-461 참조. 『성실론』에서 모든 식의 구기를 인정하지 않고 단순히 식의 명칭, 생연, 3성, 업보 등의 별이에 의해서만 식에의 별이를 논하는 것은 결국 유부처럼 식의 명칭, 생연, 3성, 업보 등의 별이를 인정하면서 식체의 동일을 논하는 것과 내용적으로 다르지 않다. 이런 면에서 『성실론』에서 식체별이설을 인정한다 해도 식의 구기는 있을 수 없는 것이다. 이에 대한 논의는 水野弘元(1964), pp. 137-138 참조.

97) 『이부종륜론』(『대정장』49, 16b), "心不與心相應.", 김동화(2001), 『불교교리발달사』, p.354 참조.

98) 권오민(2009), 「구사론에서의 경량부(1)」, 『한국불교학』 제53집(서울: 한국불교학회), p.255.

이를 대중(大衆) · 일설(一說) · 설출세(說出世) · 계륜(鷄胤) 4부(部)의 말종이의(末宗異義)라고 설한다.[100] 상좌부(上座部)의 슈리라타 역시 2심 구기설에 동조한다.[101] 세친(世親)도 대중부(大衆部)의 2심 구기설이 『유가사지론』의 주장과 같다고 하면서 이 설을 정설로 인정한다.[102]

규기는 『이부종륜론술기』에서 2심 구기(俱起)에 대해 다음과 같이 주석한다.

> 대중부(大衆部) 본계(本計)에서는 식들이 각각 별도의 찰나에 생하는데, 말집(末執)에서는 일시에 2심이 구기한다. 근(根), 경(境), 작의(作意)의 힘이 같이[齊] 일어나기 때문이다.[103]

『이부종륜론』에는 현행식과 이숙식이 구기할 수 있다는 것을 아래와 같이 언급하는 부분이 있는데, 이러한 설이 유식불교에서 아뢰야식과 현행식이 같이 일어난다는 주장에 영향을 미쳤다고 볼 수 있다.

---

99) 『아비달마대비바사론』(『대정장』27, 47b)

100) 권오민(2009), p.255 참조, 『이부종륜론』(『대정장』71, 16a)

101) 권오민(2009), p.255 참조, 『순정리론』(『대정장』49, 441c), "그런데 그 상좌부에서는 이 설에 대해 말하길, 일찰나에 하나의 근에 2식이 구생한다. 마치 하나의 신근(身根)에 명명조(命命鳥)[일신에 머리가 두 개인 전설상의 새] 등이 공유하듯이, 일처에 두 개의 신근이 가능하지 않다. 이와 같이 법성에 위배됨이 있다."

102) 세친 주장의 근거로서 권오민은 原田和宗의 논문을 인용하고 있다. 권오민(2009), p.255 참조. 原田和宗(2004), 「經量部をめぐる諸問題(1)」, 『印度學佛教學研究』 52卷 2號(東京: 日本印度學佛教學會), pp. 833-836 참조.

103) 『이부종륜론술기』(『대정장』53, 583b). 김동화는 이에 대해, "6식 소의 근이 각별하고 그 대상인 경이 각별할 뿐 아니라 식을 별생시키는 심소인 작의의 력(力)이 6식 모두에 각각 있다는 것이다. 그러므로 제식(諸識)이 각각 구기하지 않을 수 없다."고 풀이하고 있다. 김동화(2001), 『불교교리발달사』, p.164.

도(道)와 번뇌는 함께 현전하는 것이 인정된다. 업(業)과 이숙(異熟)은 함께 전전한다.[104]

유식불교에서 식의 구기에 대한 대표적인 전거는 『해심밀경』 1권, 3권에 나타난다.

광혜여, 아타나식에 의지해서 건립하므로 6식신(識身)이 전기한다. 안(眼) · 이(耳) · 비(鼻) · 설(舌) · 신(身) · 의식(意識)이다. 이 중 식(識)이 있는데, 안근(眼根) 및 색경(色境)을 연(緣)으로 하여 안식(眼識)이 생한다. 안식과 함께 행함에 따라 동시에 같은 경에 분별(명료)한 의식이 있어 전기한다."[105]

여기서 6식신은 아타나식에 의지해서 함께 일어난다고 설한다. 또 『유가사지론』 51권에서는 아뢰야식 존재 8증명 중 세 번째 증명에서 식들이 동시에 활동해야 의식이 명료함을 얻고, 의식이 명료하기 때문에 아뢰야식도 있을 수 있다고 설한다.[106] 이처럼 유식불교의 모든 경론에서는 여러 식들이 구기할 수 있다고 주장한다.

식체의 일이(一異)의 문제에 있어서 식체가 여럿이고 별도의 체라는 것은 식이 함께 일어나는[俱起] 필요조건임을 알 수 있다. 대표적으로 대중부에서는 2심의 동시 구기를 주장했고, 유가행파에서 이를 이어받아 8식의 체계로 발전시켰다. 유식불교에서는 8식은 모두 별체이므로 구기가 가능하다.

104) 『이부종륜론』(『대정장』49, 16a)

105) 『해심밀경』(『대정장』16, 692b)

106) 『유가사지론』(『대정장』30, 579a)

2. 부파불교와 유식불교의 심식론

초기불교 이래 유식불교에 이르기까지 심식론 변천에 있어 가장 큰 변화는 이전까지 하나였던 식체가 여럿으로 나뉘었고, 여러 식이 동시에 일어날 수 있게 되었다는 것이다. 이 과정을 심층식의 등장, 심과 심소의 분화, 식체의 일이(一異) 등으로 정리하여 알아보았다. 심식론 변천의 구체적 과정은 상좌부의 9심과 유식불교의 5심을 비교할 때 명확하게 드러난다.

이번 장에서는 상좌부의 9심, 유식불교의 5심이 무엇을 의미하는지를 차례로 살펴보고, 이 양자를 비교함으로써 심식론의 변천이 어떻게 일어났는지를 명확히 밝히고자 한다.

1) 상좌부의 9심

(1) 유식문헌에 등장하는 상좌부의 9심

『유가사지론』의 주석서 중 하나인 『유가론기』나 『성유식론』 주석서인 『성유식론장중추요』와 같은 유식문헌에는 '상좌부의 9심'[107]이라는 표현이 등장한다. 반면 남방 상좌부의 논서인 『청정도론』이나 『아비담맛타상가하』에는 '9심'이라고 하지 않고 대신 14종의 심작용(kicca) 혹은 17 인식작용(vīthicitta)으로 나타난다.

먼저 유식문헌에 등장하는 9심이 어떤 내용인지 알아보자.

『성유식론』에서는 남방 상좌부(上座部)의 심층식에 해당하는 유분식(有分識)을 다음과 같이 소개하고 있다.

107) 『유가론기』(『대정장』42, 317c), 『성유식론장중추요』(『대정장』43, 658b)

> 상좌부의 경전과 분별론자는 모두 밀의(密意)의 설로서 이것을 유분식(有分識)이라고 한다. '유(有)'는 3계이다. '분(分)'은 인(因)의 뜻이다. 오직 이것이 항상하고 두루해서 3계에 있는 인(因)이 된다.[108]

『성유식론』의 이 부분은 제8아뢰야식에 대해 논하는 대목으로, 대중부(大衆部)의 근본식(根本識), 화지부(化地部)의 궁생사온(窮生死蘊) 등과 함께 상좌부(上座部)의 유분식(有分識)을 설하고 있다. 여기서 유분식은 아뢰야식처럼 심층식의 의미로서, 3계(界)에 걸쳐 있으며 윤회의 원인으로 간주된다. 규기는 『성유식론술기』에서 이에 대해 다음과 같이 주석한다.

> 분별론자(分別論者)는 예전에는 분별설부(分別說部)라고 했는데, 지금은 설가부(說假部)라고 한다. 유분식을 설하길, 체(體)가 항시 끊어지지 않고 3계(界)에 두루 있어서 3계를 인(因)으로 한다. 다른 6식은 간단(間斷)하는 때가 있고 두루하지 않기 때문에 유분식(有分識)이 아니다. 세친(世親)의 『섭대승론』의 文에는 없고 오직 무성(無性)의 『섭대승론석』에 9심륜(九心輪)이 있다. 이것은 아뢰야식이다. 9심이란 ① 유분(有分), ② 능인발(能引發), ③ 견(見), ④ 등심구(等尋求), ⑤ 등관철(等觀徹), ⑥ 안립(安立), ⑦ 세용(勢用), ⑧ 변연(變緣), ⑨ 유분심(有分心)이다. 나머지는 『성유식론장중추요』에서 설한 것과 같다.[109]

규기는 9심을 주장하는 부파로서 설가부(說假部)[110]를 들면서, 무성

108) 『성유식론』(『대정장』31, 15a)

109) 『성유식론술기』(『대정장』43, 354a)

110) 설가부(Prajñāptivādinā, 說假部)는 분별설부(分別說部)·다문분별부(多聞分別部)·

(無性)의 『섭대승론석』에 9심륜에 대한 언급이 있다고 말한다. 이렇게 보면 9심이 언급되는 최초의 논서는 무성의 『섭대승론석』이라고 볼 수 있다.

『섭대승론』「소지의분(所知依分)」에서는 아뢰야식이라고 하는 명칭과 아뢰야식의 다른 명칭인 아타나식(阿陀那識, ādāna vijñāna)·심(心) 등을 논하고 있다. 이와 함께 근본식과 궁생사온 등에 대해서도 언급하고 있다.[111] 한편 『섭대승론』에서는 별도로 유분식을 설하고 있지 않으며, 이에 대한 세친의 주석도 보이지 않는다. 무성은 『섭대승론석』에서 아타나식 부분을 주석하면서 유분식을 언급한다. 앞서 규기가 설한 9심 순서를 기준으로 번호를 매기면 다음과 같다.

> 상좌부에서 유분(有分)이라는 말로 역시 이 식(識)을 설한다. 아뢰야식이 인(因)이기 때문이다. 6식은 불사불생이라고 설한 것과 같다. 혹은 ①⑨ 유분으로 인해 혹은 ⑧ 반연으로 인해 사(死)한다. 이숙으로 인해 의식계(異熟意識界)에 태어난다. 이와 같이 ② 능인발이면 오직 의식이기 때문에 말을 짓는다. 5식은 법에 대해 알지 못한다. 오직 인

시설론부(施設論部)라고도 한다. 세간법·출세간법에 대하여 가법(假法)이 있고, 실법(實法)이 있다고 주장하므로 이 이름을 얻었다고 한다. 진제(眞諦)역 『섭대승론석』이나 무성(無性)의 『섭대승론석』에서는 상좌부라고 하고, 『성유식론』에는 상좌부 분별론자라고 한다. 또한 『대승성업론』(『대정장』31, 785a)에는 적동섭부(赤銅鍱部)라고도 하고 있다. 적동섭부는 상좌부의 다른 이름이다. 이 상좌부에 대해서 勝又俊教는 『일체경음의(一切經音義)』의 글을 인용하면서 사자국(현 쓰리랑카) 상좌부라고 하고 있다. (『일체경음의』(『대정장』54, 646c) 및 勝又俊教, 『佛教における心識說の研究』(東京: 山喜房佛書林, 1974), p.534 참조.
또한 水野弘元도 설가부를 남방 상좌부의 분별설부라고 주장한다. 水野弘元, 『パーリ佛教を中心とした佛教の心識論』(東京: ピタカ, 1964), p.889 참조.

111) 『섭대승론』(『대정장』31, 134a), "아뢰야식은 이와 같이 소지의(所知依)이다. 아뢰야식을 성(性)으로 삼고, 아타나식을 성으로 삼고, 심(心)을 성으로 삼고, 아뢰야식을 성으로 삼고, 근본식을 성(性)으로 삼고, 궁생사온을 성(性)으로 삼는다고 설한다. 이 다른 문[異門]으로 인해 아뢰야식은 대왕의 길을 이룬다."

> 발된 의계(意界) 역시 그러하다. 오직 ④ 등심구하고, ③ 견(見)은 자세히 본다. ⑤ 등관철은 결정지를 얻는다. ⑥ 안립은 말을 일으켜 분별할 수 있다. 6식은 오직 위의(威儀)를 할 수 있지만 선(善)이나 불선(不善)의 업도(業道)를 받을 수는 없고 입정이나 출정할 수 없다. ⑦ 세용은 일체를 모두 일으킬 수 있고 지을 수 있다. 능인발로 인해 수면으로부터 깨어난다. 세용으로 인하기 때문에 꿈의 일을 관찰한다. '이와 같이' 등은 분별설부에서 역시 설하는 것이다. 이 식은 유분식이라고 한다. '이와 같이' 등으로 인해 모든 부파와 성교(聖教)는 일정하기 때문이다. 아뢰야식은 대왕의 길과 같다.[112)]

규기가 제시한 9심의 순서는 무성과 유사하므로 그 설을 이어받았다고 볼 수 있다. 그러나 규기와 무성의 설이 완전히 일치하는 것은 아니다. 규기는 자신의 본종(本宗)인 유식불교 외에도 여러 부파의 교리를 내용으로 하는 『이부종륜론술기』를 남기고 있으므로 부파불교 교리에도 정통했다고 볼 수 있으며 당시 9심에 대한 논의를 정리했다고도 할 수 있다.

규기는 또 다른 주석서인 『성유식론장중추요』에서 9심에 대해 좀 더 자세히 다루고 있다.[113)] 『성유식론장중추요』의 내용을 바탕으로 9심 각각

---

112) 『섭대승론석』(『대정장』31, 386b)

113) 『성유식론장중추요』(『대정장』43, 635b), "상좌부논사는 9심륜을 세운다. 1)유분(有分), 2)능인발(能引發), 3)견(見), 4)등심구(等尋求), 5)등관철(等貫徹), 6)안립(安立), 7)세용(勢用), 8)반연(返緣), 9) 유분심(有分)이다. 그러나 실제로는 단지 8심이 있다. 한바퀴 돌기 때문에 합해서 9라고 하므로 9심륜을 이룬다. 우선 가령 최초에 생을 받을 때는 분별할 수 없다. 심은 단지 저절로 경을 연해서 전전하므로 유분심(有分心)이라고 한다. 만약 경(境)이 있어 심이 이르러 연하고자 할 때 경각이 발생하는데 능인발(能引發)이라고 한다. 그 심은 이 경(境) 상에서 전전하여 그것을 견조하고 자세히 본다. 이미 그것을 본[見] 후 곧 등심구(等尋求)하고, 선악을 관찰한다. 그것을 관찰하고 나서 선악을 등관철(等貫徹)한다. 안립심(安立心)이 일어나 말로써 분별을 일으키고 그 선악을 말한다. 그 선악을 따라 곧 동작하여 세용심(勢用心)이 발생한다. 동작이 흥하다가 장차 욕이 멈추고 쇠퇴하여 이전에 지어진 일을 반연(返緣)한다. 반연하고 난후 다시 돌아가 유분심이 저절로 경을 연하는 것을 9심

에 대한 설명을 표로 도시하면 다음 〈표〉와 같다.

〈표1〉에 정리된 각 심의 내용을 보면 9심이 결국 인식과정을 설명하고자 하는 것을 알 수 있다. 유분심은 첫 번째와 마지막에 있는데 이로부터 9심이 순환한다는 것이 확인되며, 9심륜(輪)이라는 표현은 이 순환성을 나타내고자 한 것이다. 『섭대승론』의 아뢰야식을 논하는 부분에서 9심에 대해 설하고 있다고 했는데, 처음과 마지막에 있는 유분심의 의미는 사후(死後)부터 탁생(托生)까지를 유지하는 식이라고 볼 수도 있다. 규기는 이에 대해 “우선 가령 최초에 생을 받을 때는 분별할 수 없다. 심(心)은 단지 저절로 경(境)을 연해서 전전하므로 유분심(有分心)이라고 한다. …… (중략) …… 유분심은 생사에 통한다. 반연심은 오직 사(死)를 얻는다. 만약 욕이 없으면 사(死)는 오직 유분심이다.”고 하면서 유분심이 생을 받을 때 작용하고 이후 사멸 이후에도 존속한다고 하는 의미로 사용하고 있다. 유분심을 통해 윤회와 그 순환성을 나타내면서 아뢰야식과 비슷한 형태의 심층식을 설정하고자 했음을 알 수 있다.

이라고 한다. 비로소 륜(輪)의 뜻이 성립한다. 견심은 6식에 통하고 다른 것은 오직 의식에만 통하며, 유분심은 생사에 통한다. 반연심은 오직 사(死)를 얻는다. 만약 욕이 없어진 자가 죽을 때는 오직 유분심만 있다. 이미 아애(我愛)가 없으며 반연할 것이 없어서 잊지 못할 것[顧戀]이 발생하지 않는다. 아직 욕이 없어지지 않은 자는 반연심을 가지고 죽는다. 변애(變愛)가 있기 때문에 만약 경(境)에 이르면 심(心)이 생할 수 있다. 만약 다른 경(境)이 없으면 항시 유분심은 저절로 상속한다. 그러나 견(見)과 심구의 전후는 일정하지 않다. 무성의 『섭대승론석』 권2에서 이르길, “5식은 법에 대해 알지 못한다.”고 하였다. 먼저 견심을 설했는데, 다시 말하면 견(見)이란 오로지 이미 끝난 이전의 심(心)을 자세히 보는 것이다.”

〈표1〉『성유식론장중추요』의 9심 설명

9심	설 명	해당하는 5심
①유분심(有分心)	최초에 생을 받을 때는 분별할 수 없다. 심은 단지 저절로 경을 연해서 전전하므로 유분심(有分心)이라고 한다.	
②능인발(能引發)	경(境)이 있어 심(心)이 이르러 연하고자 할 때 경각이 발생하는데 능인발(能引發)이라고 한다.	솔이심
③견(見)	경(境) 상에서 전전하여 그것을 견조하고 자세히 본다.	솔이심과 심구심 사이
④등심구(等尋求)	본[見] 후 곧 등심구(等尋求)하고 그 선악을 관찰한다.	심구심
⑤등관철(等貫徹)	그것을 관찰하고 나서 그 선악을 등관철(等貫徹)한다.	결정심
⑥안립(安立)	말로써 분별을 일으키고 그 선악을 말한다.	염정심
⑦세용(勢用)	그 선악을 따라 곧 동작한다.	등류심
⑧반연(返緣)	동작이 흥하고 나아가 욕구가 멈추고 쇠퇴하여 이전에 지어진 일을 반연(返緣)한다.	등류심
⑨유분심(有分心)		

두 번째 심은 능인발(能引發) 혹은 인발이라고도 하는데, 대상으로 향하는 심작용을 말한다. 다른 말로 경각(驚覺)이라고도 하는데 유식의 변행심소 중 작의(作意)와 관련이 있다.[114]

114) 『유가사지론』에서는 다음과 같이 작의(作意)와 인발(引發)을 연관시키고 있다. 『유가사지론』(『대정장』30, 601a), 『유가사지론』(『대정장』30, 601c) 참조.

세 번째 심인 견심(見心)은 관견(觀見)이라고도 하는데, 대상을 전전하며 그것을 자세히 보고 파악하는 것을 말한다. 이것은 눈으로 본다는 견(見)뿐 아니라 대상과 마주친다는 의미로서 전5식의 활동이라고 볼 수 있다. 규기는 이에 대해 "견심은 6식에 통하고 다른 것은 오직 의식에만 통한다."고 하였다. 여기서 6식이란 전(前)5식을 포함한 6식 전체를 말한다. 이 문장의 의미는 전5식과 제6식이 동시에 작용하여 파악하는 것으로 볼 수 있다. 바로 뒤에 제4심인 등심구심이 의식에만 있다고 하였으므로 전5식과 제6의식의 동시작용으로 보는 것이 맞을 것이다. 대상으로 인해 촉발된 심은 그것을 파악하고자 하는 전단계로서 우리에게 모습을 드러내며, 이후 그것이 무엇인지를 심구하는 단계인 등심구심으로 넘어간다.

네 번째 심인 등심구심은 의식의 작용으로서 대상이 무엇인지 파악하는 것을 말한다.

다섯 번째 심인 등관철(等觀徹)에서는 앞서 심구한 내용을 꿰뚫어 본 후 그에 대한 선(善) · 악(惡) · 무기의 3성이 결정된다.

여섯 번째 심인 안립(安立)에서는 언어를 통해 그 선 · 악 여부가 표현된다. 여기서 언어를 통한다는 것은 실제 발어(發語)의 의미라기보다는 분별된 결과를 언어로 표현할 수 있게 된 것을 말한다. 이미 이때 선악에 대한 호불호가 명확히 결정되었기 때문에 그것이 가능한 것이다. 등심구심-등관철심-안립심의 3심은 대상을 파악하고 그것이 무엇인지를 결정해서 선이나 불선의 마음을 일으키는 순차적인 인식작용으로서 의식작용의 핵심으로 볼 수 있다.

일곱 번째 심인 세용(勢用)은 앞서 내려진 판단작용을 통해 행위하는 것이다. 업을 짓는 것이라고 볼 수 있으며, 여기에는 신업(身業) 뿐만이 아니라 구업(口業), 의업(意業) 모두가 포함된다.

여덟 번째 심인 반연(返緣)은 변연(變緣)이라고도 하는데, 바로 전의 심인 세용이 쇠퇴하여 무엇을 하고자 하는 욕구가 사라지게 되면서 이전에 지은 일을 반연하는 것을 말한다. 또 다른 대상이 나타나서 다시 제2심인 능인발로 이어져 순환한다고 볼 수도 있겠지만, 무성이나 규기는 반연심을 "오직 사(死)를 얻는다."는 측면에서 파악하고 있다. 특히 규기는 욕망을 반연하여 사(死)가 있고, 욕망이 없다면 단지 유분심만 있다고 설하고 있는데 죽음 직전 과거의 일을 애착하는 것을 사(死)로 보고 있다. 마지막으로 반연 이후 다시 유분심이 일어나서 생사가 순환하는 것으로 표현된다.

9심 중 유분심과 반연이 생사의 일부로 표현되고 있으므로, 이를 제외한 나머지 6심은 인식과정을 나타낸다고 볼 수 있다. 생사윤회 과정은 12연기 형태로도 설해지지만, 이는 인식론적 논의라기보다는 존재론적 논의를 함의한다.[115] 반면 9심은 근본식에 대한 언급을 빼면 인식과정의 순차성에 초점을 둔다고 할 수 있을 것이다.

지금까지 유식논서에 나타난 9심에 대해 알아보았다. 다음 절에서는 남방 상좌부에서 언급하는 17 인식과정에 대한 자세한 내용을 고찰하기로 한다.

(2) 남방 상좌부 문헌의 9심

유식문헌의 9심은 『해탈도론』과 『아비담맛타상가하』에는 다른 용어로 표현된다. 남방 상좌부 문헌 간의 용어 차이를 살펴본 후 9심과 비교하기

115) 12연기를 존재론적 논의라고 본 것은 아비달마불교의 3세양중인과(三世兩重因果) 혹은 유식의 입장에서 본 것이다. 초기불교에서는 12연기를 통해 인식과정의 순차성을 나타내기도 하였다.

로 한다.

가) 『해탈도론(解脫道論)』의 9심

(ㄱ) 『해탈도론』의 성립

『해탈도론』[116]은 인도의 우빠띳사(Upatissa, 優波底沙)[117]의 저서로 알려졌는데, 6세기 초[118] 양(梁)의 상가빨라(Saṅghapala, 僧護)가 번역하였다. 『해탈도론』은 19세기 이전에는 남방불교계나 서양학자들에게는 알려지지 않았고, 후대에 일본 학자들에 의해서 한역대장경에 포함되었다.[119]

『해탈도론』에 등장하는 9심에 대해 살펴보기 전에, 그 성립과정과 시기를 알아볼 필요가 있다. 이를 통해 『성유식론장중추요』 등의 9심과의 연결지점을 알 수 있기 때문이다. 『청정도론』을 번역한 대림스님은 『해탈도론』과 『청정도론』의 유사성에 주목하면서 『해탈도론』의 체계가 『청정도론』의 혜품(慧品)을 제외하면 거의 그 편집, 전개과정과 경전의 인용 등이 동일하다고 분석하고 있다. 그럼에도 『해탈도론』은 『청정도론』에 비해 분량이 적고 체제만 유사하지 구체적인 내용에 있어서는 많은 차이가 있기 때문에 『청정도론』은 『해탈도론』의 방법론만을 빌려왔다고 주장한

116) "범어 명칭은 Vimokṣamāga-śāstra이고 빠알리어로는 Vimuttimagga이다. 인도의 소승론(小乘論)에 속하고 수행자의 해탈의 과정에 따라 계(戒)·정(定)·혜(慧) 등을 분별해서 해석한 것이다." p.9, 『해탈도론』, 한글대장경 195권, 『해탈도론』은 『대정신수대장경』 32권 논집부에 포함돼있다.

117) 水野弘元은 우빠띳사를 2세기 전반의 논사로 보고 있다. 水野弘元(1964), p.37.

118) 『해탈도론』의 역출시기에 대해서는 이설이 있는데, P. V. Bapat은 505년에, Bagchi는 519년에 역출됐다고 한다. P. V. Bapat(1937), 『Vimuttimagga and Visuddhimagga – A comparative study』(Poona: Calcutla Oriental Press), p.XV.

119) 동경대 永井(Nagai) 등이 이와 관련된 작업을 했다. P. V. Bapat(1937), p.XV.

다.[120)]

또한 『해탈도론』의 저자인 우빠띳사를 율장에 나타나는 스리랑카의 율맥의 전승자인 우빠띳사와 동명이인으로 보고 있다. 그 근거로서 『청정도론』의 복주서(復註書)인 Pm[121)]에서 우빠띳사와 『해탈도론』에 대해 언급하고 있으며, 인도 학자인 바파트(Bapat) 역시 인도승 우빠띳사의 저술이라고 주장한다.[122)] 그러나 『해탈도론』은 스리랑카의 무외산사(無畏山寺)와 관련이 있긴 해도 스리랑카 상좌부의 저술은 아니다. 『해탈도론』의 형식과 내용이 붓다고사의 『청정도론』과 유사하지만 아비담마의 교리체계와는 다르게 서술되기 때문에 인도 찬술로 보고 있다. 그럼에도 대승논서가 아니라 상좌부 계통 논서로 간주하는 이유는 상좌부 고유의 심식설인 유분심(有分心, bhavaṅga-citta) 등의 내용을 설하고 있고, 논에서 초기경전만을 인용하고 있기 때문이다.[123)]

(ㄴ) 9심의 내용

『해탈도론』 권10 「5방편품(五方便品)」에서는 음(陰)방편[124)] · 입(入)방편 · 계(界)방편 · 인연(因緣)방편 · 성제(聖諦)방편의 다섯 가지 방편이 차례로 설해지는데, 9심은 두 번째 방편인 입(入)방편에서 다루어진다. 입(入)방편은 다시 안입(眼入) · 색입(色入) · 이입(耳入) · 성입(聲入) · 비입(鼻入) · 향입(香入) · 설입(舌入) · 미입(味入) · 신입(身入) · 촉입(觸入) · 의

120) 붓다고사(2004), 『청정도론』1(서울: 초기불전연구원), p.52.

121) Dhammapala가 지은 『Paramatthamanjusa』를 말한다.

122) 붓다고사(2004), p.51, P. V. Bapat(1937), p.XV.

123) 붓다고사(2004), p.56.

124) 여기서 음(陰)이란 온(蘊)을 말한다.

입(意入)·법입(法入)으로 나뉜다. 여기서 12입이란 12처를 말하며 12입은 다시 5행(行)으로 구분된다. 구의(句義), 경계(境界), 연(緣), 협승심(夾勝心), 섭(攝)의 다섯 가지 행(行)이 그것이다. 9심은 12처의 4행(行)인 '협승심'에서 언급되고 있다. 『해탈도론』에서는 협승심의 의미가 별도로 설명되지 않은데, 이 역어는 다른 경론에는 전혀 등장하지 않는다. 『해탈도론』의 영역본에서는 협승심을 'distinctive thought(특징적인 사고)'[125]로 번역하고 있으며, 중국의 불교학자인 金克木은 협승심을 '毗提'라고 칭하는데,[126] 비리(毗提)는 'vīthicitta'의 음사어에 해당된다. 'vīthicitta'가 인식과정(cognitive process) 혹은 사고과정(thought process)으로 영역되고 있으므로 협승심은 vīthicitta의 또 다른 역어라고 볼 수 있다.

『해탈도론』에서는 협승심[인식과정]을 5문과 의문(意門)[127]으로 나누어서 설명한다. 5문 중 안문(眼門)을 예로 들면서 7심에 대해 순차적으로 아래와 같이 설하고 있다.

> 안문(眼門)에서 세 가지가 이루어진다. 제협(除夾)의 상사(上事)·중사(中事)·하사(下事)이다. 여기에서 상사(上事)는 좁게[夾] 7심을 이룬다. 무간(無間)의 아비지옥(阿鼻地獄)을 일으키는 유분심(有分心)으로부터 전심(轉心)·견심(見心)·소수심(所受心)·분별심(分別心)·영기심(令

125) 『해탈도론』의 영역서인 *The Path of Freedom*에서는 협승심을 'distinctive thought(특징적인 사고)'로 번역하고 있다. Upatissa(1995), *The Path of Freedom*, translated by Ehara, Soma Thera and Kheminda Thera, (Srilanka: Buddhist Publication Society), p.255.

126) 金克木(1963), 「說'有分識(Bhavaṅga)'」, 『現代佛學』 135期(北京: 現代佛學社), p.33.

127) 원래 5문(五門)은 5식으로, 의문(意門)은 의식으로 볼 수 있다. 한글대장경의 『해탈도론』뿐 아니라 번역서인 『아비담마 길라잡이』 및 임승택의 논문에서는 모두 식(識)대신 문(門)으로 사용하고 있다. 식(識)으로 일괄 대체하기에는 미묘한 뜻의 차이가 있으므로 여기에서도 문(門)이란 표현을 쓰기로 한다.

起心) · 속심(速心) · 피사심(彼事心)이다.[128]

5문 인식과정에는 상사(上事) · 중사(中事) · 하사(下事)[129]의 3가지가 있다. 상사(上事)에는 7가지 심(心)이 있는데 그 각각은 ①전심(轉心), ②견심(見心), ③소수심(所受心), ④분별심(分別心), ⑤영기심(令起心), ⑥속심(速心), ⑦피사심(彼事心)이다. 유분심이 앞뒤로 있어 총 9가지가 되므로 유식논서의 9심과 같다고 볼 수 있다. 이 글에서 제협(除夾), 협(夾) 등이 무슨 뜻인지 설명되지는 않는데, 문맥상 인식과정과 관련된 술어로 볼 수 있다.

이어서 각 심에 대해 구체적으로 설하고 있다.

> 유분심이란 유(有)의 뿌리인 심[根心]으로, 끈을 잡아당기는 것과 같다. 전심(轉心)이란 안문이 색사(色事)를 협연(夾緣)하기 때문에 연(緣)으로써 여러 계(界)에 전전해서 처(處)에 의지하여 유분심이 일어나게 된다. 유분심은 차례로 그 색사(色事)를 보기 위해 전전하여 ①전심(轉心)을 일으킨다. 전심(轉心)은 차례로 눈[眼]에 의지하고 전전해서 현재 견(見)을 얻어, ②견심(見心)을 일으킨다. 견심은 차례로 이미 보고, 심(心)으로 현재 받으며[受], ③수심(受心)을 일으킨다. 수심은 차례로 수(受)의 대상[義]을 현재 분별하여 ④분별심을 일으킨다. 분별심은 차례로 대상을 분별하고 현재 영기(令起)하여, ⑤영기심을 일으킨다. 영기심은 차례로 대상을 영기하고 업으로부터, ⑥심(心)이 속행(速行)한다. 속행심은 차례로 대상을 속행한다. 방편으로서가 아니

128) 『해탈도론』(『대정장』32, 449b)

129) 상사(上事)·중사(中事)·하사(下事)에서 상·중·하는 크기를 나타내며, 그 뒤의 사(事)는 대상을 의미한다고 볼 수 있다. 이 사(事)는 계나 경을 의미하는 visaya의 역어로 추정된다.

라, ⑦그 사[彼事]에 대한 과보심을 일으킨다. 그것[彼事心]에서 다시 유분심으로 돌아간다.[130)]

위의 글에서는 각각의 심에 대해 순차적 과정으로 언급하고 있지만 무엇을 말하는지 명확하지 않다. 『해탈도론』의 이어지는 대목에서는 비유를 통해 왕(王)이 암라과(菴羅果)를 먹는 과정에 대해 설명한다.

어떤 비유가 있는가? 왕(王)이 궁궐 위에서 성문을 닫고 누워있는 것과 같다. 시녀가 왕의 발을 주무르며, 부인은 앉아있고 대신과 직각(直閣)[131)]은 왕 앞에 배석해 있는데, 귀머거리가 문을 지키고 성문에 서 있다. 그때 수원인(守園人)이 암라과(菴羅果)를 들고 문을 두드리니 왕이 그 소리를 듣고 알아 왕이 누녀(僂女)에게 이르길 "너는 가서 문을 열라."고 했다. 누녀는 곧 명을 받들어 몸짓으로 귀머거리에게 말하자, 귀머거리는 그 뜻을 이해하고 곧 성문을 여니 암라과를 보았다. 왕은 칼을 쥐고 있었고 시녀가 그 과일을 들고 들어와 대신 앞에 놓자, 대신(大臣)은 부인에게 주었으며 부인은 그것을 깨끗이 닦아 혹은 익히거나 혹은 그대로 각기 한 곳에 놓은 뒤에 왕에게 바쳤다. 왕은 그것을 받아 먹고, 먹은 뒤에 그 공덕과 비공덕을 설한 뒤 다시 또 잠들었다. 이와 같이 왕이 누워있는 것과 같은 것이 유분심임을 가히 알아야 한다. 수원인이 암라과를 들고 문을 두드리는 것과 같은 것이 안문(眼門)에서 색사(色事)의 협(夾)임을 알 수 있어야 한다. 누녀가 몸짓으로 귀머거리에게 문을 열도록 가르치는 것과 같은 것이 ①전심(轉心)임을 알 수 있어야 한다. 귀머거리가 문을 열어 암라과를 보는 것과 같은 것이, ②안식(眼識)임을 알 수 있어야 한다. 왕이 칼을 잡고

130) 『해탈도론』(『대정장』32, 449b)

131) 궁궐의 벼슬 이름 중 하나를 말한다.

누녀가 그 과실을 들고 와 대신에게 보이는 것과 같은 것이, ③수지심(受持心)임을 알 수 있어야 한다. 대신이 과일을 들어 부인에게 주는 것과 같은 것이, ④분별심(分別心)임을 알 수 있어야 한다. 부인이 깨끗이 닦아 혹은 익히거나 혹은 그대로 한 곳에 놓은 뒤에 왕에게 받치는 것과 같은 것이, ⑤영기심(令起心)임을 알 수 있어야 한다. 왕이 그 과실을 먹는 것과 같은 것이, ⑥속심(速心)임을 알 수 있어야 한다. 왕이 그것을 먹고 그 공덕과 비공덕의 이익을 설하는 것과 같은 것이, ⑦피사과보심(彼事果報心)임을 알아야 한다. 왕이 다시 자는 것과 같은 것이 유분심(有分心)임을 알아야 한다.[132]

이 비유를 통해 각 심(心)이 어떤 것인지 좀 더 명확히 드러난다. 왕이 암라과를 먹는 과정에 7심을 배대하여 각 심이 언제 어떻게 일어나는지를 밝히고 있기 때문이다. 왕의 행위는 인식이 일어나는 과정을 순차적으로 나타낸다. 여기서 왕이 자고 있다는 표현은 유분심이 작동하는 상태를 말한다. 자다 깨서 암라과를 먹는 것은 왕이 이 모든 행위의 주체라는 것을 의미한다. 그러나 왕은 시녀에게 문을 열라고만 했을 뿐 구체적으로 암라과를 보고, 자르는 행위는 하지는 않는다. 이것은 인식과정에 있어 왕이 분별하기 전까지는 스스로 의식하는 영역이 아니라는 것을 의미한다. 대신이 시녀로부터 과일을 받는 것은 5식의 작용이라고 볼 수 있다. 시녀는 궁궐에 머물긴 하지만 왕의 입장에서는 믿을 수 없는 외적 존재이기 때문이다. 따라서 대신이 시녀로부터 과일을 받고 살펴 본 후 왕비가 이 과일이 받는데, 왕비가 받는 행위를 분별이라고 할 수 있다.[133] 왕

132) 『해탈도론』(『대정장』32, 449b)

133) 여기서 시녀가 대신에게 과일을 보여주는 것은 아마도 독(毒)의 여부를 판단하는 것이라고 생각한다. 그렇다고 해도 여기에 판단작용이 있다는 것이 아니다. 이 비유에서 주체는 어디까지나 왕이기 때문이다. 따라서 시녀, 대신, 왕비 등은 왕이 어떤

비는 왕의 최측근으로서 왕에게 바쳐진 과일을 직접 받기 때문에 분별이라고 할 수 있다.[분별심] 왕비가 과일을 왕에게 바친 후[영기심], 왕이 과일을 먹는[속심] 것은 모두 의식에서 일어나는 일이다. 이미 분별심이 일어날 때 그 과일에 대한 판단이 들어가므로 선(善)·불선(不善)·무기(無記) 등의 3성(性)이 발생한다. 일곱 번째인 피사과보심(彼事果報心)은 그 행위로 인해 지어진 업(業)을 말한다. 따라서 "그 공덕과 비공덕의 이익을 설한다."고 표현한 것이다. 마지막에 다시 유분심으로 돌아가는 것은 인식과정의 종료를 의미한다.

이와 같이 『해탈도론』에서는 인식과정을 비유를 들어 구체적으로 묘사하고 있다. 앞의 『해탈도론』의 글에서 안문(眼門)에 상사(上事)·중사(中事)·하사(下事)의 세 가지가 있다고 한 것은 무엇인가? 이 설명과 비유는 상사(上事)에 해당하는 부분인데 이어지는 글을 살펴보면 다음과 같다.

> 여기서 안문(眼門)은 중사협(中事夾)으로써 속심(速心) 직후에 그 유분심[彼有心]으로 들어간다. 하사협(下事夾)으로써 영기심은 직후에 유분심으로 들어간다. 이와 같이 다른 문도 알 수 있을 것이다.134)

여기서 상·중·하로 분류한 것은 인식과정이 순차적으로 일어나다 중간에 건너뛸 수 있음을 표현한 것이다. 상사(上事)에서는 다음과 같이 순차적으로 심(心)이 일어난다.

대상을 의식하기 위한 절차상 등장하는 장치이다.

134) 『해탈도론』(『대정장』32, 449c)

유분심 → 전심(轉心) → 견심(見心) → 소수심(所受心) → 분별심(分別心) → 영기심(令起心) → 속심(速心) → 피사심(彼事心) → 유분심

이 과정을 중사(中事)와 하사(下事)와 비교하면 일부가 생략 가능하다는 것을 알 수 있다. 중사(中事)의 경우 속심(速心) 이후에 피사심이 생략되고 바로 유분심으로 넘어간다. 피사심은 지어진 업인데, 이것이 등장하지 않는[135] 이유는 업이 저장되지 않음을 표현하는 것이다. 아래는 중사의 과정을 나타낸다.

유분심 → 전심(轉心) → 견심(見心) → 소수심(所受心) → 분별심(分別心) → 영기심(令起心) → 속심(速心) (→ 피사심(彼事心)) → 유분심

하사(下事)의 경우는 다음과 같다.

유분심 → 전심(轉心) → 견심(見心) → 소수심(所受心) → 분별심(分別心) → 영기심(令起心) (→ 속심(速心) → 피사심(彼事心)) → 유분심

여기서 속심이란 심(心)이 속행(速行)한다는 의미로서, 하사(下事)에서 속심과 피사심이 없이 영기심에서 바로 유분심으로 들어간다. 심(心)이 일어나긴 해도 지속되지도, 업으로 저장되지도 않는다는 것이다. 이처럼

135) 속심 다음에 피사심은 괄호 안에 표시되고 있다.

상사(上事)에서는 인식과정이 순차적으로 흘러가지만 중사(中事)와 하사(下事)에서는 일부 과정이 생략되는 것을 알 수 있다. 상사(上事) · 중사(中事) · 하사(下事)는 각각 무엇을 의미하는가? 이에 대해 『해탈도론』에는 별다른 설명이 없으나 『아비담맛타상가하』에 비로소 언급되고 있는데, 상사(上事) · 중사(中事) · 하사(下事)는 대상의 상태를 의미한다. 자세한 내용은 다음 절 『아비담맛타상가하』에서 논의할 것이다.

6식인 의문(意門)에 대해서도 다음과 같이 설하고 있다.

> 의문에서는 사협(事夾)이 없고, 작의(作意)를 연(緣)으로 해서 해탈의 행(行)으로써 사(事)를 취하게 된다. 상사(上事)에서는 3심이 생하는데 유분심과 전심 · 속심 · 피사심이다. 중사(中事) 및 하사(下事)에서는 2심이 생하는데 전심과 속심이다.136)

5문과는 달리 의문에는 사협(事夾)이 없다. 의문에서도 상사(上事) · 중사(中事) · 하사(下事) 세 가지의 사(事)로 나뉘는 것을 알 수 있다. 상사(上事)의 경우는

유분심 → 전심(轉心) → 속심(速心) → 피사심(彼事心) → 유분심

중사(中事)와 하사(下事)의 경우는

유분심 → 전심(轉心) → 속심(速心) → 유분심

상사(上事)와 중사(中事) · 하사(下事)의 차이는 피사심(彼事心)의 유무

136) 『해탈도론』(『대정장』32, 449c)

이다. 앞에서 피사심의 경우 업을 저장한다고 했는데, 마찬가지로 의문(意門)에 있어서도 중사(中事) · 하사(下事)에서는 피사심이 없으므로 업이 저장되지 않는다.

지금까지 『해탈도론』에서 9심이 전개되는 데 있어 상사(上事) · 중사(中事) · 하사(下事)의 차이가 있다는 것을 살펴보았다. 대상으로서의 상사 · 중사 · 하사의 차이는 유식논서의 9심을 논하는 부분에서는 전혀 언급되지 않는다.

〈표2〉 유식논서와 『해탈도론』의 9심 비교

유식논서에 나타난 상좌부의 9심	『해탈도론』의 9심
유분(有分)	유분(有分)
능인발(能引發)	전심(轉心)
견(見)	견심(見心)
등심구(等尋求)	소수심(所受心)
등관철(等貫徹)	분별심(分別心)
안립(安立)	영기심(令起心)
세용(勢用)	속심(速心)
반연(返緣)	피사심(彼事心)
유분심(有分心)	유분심(有分心)

『성유식론장중추요』에 언급된 9심과 『해탈도론』에서 언급된 9심을 〈표2〉를 통해 간략히 비교하는 것으로서 이 절을 마치고자 한다.

『해탈도론』의 9심 설명은 모호한 측면이 있기 때문에 다음 절에서는 유식논서의 상좌부 9심과 『해탈도론』 및 『아비담맛타상가하』의 9심을 종합해서 고찰할 것이다.

나) 『아비담맛타상가하』의 9심과 인식과정

『아비담맛타상가하』는 『섭아비담의론(攝阿毘曇義論)』이라고도 하며 10~11세기 아누룻다(Anuruddha)가 저술한 것으로 알려져 있다.[137) 『아비담맛타상가하』의 등장 이후 남방의 모든 아비담마 체계는 이 책에서 논하는 주제(attha)를 따라 재편되었다고 한다.[138) 아비담맛타상가하(abhidhammattha-saṅgaha) 는 abhidhamma(아비담마) + attha(앗타) + saṅgaha(상가하)의 합성어로서 '아비담마 주제의 길잡이'로 직역할 수 있으며, 원문은 50쪽 정도지만 아비담마의 모든 주제가 빠짐없이 논해지고있다.[139) 20세기 중반 들어 영문 번역서 『A manual of abhidhamma』가 출판되었고, 이를 수정 보완하여 비구 보디(Bhikkhu Bodhi)가 『A comprehensive manual of abhidhamma』를 출판하였다. 이하에서는 『A comprehensive manual of abhidhamma』와 그 번역서 『아비담마 길라잡이』를 기준으로 9심과 인식과정에 대해 논의하기로 한다.

(ㄱ) 심의 종류와 심소

『아비담맛타상가하』 첫 장에서는 궁극적 실재가 무엇인지를 다룬 직후 심(心)의 종류를 언급하고 있다. 심을 욕계, 색계, 무색계, 출세간의 넷으로 분류하고 각 계의 심(心)을 다시 선심, 불선심, 과보심 등으로 나눠서 총 89가지 혹은 121가지의 심[140)애 대해 논한다.[141) 이 89/121가지 심에

137) 『아비담맛타상가하』의 성립시기는 12세기 이전으로 추정되는데, 그 이유로서 스리랑카에서 12세기 중반 빠라까마바후 1세 시기에 사리뿟따가 싱할리어로 옮긴 것을 근거로 들고 있다. 대림스님·각묵스님(2002), p.59.

138) 대림스님 · 각묵스님(2002), p.37.

139) 대림스님 · 각묵스님(2002), p.37.

는 이미 3계 및 출세간에서 경험하는 모든 심적 상태가 포함되어 있다.[142] 반면 이런 형태의 분류는 북방 아비달마나 유식불교에서는 전혀 언급되지 않는다. 일례로 유식불교에서는 심왕을 8가지 식으로 나누고, 거기에 51심소를 상응시키는 방식으로 심의 상태를 논의한다.[143] 『아비담맛타상가하』에서는 3계 및 출세간에 산재한 심적 상태를 차례차례 풀어서 열거하고 있다. 남방 상좌부에서도 심소를 두고 그때그때 심적 상태에 따라 적절하게 심과 상응시키기도 하지만, 3계 및 출세간에서 경험되는 다양한 종류의 심(心)을 52심소와 대응하여 일일이 열거한다는 점에서 북방 아비달마 혹은 유식과 다른 부분이다. 예를 들면, 욕계에서 불선심 중에 가장 먼저 언급되는 첫 번째 심은 '기쁨과 함께하고 사견(邪見)과 결합된 탐심의 뿌리를 지닌 자극받지 않는 마음'[144]인데, 이처럼 각각을 풀어서 마음을 열거하고 있다. 이런 식으로 탐(貪), 진(瞋), 치(癡), 사견(邪見), 의도(意圖) 등 52심소와 상응시켜 89/121 심으로 표현된다. 또 다른 예를 들어보면, '평정이 수반되는 5문(門)으로 향하는 원인 없이 작용하는 마음'이란 욕계에 속하고, 심소 중 평정[捨]이 함께하며, 원인 없

140) 여기서는 '심의 종류'라고 했지만, 임승택은 '마음분류'라는 표현을 쓰고 있다. '마음분류'란 특정한 영역(塵, āvacara)에 따라 드러나는 인식의 차원을 공간적 위계로써 나눈 것이라고 한다. 또한 임승택은 水野弘元을 인용하여 진(塵, āvacara) 개념이 세간(世間)에 대한 분류법으로서 dhātu(界)의 의미에 상응한다고 하고 있다. 임승택(2003), p.228.

141) 대림스님 · 각묵스님(2002), pp. 89-181. 89가지 심은 욕계의 심(54), 색계의 심(15), 무색계의 심(12), 출세간의 심(8)이다. 121가지 심은 89가지 심에서 출세간 8심을 제외한 81가지 심에, 초선~제5선까지의 4향 4과 40심을 다시 더한 것이다. 이하에서는 89/121가지 심으로 표현하기로 한다.

142) 대림스님 · 각묵스님(2002), pp. 176-181.

143) 유식불교에서는 5위 100법으로 분류하면서 심왕 8가지와 심소 51가지를 두고 서로 상응시키고 있다.

144) 대림스님 · 각묵스님(2002), p.113.

이 작용하는 심이라는 것이다. 이 표현에는 이미 3계 중 특정한 계에서 심소와 함께하는 심왕의 구체적 모습이 언급되고 있다.

인식 작용에 해당하는 심작용도 이러한 형태로 언급되고 있다. 그 예를 들어 보면, 욕계 28번째 심은 '평정이 수반되는 5문(門)으로 향하는 원인 없이 작용하는 마음'[145]이다. 이 심은 5식과 관련된 인식작용의 일종으로 『해탈도론』 9심 중 전심(轉心)에 해당된다. 이처럼 89/121 심에는 구체적인 심의 상태가 언급되고 있다.

『아비담맛타상가하』에서는 52종 심소와 함께 심소의 조건도 같이 언급한다. 심소의 조건은 네 가지로서 심(心)과 ① 함께 일어나고(ekuppāda), ② 함께 멸하며(eka-nirodhā), ③ 동일한 대상을 갖고(ekālambana), ④ 동일한 토대를 갖는다(eka-vatthukā).[146] 이 논의는 유식불교의 심소 정의와 유사한 측면이 있다.[147]

52종 심소는 크게 셋으로 나뉘는데, 1)동타(同他, añña-samāna)심소[148] 13가지, 2)불선(不善, akusala)심소 14가지, 3)선(善, sobhana)심소 25가지이다. 여기서 동타(同他)심소는 다시 둘로 나뉘는데 항상(sādhāraṇa) 심과 수반하는 공일체심(共一切心)심소 7가지와, 때때로(pakiṇṇaka)로 수반되는 잡(雜)심소 6가지가 그것이다.[149] 심소 수에 차

145) 대림스님 · 각묵스님(2002), p.132.

146) 대림스님 · 각묵스님(2002), pp. 186-187.

147) 유식불교에서는 네 가지 측면에서 심과 심소의 상응에 대해 논의한다. ① 심왕과 심소가 현할 때 시간이 동일하고, ② 심왕과 심소는 소의(所依)의 근(根)이 동일하며, ③ 심왕과 심소는 그 소연(所緣)의 경을 같이하고, ④ 심왕과 심소는 그 사(事)를 같이 한다.

148) 동타(同他)심소의 동타(同他)란 '다른 것과 같은'이라는 뜻인데, 水野弘元이 이처럼 번역했다. 영어로는 'ethically variable'로 번역하고 있다. 여기서는 水野弘元을 따라 동타심소로 번역하기로 한다.

149) 공일체심(共一切心) 심소 7가지는 촉(觸, phassa), 수(受, vedanā), 상(想, saññā),

이는 있지만 각기 유식불교의 변행심소와 별경심소에 대응한다.

『아비담맛타상가하』에서는 심과 심소를 두 가지 보완의 관점에서 연관시키고 있다. 첫째 결합의 방법(sampayoga-naya), 둘째 조합의 방법(saṅgaha-naya)이다. 결합의 방법은 52심소를 기준으로 89/121가지 심의 종류를 대응시키는 것이고[150], 조합의 방법은 89/121가지 심의 종류를 기준으로 52심소를 대응시키는 것이다.[151] 남방 상좌부에서는 두 가지 방법을 통해, 어떤 심소가 어떤 심과 연관되어 있는지를 알고, 역으로 어떤 심이 일어날 때 어떤 심소가 함께 일어나는지를 분명히 알게 된다. 이를 설하는 이유는 위빠사나 수행 시 심과 심소를 상응시켜 관찰하기 위한 것이다. 심과 심소에 대한 명확한 이해를 통해야만 출세간의 해탈이 이루어진다고 하는 남방불교 문헌의 특색이 그대로 드러나고 있다.

심과 심소가 89/121가지 종류로 나누어지면, 이를 토대로 심이 일어나는 6가지 형태를 분류할 수 있다. 이것은 심과 심소가 같이 일어나는 대신 오직 심(心)만이 일어나는 것(citta-uppāda-vasena eva)에 초점을 맞춘 것이다. 이 6가지는 ①느낌(vedanā, 受), ②원인(hetu), ③심작용(kicca)[152], ④문(dvāra, 門), ⑤대상(ālambana), ⑥토대(vatthu)이다.

심일경성(心一境性, ekaggatā), 명근(命根, jīvitindriya), 작의(作意, manasikāra)로서 유식의 변행심소에 해당하고, 잡(雜)심소 6가지는 심(尋, vitakka), 사(伺, vicāra), 승해(adhimokkha), 정진(vīriya), 희열(pīti), 욕(欲, chnada)으로 유식의 별경심소에 해당한다. 영역본에서는 공일체심(共一切心) 심소를 universal, 잡(雜)심소를 occasional로 번역하고 있다. Bhikkhu Bodhi(1993), *A Comprehensive Manual of Abhidhamma: The Abhidhammattha Saṅgaha*, Srilanka: Buddhist Publcation Society, p.78 참조.

150) 대림스님 · 각묵스님(2002), p.186, pp. 242-245.

151) 대림스님 · 각묵스님(2002), pp. 256-270.

152) 심작용의 원어는 'kicca'이며, 영어는 function으로 번역되므로 『아비담마 길라잡이』에서 '역할'로 번역하고 있다. 水野弘元은 '심작용'으로 번역하고 있는데 이 용어를 사용하기로 한다.

각각을 간략히 살펴보면, ①느낌에 5가지가 있는데, 육체적인 즐거움(sukha)과 고통(dukha), 정신적인 기쁨(somnanassa)과 불만족(domanassa), 중립적인 평정(upekkhā)이다. ②원인에 6가지가 있으며, 탐(貪)·진(嗔)·치(痴)·불탐(不貪)·불진(不嗔)·불치(不痴)이다. ③심작용에 14종이 있는데, 재생연결(paṭisandhi)·바왕가(bhavaṅga, 有分心)·전향(āvajjana)·안(dassana, 眼)·이(savana, 耳)·비(ghāyana, 鼻)·설(sāyana, 舌)·신(phusana, 身)·받아들임(sampaṭicchana)·조사(santīraṇa)·결정(votthapana)·속행(javana)·등록(tadālambana)·죽음(cuti)이다. ④문(門)에 6가지가 있는데, 안문(眼門)·이문(耳門)·비문(鼻門)·설문(舌門)·신문(身門)·의문(意門)이다. ⑤대상(ālambana)에 6가지가 있는데, 색(色)·성(聲)·향(香)·미(味)·촉(觸)·법(法)이다. ⑥토대에 6가지가 있는데, 안(眼)·이(耳)·비(鼻)·설(舌)·신(身)·심장이다.[153)]

(ㄴ) 14종의 심작용

이상으로 오직 심(心)만이 일어나는 6가지 형태를 살펴보았다. 이 중 세 번째 항목인 심작용이 9심을 논의하는데 있어 중요하다. 심작용에는 14종이 있는데 이 중 전향, 받아들임, 조사, 결정, 속행, 등록 등이 『해탈도론』에 언급한 내용과 유사하기 때문이다. 『해탈도론』의 9심과 비교하기 전에 14종 각 요소에 대해 알아보기로 한다.[154)]

재생연결(paṭisandhi)은 금생과 내생을 연결하는 식을 말하며, 이것은 한 생의 출발을 의미한다. 재생연결은 새로 받은 생의 바왕가[有分識]와

---

153) 대림스님·각묵스님(2002), pp. 280-339.

154) 대림스님·각묵스님(2002), pp. 290-309.

연결되고, 바로 직전의 생에서 죽을 때 나타난 업 등을 대상으로 갖는다.

바왕가[有分識]는 bhavaṅga로서 bhava+aṅga의 합성어이다. bhava는 12연기 중 유(有)에서 유래된 것으로서 존재를 뜻한다. aṅga는 '요소, 가지, 부분'을 뜻하는 명사로서, bhavaṅga는 존재의 요인, 존재의 부분, 존재의 구성요소라는 뜻이다. 한역어로는 '有分'이라고 하고, 영역세는 'life-continuum(생명연속체)'라고 한다. 바왕가는 서구적 의미의 잠재의식과 같은 개념이 아니라, 찰나생 · 찰나멸하는 심상속체(心相續體)로 보아야 한다.155) 주석서에는 바왕가의 흐름(bhavaṅga-sota, bhavaṅga-snatati)이라는 표현으로 언급된다. 바왕가는 7가지 공일체심(共一切心)심소[촉(phassa), 수(vedanā), 상(saññā), 심일경성(ekaggatā, 心一境性), 명근(jīvitindriya), 작의(mansikāra)]와 항상 함께한다. 인식과정은 모두 바왕가를 거쳐서 다음 인식과정으로 넘어가는데, 특정 대상으로 인해 일어난 심은 일련의 인식과정을 거친 후 소멸한다. 이후 바왕가로 들어가서 다음 대상을 인식하는 과정이 전개될 때까지 계속되며, 대상이 나타나지 않으면 재생연결식의 대상을 상대로 바왕가가 지속된다. 바왕가가 지속되다 대상이 나타나면 바왕가가 움직이는데 이것을 바왕가의 동요(bhavaṅga-calana)라고 하고 이때 바왕가의 상태에서 동적(動的)인 심(心)으로 전환된다. 이를 바왕가의 단절(bhavaṅga-upaccheda)라고 하

155) Rupert Gethin은 바왕가에 대해 ① '정신적 공백상태'라는 무의식이 아니라 특정한 작용을 하는 의식이며, ② 본질적인 특성[essential character, 자성]과 존재의 가능성[capabilites of a given beng]을 정의하는 정신적 영역이고, 이 영역은 의식 상태에 어떠한 종류의 영향을 끼친다고 설명하고 있다. 루버트 게틴, 「아비담마에서의 유분심과 재생에 대해서」, 『승가』20호(김포: 중앙승가대학교 학생회), pp. 54-55. 이 논문은 아래 논문의 요약본이므로 자세한 내용은 다음을 참조하라. R.M.L. Gethin(1994), "Bhavaṅga and Rebirth According to the Abhidhamma", *The Buddhist Forum,* Vol. III, edited by T. Skorupski and U. Pagel(London: School of Oriental and African Studies), pp. 11-35.

며, 이때 식(識)은 대상으로 전향(āvajjana)한다.

전향(āvajjana)은 심이 그 대상이 되는 5문(門)이나 의문(意門)으로 향하는 작용을 말하며, 바왕가가 끊어진 후 대상으로 향한다. 영어로는 'adverting'인데, 전향에 5문전향(pañca-dvāra-āvajjana)과 의문전향(mano-dvāra-āvajjana)의 두 가지가 있다. 『아비담맛타상가하』에서는 『청정도론』의 다음 글을 인용하고 있다. "바왕가가 지속되는 동안 중생들의 감각이 대상을 알아차릴 수 있을 때 형상이 안식(眼識) 내로 들어오면 눈의 감성(pasāda)은 그 형상과 부딪친다. 그 부딪침 때문에 바왕가는 흔들린다(calana). 바왕가가 사라지면 마치 바왕가가 끊어지는(vicchindamāna) 것처럼 동일한 색을 대상으로 전향 작용만 하는 의계(意界)가 일어난다."[156] 여기에서 바왕가가 끊어지면서 5문전향이 일어난다는 것을 알 수 있다. 의문전향에 있어서도 『청정도론』의 글을 다음과 같이 인용한다. "6가지 대상이 의문(意門)으로 들어오면 바왕가가 흔들리고 그 뒤에 마치 바왕가가 끊어 버리는 것처럼 전향의 작용을 하는 평온이 함께 하고 원인 없이 단지 작용만 하는 의식계(意識界)가 일어난다."[157] 5문전향과 마찬가지로 바왕가가 끊어지면서 의식계가 일어난다고 한다. 전향으로 인해 바왕가가 단절되면서 전6식이 일어난다고 할 수 있다.

이어서 **안(dassana, 眼)·이(savana, 耳)·비(ghāyana, 鼻)·설(sāyana, 舌)·신(phusana, 身)**이 일어나는데, 이들은 직접 대상을 인식하는 작용을 하는 전5식이다.

다음은 **받아들임(sampaṭicchana)**으로서 대상을 놓치지 않고 잘 확인

---

156) Visuddhimagga, XIV, 115. 대림스님·각묵스님(2002), p.295. 재인용.

157) Visuddhimagga, XIV, 116. 대림스님·각묵스님(2002), p.296. 재인용.

하여 받아들이는 작용을 말하며, 영어로는 'receiving'이라고 한다. 받아들임과 조사, 결정은 오직 5문전향에서만 나타나고 의문전향에서는 나타나지 않는데 그 이유는 의문전향은 심적 현상을 대상으로 하므로 받아들이고, 조사하고, 결정하는 작용 없이 바로 속행(javana)이 일어나기 때문이다. 앞서 『해탈도론』에서는 의문(意門)에서 유분심 → 전심(轉心) → 속심(速心)이 연이어 일어난다고 했는데, 『아비담맛타상가하』의 견해와 일치하는 것을 확인할 수 있다.

조사(santīraṇa)는 대상을 받아들여 그것이 무엇인지 조사한다는 의미이며, 영어로는 'investigation'이라고 한다. 일단 5문전향을 통해 받아들인 대상은 조사를 거쳐 결정으로 넘어간다.

결정(votthapana)은 확립, 확정의 뜻이며, 영어로는 'determination'이라고 한다. 대상을 조사한 후 결정하는 심적 작용을 나타내는 것이다.

속행(javana)은 재빠름, 신속함이라는 뜻이며 인식과정에 있어 중요하게 쓰이는 용어이다. 일단 대상이 결정되고 난 후 일어나는 일련의 인식과정을 모두 속행이라고 부르고 있다. 일반적인 인식과정에서 속행은 7번 연달아 일어나는데, 결정된 대상에 대해 아주 빠르게 이해하는 작용이다. 속행은 의도적 행위가 개입되는 부분으로 선(善)·불선(不善)의 심(心)이 일어난다.

등록(tadālambana)은 '그것을 대상으로 가진 심[彼所緣心]'이라는 뜻으로 영어로는 'registration'이라고 한다.[158] 앞의 속행이 가졌던 그(tad) 대상을 자기의 대상(ālambana)[159]으로 삼아 일어나는 심의 작용이

158) 대림 등은 『아비담맛타상가하』를 번역하면서 영어의 'registration'을 직역해서 '등록'으로 옮기고 있다. 한편으로 등록이라는 용어가 적절한 것은 아니라고 지적하고 있다. 대림스님·각묵스님(2002), p.301.

다. 등록은 2찰나에 걸쳐 일어나는데 5문전향으로 큰 대상이 들어왔을 때와 의문전향으로 선명한 대상이 나타났을 때만 일어난다. 등록은 속행이 7찰나에 걸쳐 일어난 후 바왕가가 일어나기에는 아주 크거나 분명할 때 나타난다. 등록이 일어난 이후에는 바왕가로 들어간다. 『청정도론』에서는 등록이 일어나는 이유를 다음과 같이 들고 있다. “역류하는 배를 잠시 후 따라 올라가는 물처럼 바왕가가 갖는 대상이 아닌 다른 대상에 속행을 따라 바왕가가 한 번 내지 두 번 일어난다. 이것은 속행이 끝났을 때 바왕가의 대상에 일어날 수 있지만 그 속행(javanassa)의 대상(ālambana)을 대상으로 일어나기 때문에 등록(tadālambana)이라고 부른다.”고 하고 있다. 등록은 과보와 밀접한 관계가 있으며 욕계에서만 일어나고 색계 등에서는 일어나지 않는다.[160)]

죽음(cuti)은 죽음의 심(cuti-citta)이라는 용어로 사용되기도 하는데, 한 존재의 생에서 마지막 순간에 일어나는 심으로서 이후 한 생명의 삶은 종결된다. 죽음 이후 계속해서 재생연결심이 이어져 바왕가가 일어나며, 아라한과를 증득한 자는 죽음의 심(cuti-citta)과 더불어 이것[바왕가]도 끝난다고 한다.[161)]

이상으로 『아비담맛타상가하』에 나오는 심과 심소의 분류, 심의 작용

159) 대상[境]은 산스끄리뜨어로는 ālambana이고 빠알리어로는 ārammaṇa이다. 여기서는 ālambana로 통일하기로 한다.

160) 대림스님 · 각묵스님(2002), p.314.

161) 부파불교에서는 4유(四有)를 통해 윤회 전생의 흐름을 설명한다. 4유(四有)는 본유(本有), 사유(死有), 중유(中有), 생유(生有)를 말한다. 본유는 출생에서 사망하기까지의 생을 뜻하고, 사유는 사망하는 찰나의 생을 뜻하며, 중유는 사망 이후부터 다음 생을 받기 이전의 중간 생을 뜻하고, 생유는 중유의 생이 연을 만나 탁태하는 찰나의 생을 말한다. 따라서 『아비담맛타상가하』의 14종 심작용에서 죽음(cuti)은 사유이고, 재생연결(paṭisandhi)은 생유를 말하는 것이다. 이에 대해서는 『아비달마대비바사론』(『대정장』27, 959a), 『아비달마구사론』(『대정장』29, 46a) 참조.

에 대해 살펴보았다. 14종의 심작용은 『성유식론장중추요』에서의 9심 및 『해탈도론』의 9심과 비교하는 데 있어 핵심이 된다.

(ㄷ) 17 인식과정(vīthicitta)

17 인식과정이란 14종의 심작용이 순차적으로 펼쳐져 일어나는 과정을 말한다. 『아비담맛타상가하』에서는 '인식과정(vīthicitta)'를 별도의 장으로 독립시켜 자세히 설명하고 있다. 대림스님은 『아비담마 길라잡이』에서 vīthicitta를 '인식과정'으로 번역했고,[162] 임승택은 '마음전개'로 번역하고 있다. 일본어로는 '路心', 영어로는 'cognitive process'라고 하는데,[163] 이 책에서는 '인식과정'이라고 칭하기로 한다.[164]

남방불교에서는 심(心)이 물질[色]보다 매우 빠른 것으로 파악한다. 초기경전에서는 심[생각]이 물질적 육체보다 빨리 변한다고 했고, 붓다고사는 이를 받아들여 『분별론(Vibhaṅga)』에 대한 주석서에서 물질[色]이 존재하는 동안, 심[생각]이 17번째 순간과 동시에 16번째가 사라진다고 했다.[165] 아누룻다는 『아비담맛타상가하』에서 붓다고사의 이 설을 정교하게 다듬었는데[166], 심[생각]이 물질보다 16배 빠르다고 보았다. 한 물질[色]

162) vīthicitta는 vīthi와 citta(心)의 합성어로서 vīthi의 어근은 vī(veti, to approach)에서 파생되었으며 '길, 진로, 과정'의 뜻으로 쓰인다. 따라서 vīthicitta는 마음이 진행되는 진로나 과정을 뜻하는 술어로 사용되며 vīthi 단독으로 나타나기도 한다. 영어에서는 cognitive process라는 역어로 정착되고 있다. 대림스님·각묵스님(2002), p.343 참조.

163) 임승택(2003), 「상좌부의 마음전개(路心, vithicitta) 이론에 대한 고찰」, 『보조사상』 권20(서울: 보조사상연구원), p.214.

164) 일반적인 의미의 인식과정이라는 말과 혼용을 피하기 위해 인식과정으로 쓰되 괄호 안에 vīthicitta를 명기하기로 한다.

165) 칼루파하나(2011), 『붓다는 무엇을 말했나: 불교철학의 역사적 분석』(파주: 한길사), p.153.

166) 칼루파하나(2011), p.154.

이 일어났다가 사라지는 순간에 생각, 즉 심(心)은 동일한 그 물질[色]을 대상으로 해서 16번 일어났다가 사라진다.[167] 이를 정리해보면, 외부의 대상인 물질[色]이 감각에 수용된 후 그것이 무엇인지 확인하고 결정하는 데까지 17찰나의 시간이 걸린다. 감각의 최소 물질단위(kalpā)가 1찰나 생성 · 지속 · 소멸할 때, 심(心)은 생(生) · 주(住) · 멸(滅)을 17찰나 동안 반복한다. 심(心)의 찰나와 물질 찰나의 변화 속도비율은 1:17이며, 17찰나가 외부의 대상을 인지하는 인식과정의 기본단위이다.[168] 앞에서 물질[色]을 대상으로 해서 16번 일어났다가 사라진다고 했는데 바로 17번째 존재의 순간이 '지나간 바왕가(atīta-bhavaṅga)'가 되므로 총 17번이 된다.[169]

인식과정(vīthicitta)은 5문(門)과 의문(意門)에서 일어난다. 5문에서는 ① 매우 큰 대상, ② 큰 대상, ③ 작은 대상, ④ 아주 작은 대상의 4가지 대상이 있고, 의문에는 ① 선명한 대상, ② 선명하지 않은 대상의 2가지가 있다.

먼저 5문의 인식과정에 대해 알아보기로 한다. 첫째, 매우 큰 대상의 경우에는 이미 설명한 바와 같이 17찰나의 심이 존재하는데, 『아비담맛타상가하』의 글은 다음과 같다.

> 일찰나의 심(心)이 지나거나 혹은 여러 찰나의 심(心)이 지난 후, 머무는 순간에 5가지 대상이 5문[門]에 나타난다. 그리하여 ①일찰나의 마음이 지나간 후에 색(色)의 대상이 눈[眼]에 나타나면 2찰나에 걸쳐

167) 대림스님 · 각묵스님(2002), p.322.

168) 미산스님(2002), 「남방상좌불교의 심식설과 수행계위」, 『한국불교학결집대회논집』 하권(서울: 한국불교학결집대회 조직위원회), p.55.

169) 대림스님 · 각묵스님(2002), p.344.

②바왕가가 흔들리고 ③바왕가의 흐름이 끊어진다. ④그리고 바로 그러한 색(色)의 대상을 향해 5문전향의 심이 일어났다가 사라진다. ⑤더불어 그 직후에 바로 그 색(色)을 보면서 안식(眼識)이, ⑥받아들이면서 받아들이는 심(心)이, ⑦조사하면서 조사하는 심(心)이, ⑧결정하면서 결정하는 심(心)이 차례대로 일어났다가 사라진다. ⑨ ~ ⑮ 그 다음에 29가지의 욕계[欲塵]에 속한 자와나[速行]가 어떠한 조건을 얻어 대략 7찰나에 걸쳐 일어난다. ⑯⑰자와나에 이어 2찰나의 등록이라는 과보의 심(心)이 적절하게 일어난다. 그 다음에 바왕가로 들어간다. 이렇게 해서 14찰나에 걸친 인식과정(vīthicitta)과 2찰나에 걸친 바왕가의 동요와 그 이전에 지나간 1찰나의 심(心)의 순간을 합쳐 17찰나의 심(心)이 완성된다.170)

14종의 심작용의 요소들이 순차적으로 인식과정(vīthicitta)으로 나타난다는 것을 알 수 있다. 위의 인용문을 요약하여 배열하면 다음과 같다.

①지나간 1찰나의 바왕가 → ②바왕가의 동요 → ③바왕가의 단절 → ④5문전향 → ⑤안식 → ⑥받아들임 → ⑦조사 → ⑧결정 → ⑨속행1 → ⑩속행2 → ⑪속행3 → ⑫속행4 → ⑬속행5 → ⑭속행6 → ⑮속행7 → ⑯등록1 → ⑰등록2 → 바왕가

매우 큰 대상에 대해서는 17찰나에 걸쳐 인식과정(vīthicitta)이 일어난다. 매우 큰 대상의 16, 17번째의 심(心)이 등록이라는 것에 유의해야 한다. 매우 큰 대상을 제외하고 다른 대상에서는 등록이 일어나지 않기 때

170) 대림스님 · 각묵스님의 『아비담마 길라잡이』와 임승택의 「상좌부 마음전개 이론에 대한 고찰」에 나온 번역을 참조해서 수정.

문이다. 따라서 이를 '등록에서 끝나는 과정'이라고 한다.

둘째로, 큰 대상의 경우에는 17찰나에 걸쳐 일어나긴 하지만 맨 처음 지나간 1찰나의 바왕가가 연속해서 두 번이나 세 번 일어나면 맨 뒤에 있는 등록이 일어나지 않게 된다. 등록이란 속행의 대상을 갖는 심으로서 매우 큰 대상에서만 일어나게 되므로 큰 대상의 경우에 일어나지 않는다. 이를 배열하면 다음과 같다.

①지나간 바왕가 → ②지나간 바왕가 → ③바왕가의 동요 → ④바왕가의 단절 → ⑤5문전향 → ⑥안식 → ⑦받아들임 → ⑧조사 → ⑨결정 → ⑩속행1 → ⑪속행2 → ⑫속행3 → ⑬속행4 → ⑭속행5 → ⑮속행6 → ⑯속행7 → ⑰바왕가

이 경우 등록이 일어나지 않고 바왕가가 바로 일어난다고 한다. 이 의미는 매우 큰 대상의 경우는 대상이 아주 분명하기 때문에 바왕가 대신 과보의 심(心)인 등록이 일어나지만, 큰 대상이나 작은 대상의 경우에는 등록의 절차가 일어나지 않는다. 이 큰 대상의 경우는 '속행에서 끝나는 과정'이라고 한다.

셋째로, 작은 대상의 경우에는 속행이 일어나지 않고 결정이 두세 번 일어난 후 바로 바왕가로 들어간다. 이 역시 17과정에 걸쳐 일어나지만 간략하게 일어나는 심(心)만을 도시하면 다음과 같다.

지나간 바왕가 → 바왕가의 동요 → 바왕가의 단절 → 5문전향 → 안식 → 받아들임 → 조사 → 결정 → 결정 → 결정 → 바왕가

작은 대상인 경우 결정이 다찰나에 걸쳐 일어난다. 그만큼 대상이 무엇인지 결정하기 어렵다는 것을 알 수 있다. 이를 '결정에서 끝나는 과정'이라고 한다.

넷째로, 아주 작은 대상의 경우에는 바왕가만 존재한다. 이 경우 인식과정(vīthicitta)이 전혀 일어나지 않는다.

지나간 바왕가 → 바왕가의 동요 → 바왕가의 동요 → 바왕가

여기서는 바왕가만 존재하는 것을 알 수 있는데, 그 이유는 대상이 너무 작아서 단지 바왕가의 동요만 있다. 아주 작은 대상의 경우는 '효과가 없는 과정'이라고 한다.

5문에서 일어나는 심(心)은 바왕가를 제외하면 5문전향, 안식, 받아들임, 조사, 결정, 속행[6심], 등록의 7종이며, 14찰나에 걸쳐서 일어나는 것을 알 수 있다. 이 7종이 바왕가의 동요, 단절과 더불어 다찰나에 걸쳐 일어나는 것이 17가지의 인식작용(vīthicitta)이다.

의문(意門)의 경우는 5문이 전혀 개입하지 않은 것을 말한다. 따라서 이를 『아비담맛타상가하』에서는 순수한 의문인식과정(suddha-manodvāra-vīthi)라고 하고 있다.[171] 의문은 욕계의 인식과정과 출세간의 증득과 관련된 본삼매[몰입삼매, appanājavana]에서의 인식과정으로 나뉘는데, 여기서는 욕계에서의 인식과정만 다루기로 한다.

욕계에서 의문의 인식과정은 ① 5문에 뒤따르는(pañcadvāra anu-bandhakā) 인식과정과 ② 독립된(visum-siddhā) 인식과정의 두 가지로

171) 대림스님 · 각묵스님(2002), p.368.

나뉜다. 5문에 뒤따르는 인식과정이란 5문 인식과정이 끝나면 의문의 인식과정이 일어나는 것으로서, 유식에서 말하는 5후의식(五後意識)으로 볼 수 있고, 독립된 인식과정은 5문 인식과정의 후속이 아니라 의문 자체의 인식과정을 말하므로[172] 독기의식(獨起意識)으로 볼 수 있다.

의문 인식과정 역시 대상에 따라 달라지며 5문의 인식과정에 비해 단순하다.

첫째로, 선명한 대상(vibhūta-ālambana)이 나타나면 다음과 같이 인식과정이 진행된다.[173]

바왕가의 동요 → 바왕가의 단절 → 의문전향 → 속행1 → 속행2 → 속행3 → 속행4 → 속행5 → 속행6 → 속행7 → 등록1 → 등록2 → 바왕가

5문 인식과정과는 달리 의문의 경우는 의문전향 이후에 받아들임, 조사, 결정의 작용이 없이 바로 속행으로 들어가는 것을 알 수 있다. 독기의식의 경우 5문 인식과정에서 필연적으로 수반되는 의식의 작용이 생략될 수 있으며, 대신 추론이나 숙고 또는 거북 털, 토끼 뿔 등을 생각하는 망상도 포함될 수 있다.

172) 대림스님 · 각묵스님(2002), p.370. 또한 독립된 의식의 인식과정을 설명하면서 레디 사야도의 다음과 같은 예를 인용하고 있다. ① 이전에 직접 본 것(diṭṭa)을 통해서 ② 직접 본 것을 바탕으로 추론함으로써 ③ 구전으로 배운 것(suta)을 통해서 ④ 구전으로 배운 것을 바탕으로 추론함으로써 ⑤ 믿음이나 견해나 추론이나 숙고함을 통해 견해로 받아들임으로써 ⑥ 업력이나 신통력이나 사대의 부조화나 천신의 영향이나 이해나 깨달음 등을 통해서 5문을 거치지 않고 바로 의문에서 인식과정이 일어난다고 설명한다.

173) 대림스님 · 각묵스님(2002), pp. 372-373.

둘째로, 희미한 대상(avibhūta-ālambana)이 나타나면 다음과 같이 진행된다.

바왕가의 동요 → 바왕가의 단절 → 의문전향 → 속행1 → 속행2 → 속행3 → 속행4 → 속행5 → 속행6 → 속행7 → 바왕가

대상이 희미하면 바왕가의 단절 이후 의문전향이 일어나더라도 등록이 일어나지 않아 과보의 심이 발생할 수 없다.

의문 인식과정보다 5문 인식과정이 복잡한 이유는 5문의 경우 5문전향 이후 계속해서 의문이 작용하는 것을 보여주고 있기 때문이다. 5식이 대상을 지각할 때 제6식도 같이 작용해서 그 대상에 대해 심구하고 판단해서 결정하는 작용이 동시에 이루어진다. 『아비담맛타상가하』에서는 5문 인식과정이라고 했지만 실제로는 5식 뿐 아니라 5식과 함께 작용하는 5구의식의 인식과정을 모두 포함한 것이다. 반면 의문의 인식과정은 독기의식의 작용만을 논의하기 때문에 상대적으로 단순하다. 여기서는 다루지 않았지만 의문의 인식과정 중에는 출세간의 증득과 관련된 본 삼매에서의 인식과정이 있는데 이는 유식의 정중의식(定中意識)을 말하는 것이다. 유식불교의 5구의식, 5후의식(독기의식, 정중의식) 등의 인식과정이 『아비담맛타상가하』에서도 모두 논의되고 있다는 것을 알 수 있다.

(3) 논서 상의 용어 비교

지금까지 유식논서인 『성유식론장중추요』에 소개된 9심과 『해탈도론』의 9심 및 『아비담맛타상가하』의 9심에 대해서 각각 살펴보았다. 『성유식론장중추요』나 『해탈도론』에 모호하게 언급된 각 심들이 『아비담맛타

상가하』에서는 구체적으로 설명이 되고 있다는 것을 확인할 수 있다. 3종 논서에 언급된 9심을 〈표〉로 요약하면 다음과 같다.

〈표3〉 각 논서에 등장하는 9심 비교174)

항목	유식논서에서의 9심	『해탈도론』의 9심	『아비담맛타상가하』의 9심
①	유분심(有分心)	유분(有分)	바왕가(bhavaṅga, 有分識)
②	능인발(能引發)	전심(轉心)	전향(āvajjana)
③	견(見)	견심(見心)	안(dassana)ㆍ이(savana)ㆍ비(ghāyana)ㆍ설(sāyana)ㆍ신(phusana)
④	등심구(等尋求)	소수심(所受心)	받아들임(sampaṭicchana)
⑤	등관철(等貫徹)	분별심(分別心)	조사(santīraṇa)
⑥	안립(安立)	영기심(令起心)	결정(votthapana)
⑦	세용(勢用)	속심(速心)	속행(javana)
⑧	반연(返緣)	피사심(彼事心)	등록(tadālambana)
⑨	유분심(有分心)	유분심(有分心)	바왕가(bhavaṅga,有分識)

가) 각 심(心)의 비교

〈표3〉에 의하면 9심의 배열순서가 논서마다 동일하고 유분심에서 시작해서 유분심으로 끝나는 순환 구조임을 알 수 있다. 이는 『성유식론술기』

174) 이 표에 등장하는 용어는 각 논서의 원문을 기준으로 한 것이다. 각 내용은 무성(無性)의 『섭대승론석』, 『성유식론술기』 및 『성유식론장중추요』, 『해탈도론』, 『아비담맛타상가하』에 언급되어 있다. 그런데 『아비담맛타상가하』의 빨리어를 한문용어로 번역해 놓은 시도들이 있지만 여기서는 빨리어와 영어를 기준으로 뜻을 풀이한 『아비담마 길라잡이』의 용어를 사용했다. 『아비담맛타상가하』의 빨리어를 水野弘元은 5문인전심(五門引轉心)-전5식-영수심(領受心)-추탁심(推度心)-확정심-속행-피소연 (彼所緣) 등의 술어로서 언급하고 있다. 水野弘元(1964), p.879. 또한 임승택은 水野弘元과 동일한 용어를 사용하지만 확정을 결정으로 바꿔 사용하고 있다. 임승택(2003), p.232.

같은 유식논서에서 9심륜(九心輪)이라고 언급한 것과 일치한다.

첫 번째 항과 아홉번째 항은 유식논서, 『해탈도론』, 『아비담맛타상가하』에서 각각 '유분심', '유분식', '바왕가(bhavaṅga)' 등으로 표현된다. 한역(漢譯) 논서에서는 일괄적으로 바왕가(bhavaṅga)를, '유분심', 혹은 '유분식'으로 번역하고 있다. 『해탈도론』에서 살펴보았듯이 유분심[바왕가]은 누워있는 왕(王)이 활동을 하지 않고 어떤 사건이 일어나길 기다리는 형태로 표현된다. 『아비담맛타상가하』에서는 바왕가가 연속된 상태로 유지하다 대상이 나타나면 바왕가의 동요와 단절을 통해 다음인 인전(引轉, āvajjana)으로 넘어간다고 하고 있다.

두 번째 항은 유식논서에서는 '능인발(能引發)', 『해탈도론』에서는 '전심(轉心)', 『아비담마 길라잡이』에서는 '전향'이라고 번역하고 있다. 원어는 'āvajjana'이며, 水野弘元은 '인전(引轉)'이라는 용어로 쓰고 있다. 유분심[바왕가]의 단절 이후 5문이나 의문에서 대상으로 향한다는 의미이므로 인발(引發), 전심(轉心), 인전(引轉) 등의 용어에서 그 뜻이 공통적으로 드러난다고 생각한다.

세 번째 항은 견(見)이나 견심(見心)으로 표현되는데, 전5식 중 하나인 안식을 예를 들어 설명한 것이므로 동일한 심적 작용으로서 전5식에서 직접 대상을 인식하는 것을 말하는 것이다.

네 번째 항의 경우 논서마다 뜻의 차이가 약간 있다. 유식문헌에서는 등심구(等尋求), 『해탈도론』에서는 '소수심(所受心)', 『아비담마 길라잡이』에서는 '받아들임(sampaṭicchana)'이라고 표현하고 있다. 영어의 경우는 'receiving'이란 용어로 번역하고 있으며, 水野弘元의 경우는 '領受心'으로 번역하고 있다. 받아들인다는 의미는 대부분 일치하지만, 유식문헌에서 '등심구(等尋求)'라고 표현한 것에는 의미상의 차이가 있다. 빠알리어 'sampaṭicchana'는 대상을 놓치지 않고 잘 확인하여 받아들인다는 의미이다.[175] 반면 유식문헌의 '등심구(等尋求)'란 '심구'와 동일한 의미인데, 그 뜻은 심(心)으로 하여금 거칠게[麤] 대상을 전전한다는 의미이다.[176] 심구는 별경심소 중 하나로 주로 사찰과 함께 쓰인다. 심구는 대상을 거칠게 파악하고 사찰은 미세하게 파악한다는 뜻이므로 심구의 의미는 대상이 무엇인지 아직 파악하지 못한 상태에서 대상에 주의를 기울여 그것을 알아보는 단계이다. 남방 논서의 '받아들인다'는 뜻과 유식 논서의 심구의 뜻은 이런 면에서 차이가 있음을 알 수 있다.

다섯 번째 항의 경우도 논서마다 용어가 일치하지 않는다. 유식문헌의 '등관철(等貫徹)'은 이전에 심구한 결과 이제 그 대상이 선(善)인지의 여부를 관철한다는 의미이다. 『해탈도론』에서는 이를 분별심이라고 하며 분별한다는 의미로 사용하고 있다. 다만 왕(王)의 비유에서 '대신(大臣)이 과일을 들어 부인에게 주는 것'을 분별심이라고 하는데, 이것은 독(毒)의 여부를 판단한 것으로 볼 수 있으며, 결국 선(善)·불선(不善)·무기(無記)를 결정하는 것을 분별이라고 할 수 있다. 『아비담마 길라잡이』에서는 '조사(santīraṇa)'의 의미로 쓰인다. 영어로는 'investigation', 水野弘元은 '추탁심(推度心)'으로 번역하고 있다. 용어상의 차이가 있지만 바로 앞의 과정에서 받아들인 대상을 조사한다는 의미는 동일하다. 이를 한역(漢譯)에서 관철이나 분별의 뜻으로 쓴 것은 같은 맥락이라고 볼 수 있겠다. 이 과정에서 선·불선·무기 중 하나로 판단하는 것이다.

175) 대림스님·각묵스님(2002), p.297.

176) 후카우라 세이분(2012), p.330.
『성유식론』에서는 다음과 같이 정의한다. "심구란 심이 홀연 의언(意言)의 경(境)으로 거칠게 전전하게 하는 것을 본성으로 한다." (『성유식론』(『대정장』71, 36c)

여섯 번째 항은 유식논서에서 '안립(安立)'이라고 표현하며 그 의미는 언어로써 확정한다는 것이다.[177] 『해탈도론』에서는 '영기심(令起心)', 『아비담맛타상가하』 영역본에서는 빠알리어 'votthapana'를 'determination'으로 번역했고, 『아비달마 길라잡이』에서 이 표현을 가져와 '결정'이라고 번역하고 있다. 『해탈도론』에서는 "일어나게 한다."는 뜻으로 영기(令起)를 사용하고 있지만 별도의 설명이 있지는 않다. 다만 왕의 비유에서 '왕에게 받치는 것과 같은 것'을 영기라고 하는 것으로 보아 대신(大臣)이 먹을 수 있는지 그 선악을 판단한 과일을 왕비가 받아서 왕에게 먹으라고 주는 마지막 과정이라고 보면, 이미 판단이 끝나서 먹을 수 있다고 결정한 것이라고 볼 수 있다. 『아비담맛타상가하』에서는 이를 '대상을 조사해서 결정하는 마음의 작용'이라고 한다. 유식논서에서처럼 언어를 통해 확정한다는 의미는 없지만, 결정의 과정에 언어적 사유가 개입되므로 비슷한 뜻으로 볼 수 있다.

일곱 번째 항은 유식논서에서 '세용(勢用)'이라고 한다. 세용은 " 선악을 따라 동작한다."는 의미로 사용된다. 세용(勢用)의 뜻이 모호하긴 하지만 선·악의 체성(體性)이 부각되는 것으로 볼 수 있다. 『해탈도론』에서는 '속심(速心)' 혹은 '속행(速行)'이라고 표현하고 있다. 속행이란 급히 간다는 의미로서, 유식논서에는 '동작한다'라는 의미로 표현하고, 『해탈도론』에서는 "속행심은 차례로 대상을 속행한다."라는 용례로 사용한다. 다찰나에 걸친 일련의 작용이라고 볼 수 있을 것이다. 왕(王)의 비유에서는 받은 과일을 왕이 먹는 것으로 표현한다. 여기서는 선이나 악의 체성(體性)의 뜻 보다는 이미 결정된 것이 다찰나에 걸쳐 작용한다는 것을 강조

177) 안립(pratiṣṭhā)에 대해 불교사전에서는 "언어로 표상(表象)되어 다른 것과의 구별이 세워지는 것"이라고 하고 있다.

했다고 볼 수 있다. 『아비담맛타상가하』의 영역본에서는 'javana'라고 하는 빨리어를 그대로 사용하고 있는데, 여기서 javana는 '재빠름, 신속함'으로 설명하고 있다. 한글본인 『아비담마 길라잡이』에서는 '속행(速行)'으로 번역한다. 『아비담맛타상가하』에서는 javana의 의미를 '일단 대상이 무엇인지 결정된 후 일어나는 일련의 인식과정'이라고 표현하는데, '결정된 대상에 대해서 마치 벼락치듯 빠르게 그것을 이해하는 작용'이고 이 단계가 '의도적 행위가 개입되는 곳으로 선(善)·불선(不善)이 일어나는 순간'이라고 한다.[178] 『해탈도론』의 "차례로 대상을 속행한다."라는 것이 다찰나에 걸쳐 일어나는 것을 말한다고 하였는데, 『아비담맛타상가하』에서도 7번 같은 대상에 대해 일어난다고 설명한다. 7번의 javana 과정은 모두 같은 성(性)을 갖고 있어서, 선성(善性)이면 선성으로 지속되고, 불선(不善)이면 불선으로 지속되어 중간에 바뀔 수 없다. 이것이 의미하는 것은 일단 3성(性)이 결정되면 속행(javana)의 단계에서는 결코 바뀌지 않는다는 것이다. 실제로 우리가 일단 대상에 대한 판단을 내리면 중간에 바뀌는 경우가 거의 없다. 속행이 7찰나에 걸쳐 일어난다 해도, 결국 색(色)의 1찰나가 심(心)이 17찰나에 해당하므로, 속행의 7찰나는 극히 짧은 순간이다. 속행은 선(善)이나 불선(不善) 등으로 7찰나에 걸쳐 일어나므로 '업을 초래하는 마음'[179]으로 볼 수 있다.

여덟 번째 항은 유식논서에서는 '반연(返緣)'이라고 하면서 "동작이 흥하고 나아가 욕구가 멈추고 쇠퇴하여 이전에 지어진 일을 반연(返緣)한다."라고 설명한다. 이는 앞의 속행과 관련 이전에 지어진 일을 연(緣)으로 한다는 것이다. 의미가 확실하지는 않아도 이전의 일[事]에 대한 과보

178) 대림스님·각묵스님(2002), pp. 299-300.

179) 대림스님·각묵스님(2002), p.300.

라고 볼 수 있다. 『해탈도론』에서는 '피사심(彼事心)' 혹은 '피사과보심(彼事果報心)'이라고 표현하는데, '피사심'은 '피사과보심'의 줄임말이다. 그 뜻으로 "공덕과 비공덕의 이익을 설하는 것과 같다."고 한다. 『아비담맛타상가하』에서는 tadālambana라고 하며, 이는 tad(그, 彼) + ālambana(대상, 事)의 합성어로서 의미는 '그것을 대상으로 갖는 [심(心)]'이다. 이것은 『해탈도론』의 '피사(彼事)'이라는 말과 정확히 일치한다. 영역에서는 이를 'registration'으로 번역했고, 『아비담마 길라잡이』에서는 '등록'이라고 번역했는데 정확하게 뜻이 드러나지는 않는다.[180] 『아비담맛타상가하』에서는 등록이 일어나는 이유가 '속행(javana)이 7번 일어난 후 바로 사라지므로 바왕가가 일어나기에 대상이 아주 크거나 분명할 경우 나타나는 심(心)의 작용'[181]이라고 하고 있다. 대상이 아주 크거나 분명해야지만 과보에 해당하는 등록이 일어나고, 대상이 작은 경우에는 등록이 일어나지도 않고 결과적으로 결국 과보심도 없다는 것이다.

이상으로 『성유식론장중추요』, 『해탈도론』, 『아비담맛타상가하』에 나타난 상좌부의 9심에 대해 살펴보았다. 각각 다른 시기에 성립된 논서임에도 9심의 내용이 거의 정확히 일치한다는 것을 알 수 있다. 성립시기로 보면 『해탈도론』 – 『성유식론장중추요』 – 『아비담맛타상가하』의 순이며, 유식논서인 『성유식론장중추요』를 제외한 남방 상좌부 논서로만 보자면 『해탈도론』 – 『아비담맛타상가하』의 순이다. 『해탈도론』과 『아비담맛타상가하』 중간에는 붓다고사의 『청정도론』이 있는데, 앞서 보았듯이 『청

180) 임승택은 이를 '그러한 대상을 지닌 마음[彼所緣]'으로 번역하고 있는데 '등록'보다 적절한 번역으로 보인다. 임승택(2003), p.237. 본서에서는 『아비담마 길라잡이』에 의거해서 용어를 통일하기로 한다.

181) 앞서 살펴본 바와 같이 이 등록은 5식의 경우는 대상이 큰 경우에, 의식의 경우에는 대상이 분명한 경우에만 일어난다. 대림스님 · 각묵스님(2002), p.301.

정도론』에서도 동일하게 9심이 설해진다. 결국 남방 상좌부의 9심은 일관된 체계로서 전승되고 있음을 확인할 수 있다.

나) 9심과 17 인식과정

인식과정(vīthicitta)이 구체적으로 어떻게 9심과 결부되는지와 다른 논서에서 이 과정에 대해 언급하고 있는지 알아보자. 지금까지 논의된 9심과 17 인식과정을 연관시키면 〈표〉와 같다.

17 인식과정(vīthicitta)은 욕계에서 5식이 매우 큰 대상을 마주칠 때 일어나는 과정이다. 큰 대상이나 작은 대상의 경우에는 17과정 중 일부만이 일어난다. 17가지 과정은 의식, 특히 독두의식(獨頭意識) 경우에도 일부만 일어난다. 따라서 17 인식과정은 가장 복잡한 경우에 해당하며, 이것은 우리가 일상생활에서 구체적인 대상을 마주칠 때 일어난다고 볼 수 있다. 『성유식론장중추요』에서는 9심이 순차적으로 일어난다고 하지만, 17 인식과정에 대해서는 전혀 언급하지 않는다. 마찬가지로 후대의 유식문헌에서도 이에 대한 논의를 찾아볼 수 없다. 남방 상좌부에서는 17 인식과정에 대해 논의하기 전에 14종의 심작용을 열거하고 있다. 14종 중 인식과정과 무관한 재생연결, 사(死)를 제외하고 안 · 이 · 비 · 설 · 신 5문을 안문(眼門) 하나로 대체하면 총 8가지가 된다.

〈표4〉 9심과 17 인식과정[182)]

『아비담맛타상가하』의 9심	17 인식과정
바왕가(bhavaṅga, 有分識)	① 바왕가의 흐름
	② 바왕가의 동요
	③ 바왕가의 단절
전향(āvajjana)	④ 전향
안(dassana) · 이(savana) · 비(ghāyana) · 설(sāyana) · 신(phusana)	⑤ 5식
받아들임(sampaṭicchana)	⑥ 받아들임
조사(santīraṇa)	⑦ 조사
결정(votthapana)	⑧ 결정
속행(javana)	⑨ 속행1
	⑩ 속행2
	⑪ 속행3
	⑫ 속행4
	⑬ 속행5
	⑭ 속행6
	⑮ 속행7
등록(tadālambana)	⑯ 등록1
	⑰ 등록2
바왕가(bhavaṅga,有分識)	바왕가의 흐름

유분심을 앞뒤로 배치하면 9가지 심이 되는데, 유식논서에서 이른바 '상좌부의 9심'이라고 부르는 것이다. 역으로 이 9심을 일어나는 순서대로 배치할 때, 속행(javana)과 같은 심은 다찰나에 걸쳐 일어나므로 17가지 심이 순차적으로 일어나는 것으로 묘사된다. 17 인식과정은 남방 상좌

182) 대림스님 · 각묵스님(2002), p.357의 도표를 참고해서 재구성.

부의 고유한 설이라고 볼 수 있다.[183)]

남방 상좌부 논서에 속하는 『해탈도론』에서는 9심 각각에 대해 언급하고 인식과정(vīthicitta)에 대해서도 설하지만 『아비담맛타상가하』처럼 자세하지는 않다. 『해탈도론』에서는 'vīthicitta'를 협승심으로 번역하고, 대상에 해당하는 번역어로서 상사(上事) · 중사(中事) · 하사(下事) 등을 언급하고 있다. 특히 속행(javana)의 경우 "차례로 대상을 속행한다."고 표현하면서 다찰나에 걸쳐 일어난다는 것을 인정하지만, 17찰나에 걸쳐 일어난다고 명시하지는 않는다. 그럼에도 상좌부 고유의 '인식과정(vīthicitta)'은 이미 『해탈도론』 성립 당시 이미 정립되었다고 보아도 될 것이다.

다) 인식과정과 대상

17 인식과정(vīthicitta)은 모두 같은 대상에 대해 일어나며 진행되는 동안 다른 것을 대상으로 할 수 없다.[184)] 인식 대상은 한순간(khaṇika-paccuppana)에 전5식으로 들어온다. 대상은 물질[色]로서 일찰나에 식(識)의 대상이 되며, 이때부터 식은 대상을 인식하는 과정이 17찰나에 걸쳐 시작된다. 물질[色]의 일찰나는 심(心)의 17찰나에 상응한다.[185)]

『해탈도론』에서는 5문(門)의 인식대상과 의문(意門)의 대상을 상사(上事) · 중사(中事) · 하사(下事)로 나누고 있고 이 상사(上事) 등이 무엇을 의미하는지를 정확히 밝히지 않았는데, 『아비담맛타상가하』에서는 이를 구체적으로 설명하고 있다. 5문의 경우에는 '대상의 크기'를 말하며 의문

183) 임승택(2003), p.213.

184) 대림스님 · 각묵스님(2002), p.322.

185) 대림스님 · 각묵스님(2002), p.190.

에서는 '대상의 선명도'를 말한다. 물론 여기서 말하는 의문은 유식 용어로는 독기의식에 해당한다.

인식과정에 있어 남방 상좌부의 또 다른 특징 중 하나는 대상에 따라 인식과정(vīthicitta)이 차이가 있다는 것이다. 〈표5〉를 보면 알 수 있듯이 두 논서에서 대상을 나누는 수에 있어 차이가 있긴 하지만, 대상을 크기나 선명도에 따라 나눈다는 면에서는 일치한다. 이때 대상의 차이로 인해 달라지는 것은 17 인식과정을 모두 수행하는지 여부이다.

〈표5〉에서 『해탈도론』과 『아비담맛타상가하』에서 5문과 의문의 대상이 거의 일치함을 볼 수 있다. 다른 것은 『해탈도론』에서는 5문을 상·중·하 셋으로 나누었고, 『아비담맛타상가하』에서는 매우 큰 대상 등 넷으로 나눈 것이다. 의문의 경우 『해탈도론』에서는 상·중·하 셋으로 나누었고, 『아비담맛타상가하』에서는 선명한 대상과 희미한 대상의 둘로 나눈 점이다. 그러나 『아비담맛타상가하』에서는 5문 인식의 네 번째인 매우 작은 대상(atiparittam ālambana)의 경우 바왕가만 존재하므로 실질적인 인식과정은 일어나지 않는데, 『해탈도론』에서는 이를 생략한 것으로 볼 수 있다.

『해탈도론』에서는 의문(意門)의 중·하가 같은 인식과정을 갖기 때문에 실제로 상·중의 2가지로 볼 수 있다. 이 점은 『아비담맛타상가하』에서 선명한 대상·희미한 대상 2가지로 나눈 것과 일치한다. 17가지 과정이 모두 일어나지 않고 중간이 생략되는 인식과정도 정확히 일치한다.

〈표5〉『해탈도론』과 『아비담맛타상가하』의 대상 · 인식과정의 차이

<table>
<tr><th colspan="2">『해탈도론』의 대상과 인식과정</th><th colspan="2">『아비담맛타상가하』의 대상과 인식과정</th><th>비고</th></tr>
<tr><td rowspan="4">5문 의 대상</td><td>상사(上事)
유분심→전심(轉心)→견심(見心)→소수심(所受心)→분별심(分別心)→영기심(令起心)→속심(速心)→피사심(彼事心)→ 유분심</td><td rowspan="4">5 문 의 대상</td><td>매우 큰 대상
(atimahantam ālambana)
①지나간 1찰나의 바왕가→②바왕가의 동요→③바왕가의 단절→④5문전향→⑤안식→⑥받아들임→⑦조사→⑧결정→⑨속행1→⑩속행2→⑪속행3→⑫속행4→⑬속행5→⑭속행6→⑮속행7→⑯등록1→⑰등록2→바왕가</td><td>17과정 모두 존재</td></tr>
<tr><td>중사(中事)
유분심→전심(轉心)→견심(見心)→소수심(所受心)→분별심(分別心)→영기심(令起心)→속심(速心)→유분심</td><td>큰 대상(mahantam ālambana)
①지나간 바왕가→②지나간 바왕가→③바왕가의 동요→④바왕가의 단절→⑤5문전향→⑥안식→⑦받아들임→⑧조사→⑨결정→⑩속행1→⑪속행2→⑫속행3→⑬속행4→⑭속행5→⑮속행6→⑯속행7→⑰바왕가</td><td>피사심(=등록)이 없음</td></tr>
<tr><td rowspan="2">하사(下事)
유분심→전심(轉心)→견심(見心)→소수심(所受心)→분별심(分別心)→영기심(令起心)→유분심</td><td>작은 대상
(parittam ālambana)
지나간 바왕가→바왕가의 동요 →바왕가의 단절→5문전향 → 안식→받아들임→조사→결정 →결정→결정→바왕가</td><td>속행, 피사심(=등록)이 없음</td></tr>
<tr><td>매우 작은 대상
(atiparittam ālambana)
지나간 바왕가→바왕가의 동요 → 바왕가의 동요→바왕가</td><td>『해탈도론』에서는 언급안함.</td></tr>
<tr><td>의문 의 대상</td><td>상사(上事)
유분심→전심(轉心)→속심(速心)→피사심(彼事心)→유분심</td><td>의문 의 대상</td><td>선명한 대상
(vibhūta ālambana)
바왕가의 동요→바왕가의 단절→의문전향→속행1→속행2→</td><td>5문과는 달리 중간 4심(견심,</td></tr>
</table>

			속행3→속행4→속행5→속행6→속행7→등록1→등록2→바왕가	소수심, 분별심, 영기심)이 없음
	<u>중사(中事)</u> 유분심→전심(轉心)→속심(速心)→유분심 <u>하사(下事)</u> 유분심→전심(轉心)→속심(速心)→유분심		<u>희미한 대상</u> <u>(avibhūta ālambana)</u> 바왕가의 동요→바왕가의 단절 →의문전향→속행1→속행2→ 속행3→속행4→속행5→속행6 →속행7→ 바왕가	앞의 상사(=선명한 대상)에서 피사심(=등록)이 없음

〈표5〉에서도 알 수 있듯이 생략된 인식과정이 두 논서에서 모두 동일하고, 대상 분류와 각 대상에 대한 인식과정 또한 정확히 일치함을 확인할 수 있다.

이러한 논의들은 유식이나 북방 아비달마에서는 발견할 수 없다. 인식대상을 상·중·하로 나누고 이것을 5문과 의문에서 인식할 때 그 과정이 달라질 수 있다는 것은 남방 상좌부만의 고유한 특징임을 알 수 있다.

지금까지의 논의를 통해 유식논서에서 언급하는 상좌부의 9심이 정확히 무엇인지가 밝혀졌다. 여기서 상좌부란 남방 쓰리랑카의 상좌부를 말하며, 9심 역시 상좌부의 대표적 논서인 『아비담맛타상가하』의 설과 일치한다는 것을 알 수 있었다. 그러나 『아비담맛타상가하』를 포함 상좌부의 어느 논서에서도 9심이라는 표현을 사용하지 않았고, 대신 14종의 '심작용'이 '17 인식과정(vīthicitta)'으로 펼쳐진다고만 설하고 있다. 유식논서에서는 이 중 인식과정과 무관한 것을 제외하고, 유분식을 앞뒤로 배치해서 9심이라고 표현하였다. 9심의 세부 내용을 보면 일상적인 인식과정을 전5식과 의식으로 나누어 설하고 있다는 것을 알 수 있다.

2) 유식불교의 5심

남방 상좌부의 9심은 초기불교 심식론과는 다르게 심층식에 대한 내용을 담고 있는데, 그 특징은 심층식이 일상적인 인식과정과 함께 등장한다는 점이다. 반면 유식불교의 5심에서는 인식과정 만이 다뤄진다. 유식불교에서는 이미 식체가 8가지로 분화된 결과 심층식[아뢰야식]을 따로 떼어서 다루기 때문이다. 5심과 9심의 차이점을 규명하는 과정은 초기불교에서 부파불교를 거쳐 유식불교에 이르는 심식설의 변천을 확인하는 과정이기도 하며, 결과적으로 식의 구기(俱起)와 상속(相續)의 문제가 전면에 등장하게 된다.

이에 대한 논의에 앞서 유식경론에 등장하는 5심의 구체적 내용을 살펴보기로 한다.

(1) 유식경론의 5심

5심은 솔이심(率爾心), 심구심(尋求心), 결정심(決定心), 염정심(染淨心), 등류심(等流心)의 다섯 가지 심을 말한다. 5심은 상좌부의 9심과 유사한 내용이지만 그보다는 단순하다. 『유가사지론』에 처음 등장하는 5심은 일상적 인식과정에 따른 식(識)의 작용을 각각 다섯 가지 심으로 나타낸 것이다. 『유가사지론』에서는 전5식과 제6식의 순차적인 인식작용을 설명하는 부분에서 5심이 거론된다. 『유가사지론』 주석서나 『성유식론』 같은 후대의 논서들에서는 5심에 대해서는 별도로 자세하게 논하지 않았다. 규기는 『대승법원의림장』에 「오심장(五心章)」을 두고 처음으로 5심을 자세히 다루었으며, 후대 「오심장」의 주석서들에서는 관련 논의가 활발하게 전개되었다.

5심이 처음으로 나타나는 『유가사지론(瑜伽師地論, Yogācārabhūmi)』의 내용을 살펴보도록 하자. 『유가사지론』 권1 「본지분(本地分)」 중 「오식신상응지(五識身相應地)」에는 솔이심(率爾心), 심구심(尋求心), 결정심(決定心), 염정심(染淨心), 등류심(等流心)의 5심이 등장하는데 그 내용은 다음과 같다.

> 안식(眼識)이 생하는 때부터 3심을 얻을 수 있다. 순서대로 솔이심(率爾心), 심구심(尋求心), 결정심(決定心)이다. 앞의 것은 안식(眼識)에 있고 [뒤의] 둘은 의식에 있다. 결정심 후에 비로소 염정심(染淨心)이 있다. 이 후에 마침내 등류심(等流心)의 안식이 선(善)이나 불선(不善)으로 전전한다. 그것은 스스로의 분별력으로 인한 것이 아니다. 내지 이 의식은 다른 경(境)으로 나아가지 않고 얼마만큼의 시(時)가 경과해서 안식과 의식 2식은 혹은 선(善)이나 염오로 상속하여 전전한다. 안식이 발생하듯이 내지 신식(身識)도 그렇다는 것을 알아야 한다.186)

이 글에서는 5심의 이름과 순서가 설해지지만, 각 심의 구체적인 특징이 나오지는 않는다. 후대의 논서들에서는 이를 인용, 주석하면서 5심에 대한 논의를 전개하고 있다. 글의 앞부분에서는 5심이 아래와 같이 순차적으로 일어난다고 한다.

솔이심 → 심구심 → 결정심 → 염정심 → 등류심

다음으로 5심 중 솔이심이 안식(眼識)에 있고 심구심 · 결정심은 의식에 있다는 것을 알 수 있다. 5심을 통해 안식과 의식의 관계 뿐 아니라 식

---

186) 『유가사지론』(『대정장』30, 280a)

의 분위(分位), 즉 시간의 흐름에 따른 식의 상태에 대해서 논하고 있다. 안식 뿐 아니라 다른 4식도 마찬가지라고 하면서 전5식 전체에 5심이 있다고 설한다.

솔이심 등 5심 각각의 특성이 무엇인지에 대해서는 『유가사지론』 제3권 「본지분(本地分)」「의지(意地)」에서 처음으로 설명하고 있다.

> 의식이 저절로 산란해서 아직 습득하지 않은 경(境)을 연할 때, 욕(欲)[심소] 등이 생하지 않는다. 이때의 의식을 솔이타심이라 한다. 오직 과거의 경을 연한다. 5식 직후에 발생하는 의식은 혹은 심구이거나 혹은 결정이다. 오직 현재의 경을 연한다고 말해야 한다. 만약 이것이라면 저 경계를 연해서 발생한다.[187]

솔이심에 대한 정의는 '의식이 저절로 산란해서 아직 습득하지 않은 경(境)을 연할 때'의 심이다. 심구심이나 결정심의 경우는 그 정의가 나와 있지 않고 "의식에 심구 혹은 결정이 있다."라고만 설하고 있다. 심구심과 결정심은 각각 부정심소의 심구·사찰과 별경심소의 승해와 대응된다.[188] 마찬가지로 염정심과 등류심도 심의 상태로 볼 수 있는데 논에서 별도로 정의하지는 않는다.

『유가사지론』에서는 「오식신상응지」와 「의지」에만 5심이 간략하게 나오고, 다른 곳에서는 다루고 있지 않으며[189], 심지어 5가지 심을 의미하

187) 『유가사지론』(『대정장』30, 291b)

188) 규기의 설명에 의하면 5심은 심소가 아니라 심왕에 해당하므로 심소와 상응할 수 있다. 심구심은 부정심소(不定心所)인 심구·사찰 및 별경심소(別境心所)인 욕(欲)과 상응하고, 결정심은 별경심소인 승해(勝解)와 상응한다.

189) 『유가사지론』의 「오식신상응지」와 「의지」 외에 다른 곳에서는 5심 중 각 심이 부분적으로 산재되어 등장하는데, 그 논의도 인식론적 내용을 담고 있는 5심과 무관하고 극히 한정적이다.

는 고유명사로서의 '5심(五心)'이라는 말도 등장하지 않는다.[190] 규기를 비롯하여 후대 유식논사들은 『유가사지론』의 두 부분에 기초해서 5심에 대한 각종 논의를 전개하고 있다.

(2) 5심의 의미

『대승법원의림장』「오심장」의 내용은 자세하지 않으므로, 헤이안(平安) 시대 승려 청범(淸範)의 주석서인 『오심의략기(五心義略記)』를 참조해서 5심이 의미하는 바를 구체적으로 살펴보기로 한다.[191]

190) 『유가사지론』에는 5심이라는 말이 등장하지 않고, 대신 전5식과 제6식의 관계를 논하는 곳에 다섯 가지 심의 상태가 설해질 뿐이다. 따라서 이 5심을 하나의 용어로 정하고 그에 대한 정립을 시도한 것은 후대의 일이라고 추정된다.

191) 청범(淸範)은 헤이안(平安)시대 흥복사(興福寺) 출신으로서 일본 법상종의 대표적 승려인 선주(善珠)의 맥을 계승하였으며, 『유식의사기(唯識義私記)』를 저술한 진흥(眞興)의 제자로도 알려져 있다. 청범의 대표적 저서는 『오심의략기(五心義略記)』 2권 외에도, 『이취분주(理趣分註)』, 『반야이취분경주(般若理趣分經註)』 1권, 『제승장사기(諸乘章私記)』, 『제사연기집(諸寺緣起集)』 1권 등이 있다. 『오심의략기』는 현재 나라(奈良)의 약사사(藥師寺)에 청범의 자필본이 소장되어 있다고 한다. 富貴原章信은 청범의 『오심의략기』를 다음과 같이 평가하고 있다. "5심의 취집현현에 대해서 법상종에서는 극히 상세한 해석을 하는데, 이를 이해하는 것은 용이하지 않다. 그럼에도 청범은 이 난관을 열어, 상세한 해석을 시도했다. 이 사기(私記)는 「오심장」의 연구자에 있어, 선주의 『법원의경(法苑義鏡)』 등과 함께 항상 책상에 비치해야 할 훌륭한 참고서이지만, 오히려 이 『오심의략기』를 읽는 사람이 생각하는 것은 법상종에서의 교의의 해석은 여기에 당연히 문제로 삼을 것은 이미 전부 논해져 이미 사족을 첨가할 필요가 없을 정도로 상세한 연구가 행해졌다는 것이다. 사소한 문구에 이르기까지 경시하지 않고, 문제가 되는 곳은 전부 지적하여 명료하게 해석이 행해지고 있다. 청범의 저작은 또한 소책(小冊)이지만, 그 내용은 지극히 상세하며, 이 점에서 중산(仲算), 진흥(眞興) 등의 저작과 맥락을 같이 한다는 점에서 주목할 가치가 있다." 富貴原章信(1944), 『일본유식사상사(日本唯識思想史)』(京都: 大雅堂) pp. 441-442 참조.
한편, 청범의 전기에 대한 자세한 연구로는 追塩千尋의 연구가 있다. 그는 년도 별로 자세하게 청범의 행적과 저술한 논서의 편찬시기를 정리한다. 청범이 청수율사(淸水律師)로 불린 것으로 보아 흥복사(興福寺) 뿐 아니라 청수사(淸水寺)와도 관련이 있다고 한다. 追塩千尋(1995), 「淸範をめぐる諸問題」, 『南都佛教』 78卷, (奈良: 東大寺 圖書館內 南都佛教硏究會), pp. 54-75 참조.

가) 5심의 의미와 상(相)

『오심의략기』에서는 솔이심 등 5심 각각에 대해 설명하기 전에, 우선 5심의 '심(心)'이 무엇을 의미하는지를 설명한다. 5심의 심(心)이 무엇을 말하는지, 왜 심(心)이라는 이름으로 불리는지 후대 논사들도 관심이 많았다고 볼 수 있다. 앞에서 살펴보았듯이, 유식불교에서는 제8식 · 제7식 · 전6식에 대해 각각 심(心) · 의(意) · 식(識)이라는 이름을 붙이고 있다. 5심에서의 심(心)은 제8식을 칭하는 심(心)과 같은 것인가?

청범은 이에 대해 다음과 같이 밝히고 있다.

> 5는 그 수(數)이고 심(心)은 이름이다. 범어로는 찌따(citta)이며, 이것은 심(心)이라고 번역한다. 심(心)에는 여러 가지 뜻이 있는데, 집기의 뜻이 있으며 성류가 여러 종(種)이고 제법을 집기하므로 심이라 한다. 수승한 것을 말할 때는 치우쳐서 제8식을 가리킨다. 지금은 공통된 뜻에 의거해서 식(識)들은 모두 심(心)이다. 이것이 일어나는 위(位)에 오직 5종이 있다. 아홉이 아니고 넷이 아니므로 5심이라 한다.192)

『오심의략기』의 주석은 청범 자신의 견해는 아닌데, 규기 이후 여러 논사들의 견해, 특히 의적(義寂)이나 선주(善珠)의 견해 등을 참고해서 정리한 것이다.

앞의 인용문에서 오심(五心)의 심(心)을 찌따(citta)라고 하는 것으로 보아 심(心) · 의(意) · 식(識) 중 맨 앞의 심(心)을 가리키는 것을 알 수 있다. 하지만 다음 글에서 "식(識)들은 모두 심(心)이다."라고 표현하면서

---

192) 『오심의략기』(『대정장』71, 272c).

8식 모두에 5심이 있다고 주장한다. 이로부터 5심의 심(心)은 심(心) · 의(意) · 식(識)의 심(心)과는 다른 것이라고 추정할 수 있다. 즉, 5심의 심(心)은 식체(識體)로서의 심(心)이 아니라 식(識)의 상태 혹은 작용이라고 볼 수 있다. 다시 말해 심(心)[=식(識)]이 순간순간 처한 상태이자, 식의 순차적 작용 과정을 말하는 것이다.

유식에서는 왜 5심만을 설하는지 규기는 「오심장」의 마지막 문(門) '문답료간'에서 다음과 같이 자문자답(自問自答)하고 있다.

> 문) 왜 5심을 증감없이 건립하는가? 답) 가장 많은 것에 의거하면 다섯이라고 결정하고, 가장 적은 것에 의거하면 하나인데 원만하지 않기 때문이다.193)

규기는 가장 많게는 다섯이고 적으면 하나인데 만약 일심(一心)이라고 하면 원만하지 않기 때문이라고 설한다. 『오심의략기』에서 청범은 다음과 같이 보충해서 설명한다.

> 심(心)이 일어나는 분위(分位)를 밝히는데 가장 많게는 다섯으로 심(心) 밖의 경계를 부정한다. 가장 적게는 하나인데 곧 3계(界)는 유심(唯心)이다. 이른바 본식(本識)은 본체(本體)에 의거하여 오직 하나이지만 분위(分位)에 의거하면 오직 다섯이다. 따라서 증감이 없다.194)

청범은 5심의 심을 '심(心)이 생하는 분위(分位)'라고 표현하면서, 심이 많게는 다섯이지만 적게는 삼계유심(三界唯心)의 일심(一心)이라고 한다.

---

193) 『대승법원의림장』(『대정장』45, 258a)

194) 『오심의략기』(『대정장』71, 295b)

여기서 분위(分位)라는 말은 일종의 상태를 의미하며 인식의 연속되는 과정을 말하는 것이다. 또 의적(義寂)의 말을 인용해서, "상좌부에서 9심을 세우는 것은 너무 많아서 과함이 있다. 하리발마(訶梨跋摩)는 4심을 세우는데 너무 적다는 과실이 있다. 오직 5심만이 더할 것도 뺄 것도 없다."[195]고 한다. 즉, 심을 다섯으로 하는 이유가 가장 적당하기 때문이라고 주장한다.

그러면 왜 『유가사지론』에서 5심을 설하는 것일까? 논에서 단지 순차적 인식과정으로서 5심을 설하고자 했어도 규기는 이를 다음과 같이 재해석하고 있다.

> 문) 왜 이처럼 5심을 설하는가? 답) 심(心)의 분위를 알아서 법무아(法無我)의 유식상(唯識相)에 들어가게 하기 위함이다.[196]

5심을 설하는 이유로 심(心)의 분위, 즉 심이 처한 상태를 알아서 법무아에 들어가는 것이라고 설명하고 있다. 청범은 이에 대해 선주의 『법원의경』을 인용해서 다음과 같이 주석하고 있다.

> 2공(空)을 깨닫게 하기 위해 이 5심을 설한다. "심(心)의 분위를 알아서 깨닫게 하기 위해서이다."란 생공(生空)[197]에 들어가는 것을 나타낸다. "법무아에 들어간다." 등은 법공(法空)에 들어가는 것을 나타낸다. 이 뜻은 무엇인가? 심(心)이 일어나는 분위의 전후에 차별이 있어서 항상하고 동일하지[常一] 않음을 깨닫게 하기 위해서이기 때문이

195) 『오심의략기』(『대정장』45, 295c)

196) 『대승법원의림장』(『대정장』45, 258a)

197) 생공(生空)이란 아공(我空) 또는 인무아(人無我)를 말한다.

다. 이로 인해 보특가라 무아(無我)의 성(性)에 빠르게 들어간다. 또 전후의 심(心)들과 소연의 경계가 모두 심을 떠나있지 않음을 알게 하고자 하는 것이다. 오직 심(心) 상에 취집(聚集)하여 나타나기 때문에, 이로 인해 제법무아(諸法無我)의 유식의 성(性)에 빠르게 들어간다.[198)]

심이 생(生)하는 분위가 항상 일정하지 않다는 것을 깨달아 2공(空)에 들어가기 위해서라고 한다. 결국 심의 일정하지 않은 상태를 5심을 통해 알 수 있다고 표현한 것이다. 여기서는 『유가사지론』의 인식론적 설명과 다르게 수행론적 의의를 부각시키고 있는데, 규기 이래 후대의 해석이라고 보아야 할 것이다.[199)]

『오심의략기』에서 5심 각각의 상(相)을 어떻게 설명하는지 알아보기로 한다. 첫 번째 문인 열명(列名)에서는 5심 각각에 대해 정의한다. 이어서 『유가사지론』을 인용해서 5심의 순서와 전6식 중 어디에 있는지를 설한 후, 각 3심의 성(性)에 대해 설명하고 있다.

5심은 솔이-심구-결정-염정-등류의 순서로서, 이 순서는 『유가사지론』 권1 「오식신상응지」의 내용을 토대로 한 것이다. 『유가사지론』의 글을 다시 인용하면 다음과 같다.

안식(眼識)이 생하는 때부터 3심을 얻을 수 있다. ①순서대로 솔이심, 심구심, 결정심이다. 앞의 것은 안식에 있고 [뒤의] 둘은 의식에 있다. 결정심 후에 비로소 염정심이 있다. ②이후에 마침내 등류심의 안식이

198) 『오심의략기』(『대정장』71, 296c)

199) 열반을 추구하는 불교교리의 특성상 5심 역시 수행론적 관점에서 파악해야 한다. 비록 『유가사지론』 등에서 5심을 인식론적 관점으로 설한다고 해도 이 역시 수행의 과정에 포함되기 때문에 이렇게 표현한 것이다.

선이나 불선으로 전전한다. ③안식이 생할 때와 같이 내지 신식(身識) 또한 그러하다.'[200]

글의 내용을 정리하면 ① 5심의 순서, ② 5심의 성(性), ③ 6식 전체에 5심이 있는지 여부이다. ① 5심의 순서는 이미 언급했으므로 부언하지 않겠지만, 여기서 중요한 것은 ③ 전5식과 의식을 포함 전6식에 5심이 있는지 여부이다. 『유가사지론』의 문장을 있는 그대로 독해하면 솔이심은 전5식에 있고, 뒤의 두 심인 심구심, 결정심은 의식에 있다. 아울러 안식이 선(善)이나 불선(不善)으로 전전하므로 안식에 염정심과 등류심이 있다고 추정할 수 있다. 규기는 전5식과 의식에 5심 모두가 있는지 여부를 중요하게 여겼으며, 「오심장」에서 이를 구체적으로 다루고 있다.

② 5심의 3성(性)에 대해서는 최초의 3심인 솔이심, 심구심, 결정심은 모두 무기(無記)이고, 뒤의 2심 중 염정심은 3성에 통하며 맨 뒤의 등류심은 바로 앞의 염정심의 등류이므로 마찬가지로 3성에 통한다고 하고 있다.[201] 앞의 3심이 무기인 경우는 깨달음을 얻어 전의(轉依)하기 이전의 중용(中庸)의 경에 대해서만 성립하는데, 그 이유로서 전의(轉依)한 후에는 5심 모두가 선성(善性)이지만, 강력[强勝]한 경[대상]을 만나면 그 전에 무기였던 3심도 3성 모두를 갖출 수 있게 된다고 덧붙인다.

(3) 5심의 정의와 내용

『오심의략기』에 언급된 5심 각각에 대한 정의를 살펴보면 다음과 같다.

---

200) 『유가사지론』(『대정장』30, 280a)

201) 염정심이 염과 정인데 어째서 무기가 있느냐는 힐난에, 무기는 앞의 결정심이 그대로 이어져 염정심에도 무기가 있을 수 있어 3성에 통한다고 하고 있다.

솔이(率爾)란, 다만 홀연이라는 뜻이다.[202] 이를테면 이 최초의 심(心)이 홀연히 소연인 경(境)에 떨어지는 것이다. 심구심에서, 심(尋)은 이를테면 심사(思尋)이며, 구(求)는 추구(推求)를 말한다. 결정심에서, 결(決)은 결단(決斷)이며 정(定)은 인정(印定)이다. 염정심에서 염(染)은 불선(不善)과 유부무기(有覆無記)이며, 정(淨)은 선(善)과 무부무기(無覆無記)이다. 등류심에서, 등(等)은 균등이며 류(流)는 흘러가는 부류이다.[203]

솔이심, 심구심, 결정심, 염정심, 등류심의 다섯 가지 심의 뜻을 설명하고 있다. 각각의 심에 대해 「오심장」의 설명을 살펴보면 다음과 같다.

---

202) 솔이심은 솔이타심(率爾墮心)으로도 불리는데, 범어(梵語)로는 aupanipātikaṃ cittam이고, 티벳어로는 ñye bar gnas pa las byung ba이다.(sde dge: (D. 4035) sems tsam, tshi 1b1-283a7) 솔이(率爾)란 갑작스럽다는 뜻이다. 티벳어를 직역하면 '가까이 있는 것으로부터 비롯됨'이라는 뜻이다. 한역(漢譯)에서는 갑작스럽게 어떤 경(境) 떨어진다는 의미를 갖는 반면 티벳어에서는 '가까이 있다는 것'을 강조하고 있다. 그만큼 대상이 근접해있는 상태를 말하는 것으로 보인다.
그런데 솔이라는 말은 이전의 경론에서도 많이 발견된다. 『유가사지론』과 『성유식론』을 번역한 현장은 『아비달마구사론』(『대정장』29) 권18 「분별업품」에서 '솔이'라는 말을 '경솔한', '갑작스런' 이란 뜻으로 사용하고 있다. "'살펴 생각함으로'라고 함은, 그가 지은 업이 이전에 전적으로 아무 생각 없이 이루어진 것도 아니며, 경솔히 생각나는 대로 조작한 것도 아니라는 말이다."(권오민(2002), 『아비달마구사론』 권2(서울: 동국역경원), p.840에서 인용, 강조는 필자). 또한 권19 「분별수면품」에서도 "그런데 성자는 혹 어떤 때 잠시 미란(迷亂)하기 때문에 갑자기 경계에 대한 욕탐이 현전하는 경우가 있으니, 이는 마치 돌아가는 불의 바퀴에 대해, 그림으로 그려진 약차에 대해 잠시 미란하는 것과 같다."(권오민(2002), 『아비달마구사론』 권3, pp. 876-877에서 인용.). 여기서는 솔이가 '갑자기'란 뜻으로 사용되고 있음을 알 수 있다. 또한 권25 「분별현성품」에서는 "마치 새끼줄 등에 대해 문득 뱀이라고 하는 것과 같다."(권오민(2002), p.1133에서 인용). 따라서 현장에 있어서 솔이의 뜻은 경솔히, 갑자기, 문득 등의 의미로 쓰이고, 이에 상응하여 문맥에 맞게 한글로 번역하고 있다. 그러나 솔이심에서 솔이의 뜻은 '갑자기'란 뜻으로 봐야 할 것이다. 따라서 티벳어의 '가까이 있는 것으로부터 비롯됨'이라는 뜻은 솔이의 원뜻과는 조금 다르다고 볼 수 있다.

203) 『오심의략기』(『대정장』71, 273a)

> 우선 가령 안식이 최초로 경(境)에 떨어질 때 솔이타심이라 한다. 동시의 의식은 이전에 이것을 아직 연하지 않다가 지금 처음 같이 일어나기에 솔이심이라 한다.204)

전5식 중 안식이 최초로 경에 떨어질 때 솔이심이 일어난다는 것은 이미 언급한 내용이다. 전5식은 각각 색(色)·성(聲)·향(香)·미(味)·촉(觸) 같은 외부의 대상[境]을 취한다. 전5식과 동시에 의식이 작용하는지 여부에 대해 유식불교에서는 의식을 두 가지로 분류하고 있다. 하나는 5식과 함께하는 의식[五俱意識]이고, 다른 하나는 의식 홀로 일어나는 의식[獨頭意識]이다. 인용문의 5식과 '동시의 의식'은 오구의식을 말한다. 또 "동시의 의식은 … 지금 처음 같이 일어나기에 솔이심이라고 한다."에서 오구의식에 솔이심이 있음을 밝히고 있다.

『유가사지론』에는 전5식에 솔이심이 있다고 했지만, 의식에 솔이심이 있는지에 대해서는 별도로 밝히지 않았다. 반면 규기를 포함 후대 논사들은 솔이심(率爾心)의 상(相)을 설명하면서 [오구]의식에 솔이심이 있음을 입증하고자 했다.

여기서 솔이심은 상좌부 9심 중 『해탈도론』의 전심(轉心), 『아비담맛타상가하』의 전향(āvajjana)에 해당한다. 9심과 5심은 용어상의 차이가 있지만, 상좌부 9심에서는 전심(轉心)이후 전5식이 일어난다고 하고 있고, 『유가사지론』에서는 전5식이 일어나 대상과 마주치는[떨어지는] 것을 솔이심이라고 했으므로 동일한 내용을 표현했다고 볼 수 있다.

이어서 교증(敎證)으로 『해심밀경』과 『유가사지론』의 결택분을 인용해서 5구의식에 솔이심이 있다는 것을 증명하고 있다.

---

204) 『대승법원의림장』(『대정장』45, 256a)

『해심밀경』과 『유가사지론』 권76 「결택분」에서 5식과 동시에 반드시 하나의 분별의식이 동시에 전전함이 있다고 설한다. 따라서 안식과 함께하는 의식을 솔이심이라 한다. 최초로 경(境)에 떨어지기 때문이다.[205)]

앞서 말했듯이 규기는 오구의식(五俱意識)에 솔이심이 있다는 것을 증명하고자 했으며 청범은 이를 받아들여 5구의식에서 솔이심의 존재를 인정하고 있다. 또한 청범은 홀로 일어나는 독두의식(獨頭意識)에도 솔이심이 있다고 『오심의략기』에서 주장한다. 왜 5구의식이나 독두의식에 솔이심이 있다고 하는지, 그리고 왜 여러 논사들이 이를 입증하기 위해 노력했는지에 대해서는 뒤의 'III.3.4) 식의 상속과 5심' 부분에서 다루기로 한다.[206)]

두 번째로 심구심에 대해 알아보기로 한다. 「오심장」에서 정의한 심구심은 다음과 같다.

이것[솔이심]은 이미 최초로 연하는 것이다. 어떤 경(境)이 선(善)인지 악(惡)인지 아직 알지 못한다. 알아내기 위해서 이어서 심구심을 일으킨다. 욕(欲)[심소]와 함께 전전하여 경(境)을 희망하기 때문이다.[207)]

심구심은 대상이 무엇인지 알아내고자 추구하는 마음으로 인식과정의 핵심이다. 여기에는 대상에 대한 추구뿐 아니라 그 대상이 선인지 악인지

205) 『대승법원의림장』(『대정장』45, 256a)

206) 5구의식에 솔이심이 있다는 것을 증명하기 위해 규기는 『유가사지론』의 글을 의도적으로 끊어 읽고 있다.

207) 『대승법원의림장』(『대정장』45, 256a)

를 밝히고자 하는 것도 포함한다. 이와 관련 심소로 욕(欲) 심소가 있다. 청범은 욕 심소에 대해 『성유식론』의 "경을 관찰하고자 한다."는 내용을 가져와 인용하는데, 이 점에서도 5심이 갖는 인식론적 성격을 알 수 있다. 심구심은 그 밖에도 부정심소인 심구 · 사찰과도 관계가 있다.

9심설과 비교하면, 심구심은 상좌부 9심 중 『해탈도론』의 소수심(所受心)과 분별심(分別心), 『아비담맛타상가하』의 받아들임과 조사(調査)에 해당한다고 볼 수 있다.

세 번째로 「오심장」에서 설하는 결정심은 다음과 같다.

> 이미 심구해서 이전의 경(境)을 이미 알고 나서, 이어서 결정심이 일어난다. 경(境)을 인지(印持)해서 이해하기 때문이다.[208)]

결정심이란 앞에 심구한 것을 토대로 이것이 무엇인지 결정하는 심이다. 결정에는 대상의 종류 뿐 아니라 선 · 불선 등의 3성(性)도 포함된다. 청범은 결정심에 대해서도 승해(勝解) 심소와 상응시키는데, 『성유식론』의 "파악된 경(境)을 심사해서 결정하고 인지(印持)한다."고 인용하고 있다. 결정이란 판단이 내려진 것을 말하므로, 경(境)에 대한 판단을 유보할 경우 승해 심소와 상응하지 않는다고 볼 수 있다. 심구심과 결정심은 제6의식만의 특징으로 보고 있으나, 규기는 「오심장」에서 심구심과 결정심이 전5식에도 있다고 주장하고 있다. 이러한 주장은 의식에도 솔이심이 있다는 주장과 함께 법상유식의 독특한 설이다.

결정심은 『해탈도론』의 영기심(令起心), 『아비담맛타상가하』의 결정에 해당한다고 볼 수 있다.

---

208) 『대승법원의림장』(『대정장』45, 256a)

네 번째로 염정심에 대해서 「오심장」에서 다음과 같이 설명하고 있다.

> 이미 식의 경계 차별을 결정하여, 바른 원인(正因) 등의 상을 취한다. 원망에 대해서는 악(惡)에 머물고, 친근한 것에 대해서는 선(善)에 머물며, 중용(中容)에 대해서는 사(捨)에 머물러, 염정심이 생한다.[209]

염정심이란 심구한 후 결정된 심의 상태에 입각해서 선심이나 악심 등이 일어나는 것을 말한다. 염정심을 이루는 요소는 염(染)과 정(淨)과 무기(無記)의 3성이다. 염(染)이란 불선(不善)과 유부무기(有覆無記)이고, 정(淨)은 선(善)과 무부무기(無覆無記)이므로 '염정(染淨)'에는 3성의 뜻이 포함된다. 염(染)과 정(淨)에 대해 청범은 "증오하게 된 경(境)에 대해 진(瞋) 등의 염오를 일으키고, 애착하는 경(境)에 대해 탐(貪) 등의 염오를 일으킨다. 반대로 무진(無瞋) 등 정(淨)의 마음을 일으키기도 한다. 미워하는 것에 대해 인내하고 좋아하는 것을 멀리 하여, 중용(中容)과 사(捨)에 머무는 것을 평등심이라 한다."[210]고 하면서 염(染)·정(淨)·무기(無記)를 이전의 결정심과 결부시켜 인식론적 의미로 해석한다. 염정심도 심소와 상응시킬 수 있는데, 무기는 사(捨)심소에 해당된다.

염정심은 9심설에서 대응하는 용어가 있지 않은데, 대신 영기심 혹은 결정에 이미 염정의 의미가 포함된 것으로 볼 수 있다. 그 이유로는 영기심이나 결정에 대해 유식논서에서 안립(安立)이라고 표현하는데, 이 말에 이미 선악[염정]의 의미가 내포되었다고 볼 수 있기 때문이다.

다섯 번째로 등류심에 대해 「오심장」에서는 다음과 같이 설명하고

209) 『대승법원의림장』(『대정장』45, 256a)
210) 『오심의략기』(『대정장』71, 274b)

있다.

> 염정의 의식으로 인해 이전의 안식(眼識)을 같은 성(性)의 선(善)과 염오(染汚)로 이끌어 생하게 한다. 앞을 따라 일어나므로 등류심이라 한다.211)

등류심이란 염정심이 등류로 이어지는 것을 말한다. 「오심장」의 주장을 살펴보면 앞의 염정의 의식이 안식 등 5식을 이끈다고 하고 있다. 이 말은 일단 염심이나 정심이 의식에 생기면 전5식에도 같은 성(性)의 심이 일어나서 등류하므로 의식뿐 아니라 전5식에 함께 염정심이 일어난다는 것이다. 여기서는 의식의 등류심만 거론하는 것이 아니라 전5식의 등류심도 같이 설하고 있다. 청범은 등류심의 종류를 5식의 등류심 · 오구의식(五俱意識)의 등류심 · 독생의식(獨生意識)의 등류심의 셋으로 나누면서 「오심장」의 등류심이란 5식의 등류심이라고 주석하고 있다. 전5식에 솔이심이 발생하면 바로 5식의 등류심과 의식의 등류심이 같이 일어난다고 볼 수 있지만, 의식 독자적으로 활동하는 독생의식의 경우에는 전5식이 일어나지 않으므로 5식의 등류심이 수반되지 않는다.

등류심은 『해탈도론』의 속심(速心), 『아비담맛타상가하』의 속행(javana)에 해당한다고 볼 수 있다.

『유가사지론』에 5심이 언급되는 이유는 무엇일까. 심의 순차적 작용에 해당하는 변행심소가 존재함에도 굳이 5심을 도입해서 인식과정을 설한 이유는, 심과 별체로 심소를 분리시킨 심소론의 변천이 배경에 있다고 볼 수 있다. 유식불교의 5가지 변행심소인 촉 · 작의 · 수 · 상 · 사는 항시 심

211) 『대승법원의림장』(『대정장』45, 256a)

과 함께 일어난다. 이로 인해 변행심소는 더 이상 순차적 인식과정을 나타낼 수 없게 되었다. 『유가사지론』에서는 전5식과 6식의 순차적 인식과정을 그전과는 달리 표현하기 위해 5심을 도입했다고 볼 수 있다. 여기에는 아비달마 시대에 쟁점이었던 심작용설과 심소 부정설 등도 배경으로 작용했다고 봐야 할 것이다. 『유가사지론』에 언급되는 인식과정으로서의 소박한 5심은 남방 상좌부 17인식과정과 어느 정도의 교류가 있었다고 추측할 수 있다.

(4) 규기 저술에 나타난 5심

규기는 『유가사지론약찬』에서 5심의 여러 특성을 소개하고 있고 『대승법원의림장』 「오심장」에서는 12가지 문(門)으로써 5심을 정리한다. 5심을 하나의 체계로서 설명하는 내용은 이전의 문헌에 보이지 않으므로 규기의 독창적 주장이라고 볼 수 있다.

규기가 「오심장」에서 12문으로 정리한 내용은 〈표6〉과 같다.

12문의 내용에서 주목할 점은 비고란에 있는 전6식과 관련된 내용과 8식 전체와 관련된 내용이다. 전6식과 관련해서 『유가사지론』에서는 안·이·비·설·신·의 등 전6식의 순차적 인식과정을 소개하면서 5심을 도입했다고 볼 수 있지만, 규기는 5심을 제7식·제8식 등으로 연결시켜 8식 전체로 논의를 확장하고 있다. 「오심장」에서는 『유가사지론』에 언급된 '인식론적 내용'과 규기가 독자적으로 '정립한 내용'으로 나눌 수 있다.

여기서 '인식론적 내용'이란 전5식과 제6식에 의해 행해지는 인식과정을 말한다. 전5식이 대상과 마주친 후 제6의식이 이를 포착하여 구체적으로 파악하는 작용에 해당된다. 규기가 '정립한 내용'은 기존의 5심 논의를 8식으로 확장한 부분이라고 하겠다.

〈표6〉「오심장」의 구성과 주요 내용

「오심장」의 구성	주요 내용	비고
1. **열명**(列名)	5심의 이름을 열거하고 5심의 순서와 성류를 밝힘	
2. **변상**(辯相)	5심 각각의 특성[相]에 대해 설명	
3. **8식유무**(八識有無)	인위와 과위의 8식 각각에 5심이 있는지 여부를 밝힘	8식 전체 관련 내용
4. **찰나다소**(刹那多少)	5심 각각이 일찰나인지 다찰나인지를 밝힘	전6식 관련 내용
5. **난불란생**(亂不亂生)	6식 중 한 식에 5심이 순차적으로 발생하다가 다른 식이 일어날 때 그 식의 5심이 산란한지 아닌지 여부를 밝힘	전6식 관련 내용
6. **제심대변**(諸心對辯)	6식이 동시에 일어날 때 각각의 식에 5심이 같이 일어날 수 있는지를 밝힘	전6식 관련 내용
7. **초후광략**(初後廣略)	5심 중 앞에 있는 솔이심 등이 많이 발생하는지 뒤에 있는 등류심 등이 많이 발생하는지를 논의	전6식 관련 내용
8. **제위궐구**(諸位闕具)	인위와 과위에서 5심을 모두 갖추는지 여부를 밝힘	8식 전체 관련 내용
9. **3성소섭**(三性所攝)	5심 각각의 3성(性)을 밝히고 각 3성이 6식에서 같이 일어날 수 있는지 밝힘	전6식 관련 내용
10. **연생총별**(緣生總別)	하나의 식이 다른 6식을 연해서 생할 때 5심 중 한 심이 다른 심을 이끌어 생할 수 있는지를 밝힘	8식 전체 관련 내용
11. **하량소섭**(何量所攝)	인위와 과위의 8식 각각에 일어나는 5심이 現量, 比量, 非量 중 어디에 속하는지를 밝힘	8식 전체 관련 내용
12. **문답료간**(問答聊簡)	문답형식으로 5심의 특징을 정리함	

「오심장」에서 『유가사지론』의 전6식 논의와 관련 있는 부분은 제1문[열명], 제2문[변상], 제4문[찰나다소], 제5문[란불란생], 제6문[제심대변], 제7문[초후광략], 제9문[삼성소섭] 등으로 인식론적 맥락에서 전5식과 제6식의 관계를 논한다고 볼 수 있다. 반면 제3문[팔식유무], 제8문[제위궐구], 제10문[연생총별], 제11문[하량소섭], 제12문[문답료간]은 유식교리와의 정합성을 맞추기 위해 규기가 추가한 부분이다.

제3문[8식유무]은 제8식 · 제7식에도 5심이 있는지를 다루고 있지만, 『유가사지론』에서는 이에 대해 다루지 않는다. 심층식에 해당하는 제8식과 제7식에 5심이 있다는 가정은 파격적인 측면이 있다. 제8문[제위궐구]에서 인위(因位) 뿐 아니라 과위(果位)에서도 5심이 있는지를 다루고 있고, 제10문[연생총별]에서도 인연법에 의해 각 식에 5심이 나타날 수 있는지 여부를 따지고 있으므로 이것은 유식불교에서 8식 전체가 동시에 일어날 수 있다는 것을 함축한다고 볼 수 있다. 제11문[하량소섭]의 경우는 5심이 현량(現量) · 비량(比量) · 비량(非量) 중 어디에 포함되는지를 따지는 것이므로 인식과정과는 무관하다. 제12문[문답료간]에서는 5가지 에 대해 규기가 스스로 묻고 답하고 있는데, 5심이 무루에서도 통하는지 여부, 3계[욕계 · 색계 · 무색계]에도 존재하는지 여부 등을 논하고 있다.

지금까지의 논의를 두 부분으로 정리해보면 ① 『유가사지론』의 논의와 관련해서 전6식을 중심으로 한 논의, ② 8식 전체로 확장해서 유식교리와의 정합성을 염두에 둔 논의로 나눌 수 있다. ①과 관련된 내용은 다분히 인식론적이므로 일상적으로 일어나는 인식과정으로 볼 수 있다. ②는 5심을 제8식 · 제7식이나 인위 · 과위, 3량(量) 등과 관련지은 것으로, 이것은 유식교학의 형이상학적 논의로 볼 수 있을 것이다. 규기의 5심 논의에서 주목해야할 것은, 8식 전체가 동시에 일어날 수 있다는 것을 각 식에서 5심이 동시에 일어난다고 표현한 점이다. 8식 전체에서 5심이 동시에 일어날 수 있다는 것은 각 식이 구기한다는 것을 의미하기 때문이다.

지금까지의 논의를 토대로 9심과 5심과 관련된 심식론의 변천을 고찰해보기로 한다.

3) 9심과 5심을 통해 본 심식론의 변천

심식론 변천 과정에서 남방 상좌부의 9심과 유식불교의 5심은 중요한 차이점을 시사한다. 이를 살펴보기 위해 심소론을 인정하는 남방 상좌부에서 별도로 왜 9심을 주장했고, 또한 8식 별체와 심소론을 모두 인정하는 유식불교에서도 5심을 거론했는지 그 이유에 대해서 알아보기로 한다.

(1) 남방 상좌부 심식설의 특징

남방 상좌부 심식설의 특징은 9심으로 대변되는 14종의 심작용[17 인식과정] 및 마음을 89/121심으로 나눈 점에 있다. 89/121심은 일체 유정의 모든 찰나 심작용을 나타내고자 하는 의도로 분류되었다.[212] 남방 상좌부에서는 ① 7식계(識界), ② 3성(性), ③ 계계(界繫), ④ 5수(受), ⑤ 유인무인(有因無因)의 5가지 문(門)[213]으로 나누었다.[214]

① 7식계(識界) : 안식계 · 이식계 · 비식계 · 설식계 · 신식계 · 의식계 · 의계

212) 水野弘元(1964), p.141.

213) 북방 아비달마/유식불교에서는 심과 심작용을 나타내기 위해 계계문(界繫門) · 3성문(三性門) · 5수문(五受門) 등으로 분류한다.

214) 水野弘元(1964), p.57.

② 3성(性) : 선 · 불선 · 무기(異熟 · 唯作)

③ 계계(界繫) : 욕계 · 색계 · 무색계 · 출세간

④ 5수(受) : 우 · 희 · 고 · 락 · 사

⑤ 유인무인(有因無因) : 무인 · 1인 · 2인 · 3인

위의 5가지 문(門)을 조합해서 심과 상응시키면 89/121심이 된다.[215] 5가지 분류 방식은 북방아비달마 · 유식불교와 유사하지만,[216] 5가지 분류를 조합하여 89/121심을 설하는 것은 매우 독특한 것이다. 남방 상좌부의 89/121심은 5문(門)을 조합하여 심을 분류해서 펼쳐놓은 반면, 북방아비달마 · 유식불교에서는 전6식 · 전8식으로 심왕을 분류하고 있기 때문이다.

남방 상좌부에서는 5문(門)의 조합 결과 일어나는 심적 상태를 각기 심으로 본 것이므로 89/121가지 상태를 갖는다. 반면 북방아비달마 · 유식에서는 심왕과 심소를 따로 논하여 심왕 6식 · 8식과 심소가 상응한다는 것으로, 만약 북방아비달마 · 유식에서도 각각의 심왕에 상응하는 심소 모두를 대응시켜 펼쳐놓고, 3성(性), 계계(界繫), 3량(量), 상응하는 식(識)[217] 등으로 분류하면, 수백 가지 심으로 나눌 수 있다. 이런 점에서

215) 水野弘元에 의하면 89종으로 분류가 확정된 것은 빠알리 불교의 주석서 편찬시기라고 하고 있다. 특히 7론 중의 하나인 『법집론(法集論, Dhammasaṅgaṇi)』에서 이러한 분류가 확정됐다고 한다. 水野弘元(1964), p.63 참조. 또한 아비달마의 다른 부파에서도 심은 4종, 6종, 10종, 12종, 15종의 심으로 분류되며, 그 기준은 계계문, 3성문 등에 의한 것이다. 이에 대해서는 pp. 124-128 참조.

216) 유식불교의 5위 100법은 북방 아비달마의 5위 75법을 이어 받은 것이므로 북방 아비달마와 유식불교는 유사한 점이 있다.

217) 深浦正文(1972), pp. 132-150.
유식불교에서의 심소는 변행(遍行)·별경(別境)·선(善)·번뇌(煩惱)·수번뇌(隨煩惱)의 6종으로 분류한다. 심소를 분류함에 있어 일체성(一體性), 일체지(一切地), 일체시(一

남방 상좌부와 북방아비달마 · 유식은 차이가 있다. 한편, 남방 상좌부에서 심과 심소를 상응시키지 않은 것은 아니다. 남방 상좌부에서는 심을 중심으로 해서 89/121심으로 분류 전개한 것에 이미 심소가 포함되어 있는 것이고[218], 북방아비달마 · 유식불교에서는 심소, 심왕을 상응시키긴 했어도 이를 상좌부처럼 펼쳐놓지 않은 것을 주요한 차이라고 볼 수 있다.[219]

남방 상좌부의 89/121심(心)은 북방아비달마 · 유식불교의 6식 · 8식과는 다른 형태라는 것을 알 수 있다. 앞 장에서 살펴본 바와 같이 남방 상좌부의 9심이라고 한 것은 유식논사의 설일 뿐이며 남방 상좌부에는 이 용어가 없고 단지 14종의 심작용과 이것이 순차적으로 일어나는 17가지 과정이 있다고 했다. 이 14종의 심작용은 결생(結生) · 유분(有分) · 전심(轉心) · 안(眼) · 이(耳) · 비(鼻) · 설(舌) · 신(身) · 영수(領受) · 추탁(推度) · 결정(決定) · 속행(速行) · 피소연(彼所緣) · 사(死)이다. 이 중 결생과

切時), 일체구(一切俱)의 4가지 일체(一切)를 두고 있다. 일체성이란 선·불선·무기의 3성이고, 일체지란 3계9지를 말하며, 일체시란 심왕이 일어나는 경우에는 모두 일어난다고 하고, 일체구란 변행심소처럼 심소가 모두 함께 일어나는 경우를 말한다. 이처럼 아비달마에서의 심법 분류기준에 해당하는 3성이나 계계 등은 심소를 분류하는 기준으로 바뀌었으며, 이 심소가 심왕과 상응하게 되는 것이다.

218) 물론 앞 장에서 설명했듯이, 남방 상좌부에서도 심과 심소를 연관시키는 방식으로, 심소를 기준으로 하는 결합(sampayoga-naya)의 방법과 심을 기준으로 하는 조합(saṅgaha-naya)의 방법이 있다. 그러나 어떠한 방법을 쓰더라도 이미 89/121심은 특정한 상태의 마음으로 정해진 것이며, 다만 보는 방식의 차이일 뿐이다.

219) 水野弘元은 유가행파가 왜 8식을 3성문 · 계계문 등으로 분류하지 않은 이유를 다음과 같이 설명하고 있다. 먼저 3성문의 경우, 아뢰야식은 무부무기이고, 말나식은 유부무기이며, 전6식은 3성에 통하므로 굳이 3성을 특별히 내세워 논할 필요가 없었기 때문이라고 하고 있다. 무루위에서 전식득지(轉識得智)의 경우에 이들 8식이 무루가 된다. 다음으로 8식의 계계에 대해서도 전5식의 계계는 유부설과 마찬가지이고, 의식 · 말나식 · 아뢰야식의 셋은 3계 9지의 일체로 존재한다고 여겨지고, 또한 8식 모두 출세간이 될 수 있기 때문에 이것도 특히 8식을 계계에 의해 분류할 정도는 아니었다고 하고 있다. 水野弘元(1964), p.128.

사(死)를 제외하고, 안 · 이 · 비 · 설 · 신을 통일해서 하나로 하면 8심이 되는데, 유분심을 맨 뒤에 다시 배치한 것이 유식논사들이 말하는 남방 상좌부의 9심이다.

(2) 17 인식과정의 의미

남방 상좌부의 89/121심(心)에는 이미 14종의 심작용이 포함돼 있다. 14종의 심작용이 17 인식과정으로 펼쳐지는 것은 일상적인 우리의 인식과정만을 나타내려는 것이 아니다. 17 인식과정을 주장하는 데에는 다음과 같은 몇 가지 이유가 있다.

첫째, 심층식에 해당하는 유분식과 현상식인 6식과의 연관성을 보여주고자 한 것이다. 아비달마 불교에서는 각 부파마다 심층식에 해당하는 논의가 있어왔다. 대표적인 것으로 대중부의 근본식(根本識) · 화지부(化地部)의 궁생사온(窮生死蘊) · 경량부(經量部)의 일미온(一味蘊) · 독자부(犢子部)의 보특가라(補特伽羅) 등이 그것이다. 남방 상좌부의 설인 유분식[유분심]은 '바왕가(bhavaṅga)'가 원어로서 존재의 근본이 되는 식(識)이다. 17 인식과정에서 유분식은 맨 처음과 맨 끝에 나타난다. 『아비담맛타상가하』의 17가지 과정 중 다른 부분을 생략하고 유분식 부분만을 살펴보면 다음과 같다.

> 유분식의 흐름 → 유분식의 동요 → 유분식의 단절 → 5문전향 …… 속행 → 피소연 → 유분식의 흐름

여기서 중요한 것은 의식과 같은 현상식의 활동이 일어날 때 유분식은 단절된다는 것이다. 5문전향 → …… → 속행까지는 전형적으로 순차적

인 인식과정으로 전5식과 제6의식에서 행해진다. 이를 통해 17 인식과정은 심층식인 유분식과 현상식이 밀접하게 상호작용한다는 것을 보여주고자 한 것임을 알 수 있다.

둘째로, 심층식[유분식]이 현상식[전6식]과는 다른 특성이 있다는 것을 보여주고자 한 것이다. 일반적으로 유분식이 무엇인지를 설명하기 위해서는 단지 심층식이라는 설명만으로는 부족하다. 17과정을 통해 유분식은 현상식이 일어나지 않는 경우에만 존재하고, 현상식이 없을 때 다시 일어나는 것을 알 수 있다. 심지어 꿈을 꾸는 경우도 현상식이며 꿈이 없는 깊은 잠에 들었을 때에만 유분식이 작동한다.[220] 이로써 유분식이란 일반적인 의식적 상태가 아닌 의식 아래에서 작동하는 심층식을 말하는 것임을 알 수 있다.

셋째로, 유분식은 과보의 이숙식임을 보여주고자 하는 것이다. 우리는 어떤 행위를 5식이나 6식을 통해 하게 된다. 행위의 과정은 영수 → 분별 → 결정으로 이루어지고 이것이 속행을 통해 여러 찰나에 걸쳐 진행된다. 속행의 결과로서 선악의 업은 피사심(彼事心)에서 업(業)을 존속하는 역할을 한다.[221] 피사심에서 존속된 업은 유분식이 받아서 결국 과보를 담는 이숙식의 역할을 하므로 현상식과는 무관하게 진행된다.

---

220) 『Milindapañha』에는 꿈꾸는 것은 자면서 보는가, 깨면서 보는가의 문답에 "대왕이시여, 꿈꾸는 것은 자면서 보는 것이 아니고, 혹은 깨면서 보는 것도 아니고 수면에 들어가, 유분심이 아직 도래하지 않을 때, 그 사이를 꿈을 꾼다고 하며, 대왕이시여 수면에 깊이 들어갈 때 심은 유분에 이르고, 유분에 이른 심은 현전하지 않으며, 현전하지 않은 심은 낙(樂)과 고(苦)를 알지 못하고, 변지(遍知)하지 않는 것에게는 꿈이 없고, 심이 현전하는 때 꿈이 있다. ...... 수면에 들어가 심이 유분에 이를 때는 신체는 있어도 심은 현전하지 않으며, 심이 현전하지 않을 때는 꿈을 꾸지 않는다."(『Milindapañha』, p.377.)고 설하고 있다. 勝又俊教(1974), pp. 535–536.

221) 水野弘元(1964), p.157.

넷째로, 소연(所緣)의 크기 및 상태에 따라 인식과정이 변화할 수 있음을 나타내는 것이다. 앞 장에서 일상적인 인식작용은 대상의 강함과 약함에 따라 일어날 수도 있고, 일어나지 않을 수도 있다고 했다. 5문[전5식]의 작용은 크기에 따라 4가지 대상을 가질 수 있으며,[222] 의문[의식]의 작용은 선명함에 따라 두 가지 대상을 갖는다. 각 경우 5식이나 의식의 활동이 중간에 끊어질 수도 있고, 아예 일어나지 않을 수도 있다. 의식의 활동에 있어 선명한 대상의 경우는 과보가 생기지만 선명하지 않은 대상은 과보가 생기지 않는다. 그러나 현상식이 일어나지 않는 경우에도 유분식은 변함없이 늘 작동하고 있다. 이렇게 대상의 크기나 선명도에 따라 인식과정을 정립함으로써 대상으로 인한 과보의 문제, 유분식의 관계 등을 나타낼 수 있다.

다섯째로, 17 인식과정을 통해 남방 상좌부의 경우 식의 동시 구기(俱起)가 일어날 수 없다는 것을 알 수 있다. 심층식인 유분식과 현상식인 전6식이 식체가 같은지 다른지에 대한 언급은 없다. 하지만 17 인식과정을 통해 알 수 있듯이 현상식이 일어나기 위한 조건은 유분식의 단절이고, 현상식이 속행을 거쳐 피사심으로 끝나는 순간 유분식이 다시 활동하기 시작한다. 이 관계는 유분식과 전6식이 동시에 일어날 수 없다는 것을 명확히 보여준다. 이는 식체의 일이(一異) 문제로서 식의 구기(俱起)와 관련이 있는 것인데 여기서 남방 상좌부 심식설의 특징이 드러난다. 식체가 하나인지 여럿인지에 대해 구체적인 언급은 없으나 작용하는 식체는 항상 한줄기로 흐르며, 동시에 다른 식이 일어날 수 없다. 89/121심 논의를 통해서도 알 수 있듯이 심과 심소가 상응하여 구기한다 해도 한순간에 하

222) 『해탈도론』에서는 상사(上事)·중사(中事)·하사(下事)로 대상의 크기가 표현된다고 살펴본 바 있다.

나의 작용밖에 하지 못하는 것이다.

마지막으로, 유분식은 단절될 수 있다는 것이다. 앞의 논의에서 유분식은 심층식으로서 현상식이 일어나기 이전에 먼저 일어나고, 이숙식으로 역할한다는 것을 알 수 있다. 14종의 심작용에도 나타나듯이 유분식은 사(死)·결생(結生)과도 관련이 있으므로 윤회의 과정을 주도하는 식으로도 볼 수 있다. 유분식과 유사한 다른 부파의 심층식으로는 궁생사온이나 보특가라 등이 있다. 일반적인 경우 심층식은 끊어지지 않고 늘 상속한다는 성격이 강하지만 남방 상좌부의 유분식에는 단절이 있다.[223] 유식불교의 아뢰야식은 무시이래 항시 상속하고 현상식인 전6식과는 무관하게 작동하는 것이 특징이다. 반면 상좌부의 경우는 17 인식과정에서 알 수 있듯이 전6식이 작용하고 있거나 꿈을 꾸는 경우 등에 유분식은 단절된다.

(3) 심식론 변천의 내용

9심과 5심을 비교한 후 심식론의 변천을 알아보기로 한다. 『해탈도론』과 『아비담맛타상가하』는 내용상 유사하므로 『해탈도론』을 중심으로 9심이 전개되는 과정을 살펴보자.

9심은 유분심 → 전심 → 견심 → 소수심 → 분별심 → 영기심 → 속심 → 피사심 → 유분심 으로 진행되는데 여기서, 유분심은 심층식에 해당된다.

5심은 솔이심 → 심구심 → 결정심 → 염정심 → 등류심 으로 진행되는 전6식의 흐름이며 심층식에 대한 언급은 없다.

---

223) 대중부의 근본식(根本識)·화지부(化地部)의 궁생사온(窮生死蘊)·경량부(經量部)의 일미온(一味蘊)·독자부(犢子部)의 보특가라(補特伽羅) 등이 심층식에 해당되는데, 이 식들에 단절이 있는지 여부는 확실하지 않다.

〈표7〉 9심과 5심의 비교

<table>
<tr><th>구 분</th><th>1</th><th>2</th><th>3</th><th>4</th><th>5</th><th>6</th><th>7</th><th>8</th><th>9</th></tr>
<tr><td>9심
(해탈도론)</td><td>유분심</td><td>전심</td><td>견심</td><td>소수심</td><td>분별심</td><td>영기심</td><td>속심</td><td>피사심</td><td>유분심</td></tr>
<tr><td>9심
(아비담맛타
상가하)</td><td>바왕가
(유분식)</td><td>전향</td><td>안식~
신식</td><td>받아들임</td><td>조사</td><td>결정</td><td>속행</td><td>등록</td><td>바왕가
(유분식)</td></tr>
<tr><td rowspan="2">5심
(유가사지론)</td><td></td><td colspan="2">솔이심</td><td colspan="2">심구심</td><td>결정심
염정심</td><td>등류심</td><td></td><td></td></tr>
<tr><td rowspan="2">아뢰야식
(종자생현
행)</td><td colspan="6">전5식과 6식의 작동</td><td rowspan="2">현행훈
종자</td><td rowspan="2">아뢰야식</td></tr>
<tr><td>8식설</td><td colspan="6">아뢰야식의 연속적 흐름</td></tr>
</table>

〈표〉를 참조해서 정리하면, 9심은 심층식과 전6식이 전후로 일어나는 구조이지만, 5심은 전6식에만 해당된다. 9심을 유식불교의 8식설의 입장에서 고찰해 보면, 맨 처음 일어나는 1번째 유분심은 아뢰야식의 종자생현행에 해당되고, 8번째 피사심[등록]은 아뢰야식의 현행훈종자에 해당된다. 〈표〉의 맨 아래 '8식설'을 보면 알 수 있듯이 전6식과 아뢰야식은 서로 다른 층이다. 솔이심~등류심은 전6식에서 작동하고 있고 아뢰야식의 흐름과는 다른 층에서 이루어진다. 실제로 9심의 8번째 등록이라는 절차도 유식불교의 8식설에서는 별도로 있지 않은데, 그 이유는 매 찰나찰나 전6식의 행위가 심층식에 '등록'되는 구조이기 때문이다.

남방 상좌부의 9심과는 달리 5심은 원래 현상식인 6식의 인식과정만을 다룬 것이다. 이것은 『유가사지론』의 5심이 명확하게 전5식과 6식에 한정되어 등장하는 것으로 부터도 알 수 있다. 5심은 원래 현상식의 순차적 인식과정임을 알 수 있다.

남방 상좌부의 9심[17 인식과정]의 논의에서 식체의 일이(一異)여부는 알 수 없지만, 유분식과 전6식의 관계처럼 식의 구기(俱起)가 전혀 가능하지 않다는 것을 알 수 있다. 유분식(有分識)이나 궁생사온(窮生死蘊) 같은 심층식의 존재를 인정한다 해도 앞의 〈표〉에서처럼 동시에 구기(俱起)하는 구조가 아니다. 반면 유식의 5심은 식체가 여럿이고 동시에 구기할 수 있는 것을 전제로 한다. 비유해보면, 남방 상좌부의 9심[17가지 과정]에 대한 논의는 마치 1차선 도로[識]에서 이루어지는 순차적인 인식과정임에 반해 유식의 경우는 8차선 도로[識]에서 벌어지는 인식과정과도 같다고 볼 수 있다.

식의 별체설과 구기설의 배경에는 심층식의 존재가 크게 작용하였다고 볼 수 있다. 부파불교 간에 쟁점이었던 2심 구기가 가능한지 여부도 이와 관련이 있다. 초기불교에서는 안식(眼識)과 이식(耳識)이 동시에 일어난다고 보기보다는 미세한 차이지만 각 식이 전후에 일어난다고 하였다. 전6식만으로 논의를 한정할 때는 식의 구기의 필요성은 크지 않다. 식의 구기가 인정되는 경우를 보면 그 배경에는 심층식의 등장이 있다. 그럼에도 남방 상좌부의 경우 9심[17가지 과정]에서 유분식이 끊어진 후 현상식이 이어받고, 현상식이 끊어지면 다시 유분식이 가져가는 방식을 주장한 이유는 식체를 하나로 보았기 때문이다. 식체를 하나로 간주하는 경우에는 심층식과 현상식의 단절은 필연적이다.

식이 동시에 일어나야지만 심층식은 심층식 대로 끊어지지 않고 계속 업의 담지자 역할을 할 수 있으며, 현상식 역시 고유의 인식활동을 할 수 있다. 식체가 나뉘고, 식의 구기(俱起)가 인정되면 상좌부의 9심 중 현상식과 유분식을 연결하는 피사심 같은 중간단계의 심이 없어도 된다.

유식불교에서는 이런 논의들이 아뢰야식 중심의 찰나찰나 현행·훈습하는 종자설을 바탕으로 진행된다. 과거의 업은 아뢰야식에 종자로 있다 현행하고[종자생현행], 전6식의 작용은 아뢰야식에 종자로 훈습된다[현행훈종자]. 이렇게 여러 식체를 인정하고 각 식이 동시에 구기할 수 있다는 점은 심식설에 있어 일대 전환이라고 볼 수 있다.

3. 법상유식 심식론과 규기의 기여

유식불교에서 8가지 식체는 모두 별체이므로 각 식들이 동시에 구기할 수 있는 조건이 갖추어져, 심층식인 제8식 · 제7식과 현상식인 제6식 · 전5식 등이 모두 함께 일어날 수 있다. 이번 장에서는 유식논서에 등장하는 식의 동시 발생인 구기(俱起)와 자류상속(自流相續)에 대해 알아볼 것이다. 규기는 유식불교의 대표적 특징에 해당하는 '식의 구기와 상속'을 논함에 있어 5심을 도입하여 설명하고 있는데 이 장 뒷부분에서 논하기로 한다.

1) 유식불교에서 식체의 분화

유식불교에서는 식체(識體)를 8가지로 나누고 있다. 이에 대해 유식논서에서는 어떻게 설명하는지 살펴보지고 한다. 『성유식론』 권2에서는 능변(能變)인 식의 종류를 세 가지로 나누고 있다.

> 능변인 식의 종류를 구별하면 오직 3가지이다. 첫째는 이숙식(異熟識)으로 제8식이다. 대부분 이숙성이기 때문이다. 둘째는 사량식(思量識)으로서 제7식이다. 항상 살피고 사량(思量)하기 때문이다. 셋째는 경

> (境)을 요별(了別)하는 식(識)으로 곧 전(前)6식이다. 경(境)의 상(相)이 추한 것을 요별하기 때문이다. 및[及] 이라는 말은 6가지 식을 합해서 한 종류가 됨을 나타낸다.224)

능변식을 3종으로 나눌 때 제3능변식에 6식과 전5식이 포함되므로, 식체는 모두 8가지이다. 유식에서는 제법을 5위(位) 100법(法)으로 분류하고 있으며 심왕으로 8식이 등장한다. 이 5위 100법은 세친이 처음 『대승백법명문론(大乘百法明門論)』에서 조직화한 것으로 알려졌다.225)

위와 같이 식이 8가지로 나뉜다 해도 각각의 식이 별도로 작용할 수 있는지를 살펴볼 필요가 있다. 『성유식론』에는 8식 중 아뢰야식이 별체라는 것을 다음과 같이 주장하고 있다.

> 이 제8식이 안식(眼識) 등을 떠나 별도의 자체가 있다는 것을 어떻게 알아야 하는가? 성교(聖教)와 바른 이치를 바른 량(正量)으로 하기 때문이다.226)

또한 제8식이 별체라는 주장으로 『대승아비달마경』의 게송(偈頌)을 인용하여 교증으로 들고 있다.227) 또한 『성유식론』의 8식에 대한 설명을 통해 유식불교에서 8식을 어떻게 보고 있는지를 알 수 있다. 다음 인용문

---

224) 『성유식론』(『대정장』31, 7b)

225) 후카우라 세이분에 의하면, 『대승백법명문론』의 5위 100법은 『유가사지론』「본지분」과 「섭사분(攝事分)」에 기초하고 있다고 한다. 그러나 『유가사지론』에는 정확히 5위 100법 형태로 나타나 있지 않으므로, 세친이 『유가사지론』을 비롯 『현양성교론』, 『대법론』 등의 설을 종합해서 확립한 것이라고 하고 있다. 후카우라 세이분(2012), pp. 100-101.

226) 『성유식론』(『대정장』31, 14a)

227) 『성유식론』(『대정장』31, 14a)

을 살펴보자.

> 8식의 자성(自性)은 반드시 하나라고 말할 수 없다. 행상(行相) · 소의(所依) · 연(緣) · 상응(相應)이 다르기 때문이다. 또 하나가 멸할 때에 다른 것은 멸하지 않기 때문이다. 능훈과 소훈의 상이 각각 다르기 때문이다. 경(經)에서 설하길 8식은 마치 물과 파도 등과 같아서 차별이 없다고 하기 때문이다.[228]

위의 글에서 8식은 자성(自性)이 다를 뿐 아니라, 행상(行相) · 소의(所依) · 연(緣) · 상응(相應) 각각이 다르므로 별체임을 인정한다고 설한다. 그럼에도 각 8식은 불일불이(不一不異)라고 하면서 제8식을 물에, 다른 7식을 파도에 비유하고 있다. 이를 진속2제(眞俗二諦)의 방식으로 설명하기도 하는데, 차별이란 세속제(世俗諦)의 관점에서 있는 것이지 진제(眞諦)의 관점에서는 차이가 없다고 설한다.[229] 진제 관점에서 하나라고 해도 유식의 8식은 각각 별체이고 따로 작용한다고 볼 수 있다.

2) 식의 3가지 소의(所依)

유식불교에서는 식이 일어나기 위해서는 반드시 식의 의지처가 있어야 하며, 이를 식의 소의(所依)라고 표현한다. 식의 3가지 소의(所依)는 인연의(因緣依), 증상연의(增上緣依), 등무간연의(等無間緣依)이며, 이 중 증상연의와 등무간연의는 각각 식의 구기 및 상속과 밀접한 관계가 있다. 아래에서는 식의 3가지 소의와 5심의 연결 관계를 살펴보고자 한다. 앞으

228) 『성유식론』(『대정장』31, 38c)
229) 『성유식론』(『대정장』31, 38c)

로의 논의에서 명확해지겠지만, 식의 구기(俱起)하고 자류 상속한 결과 5심이 각 식에 있다는 주장은 역으로 5심이 각 식에 있고 순차적으로 일어난다는 것을 입증하는 것과 일맥상통하다.

유식불교에서는 식체가 분화되기 때문에 각 식이 별도로 작용할 수 있다고 한다. 그렇지만 각각의 식은 무엇에 의지해서 일어나고 무엇에 의지해서 상속(相續)해나가는지를 밝힐 필요가 있다. 각 식이 별체인 경우 제8식과 제7식과 전6식은 어떠한 형태로 존재하는가? 제8식은 아뢰야식이자 장식(藏識)이라서 만법(萬法)을 그 안에 모두 포함하고 있으므로 제8식이 다른 7전식(轉識)들을 일으키는 것인가? 만약 그러면 그 양상은 어떤 것이며, 반대로 그렇지 않다면 각 식들 간의 관계는 어떠한 것인지를 밝혀야만 한다. 이를 통해, 식의 별체를 주장하는 유식불교 특유의 식들의 관계가 해명되어야 하고, 초기 및 부파불교에서 식체가 일류(一流)로 상속하면서 그 안에 심층식과 현상식이 서로 교호(交互)하며 그 존재 방식이 어떻게 다른지를 밝혀야 할 것이다. 바로 이에 대한 논의가 식의 3가지 소의(所依)이며, 이를 통해 유식불교에서 각 식들 간의 관계가 밝혀지게 되는 것이다.

유식에서 8식의 심왕과 심소는 반드시 3가지 소의를 기반으로 한다. 『성유식론』 권4에서는 제7능변식인 말나식의 소의(所依)가 무엇인지를 언급하면서 3가지 소의(所依)를 다음과 같이 소개하고 있다.[230]

230) 『성유식론』에서 식의 소의(所依) 부분은 제2능변인 말나식에서 논해지고 있다. 제1능변인 제8식이나 제3능변인 전6식에서 논의되지 않고, 제7식에서 논의되는 이유는 제8식(초능변식), 제7식(제2능변식), 전6식(제3능변식)으로 전개되는 『성유식론』의 조직상, 8식은 근본식이어서 다른 식의 소의(所依)가 되지만 다른 식을 소의로 하지 않기 때문에 제7식에서 처음으로 소의문(所依門)을 세워서 이에 대해 논의하고 있다. 후카우라 세이분(2012), p.233 참조.

심과 심소는 모두 소의(所依)를 갖는다. 그런데 그 소의에는 3종이 있다. ① 인연의(因緣依)로서 자신의 종자를 말한다. 모든 유위법은 모두 이 소의에 장탁(杖託)한다. 자신의 인연을 떠나서는 반드시 생하지 않기 때문이다. ② 증상연의(增上緣依)로서 내6처(內六處)를 말한다. 모든 심과 심소는 모두 이 소의에 장탁한다. 구유근(俱有根)을 떠나서는 필히 전전하지 못하기 때문이다. ③ 등무간연의(等無間緣依)는 전찰나에 멸한 의(意)를 말한다. 모든 심과 심소는 모두 이 소의에 장탁한다. 개도근(開導根)을 떠나 필히 일어나지 못하기 때문이다. 오직 심과 심소만이 세 가지 소의를 갖추는 것을 소의가 있다고 하는 것이며, 다른 법은 아니다.231)

이를 살펴보면 종자, 내6처(內六處), 전찰나에 멸한 의(意)가 결국 각 심왕과 심소의 소의가 된다는 것이다. 이 3종 소의는 『성유식론』에서 처음 설하는 것은 아니며, 이미 『유가사지론』에 이와 동일한 내용이 언급되고 있다. 『유가사지론』「오식신상응지」에서는 5식의 자성(自性)을 설하며 다음과 같이 3가지 소의를 설한다.

안식(眼識)의 자성(自性)은 무엇인가? 안근(眼根)에 의지해서 색을 요별(了別)하는 것이다. 그 소의로서는, ① 구유의(俱有依)는 안근이다. ② 등무간의(等無間依)는 의(意)이다. ③ 종자의(種子依)는 곧 일체종자를 말한다.232)

여기서는 전5식 중 안식의 3가지 소의로서 구유의(俱有依)·등무간의(等無間依)·종자의(種子依)를 설하고 있는데, 구유의(俱有依)는 증상연의

231) 『성유식론』(『대정장』31, 19b).

232) 『유가사지론』(『대정장』30, 279a)

(增上緣依)를 말하고, 종자의(種子依)는 인연의(因緣依)를 말하므로 결국 『성유식론』과 동일한 3소의를 설하는 것이다.[233] 이처럼 식의 소의를 밝히고자 하는 이유는 바로 8가지 식의 양상을 설함으로써 그 식들은 서로 어떠한 관계에 있는지, 각 식들은 무엇을 기반으로 해서 상속하는지 등을 말하고자 하는 것이다. 이 3종 소의 각각에 대해 살펴보면 다음과 같다.

첫째로, 인연의(因緣依)는 종자의(種子依)라고도 하는데 찰나생 · 찰나멸하는 종자가 끊임없이 모든 것의 친인연(親因緣)이 되어 현행(現行)으로 생하고 다시 현행은 종자를 훈습(薰習)한다. 종자는 제법(諸法)의 친인(親因)이 되고 모든 식은 반드시 의지처가 있어야 하기 때문에, 식의 현행과 종자의 관계에서 식은 반드시 친인(親因)인 종자를 의지처로 삼는다. 인연의(因緣依)와 종자의(種子依)의 뜻은 엄밀한 의미에서는 차이가 있는데, 인연의는 그 대상이 광범위한데 반해,[234] 종자의는 오직 현행법의 종자를 말하는 것이므로 범위가 한정된다. 식의 소의로서는 넓은 의미의 인연의가 아니라, 현행과 종자의 관계를 나타내는 종자의가 적합하며 이것이 아뢰야식을 중심으로 하는 유식불교의 특징이다. 따라서 제8식에 집지(執持)된 종자가 전변(轉變)해서 일체의 제법(諸法)을 생하게 하고,[235] 이 제

---

233) 『유가사지론』의 3소의는 종자의, 구유의, 등무간의이고 『성유식론』의 3소의는 인연의, 증상연의, 등무간연의라고 하고 있다. 엄밀한 의미에서 종자의와 인연의는 관협(寬狹)의 차이가 있는데, 나머지 2소의도 마찬가지이다. 그러나 기본적인 의미는 동일하다. 이에 대해 『유가사지론』은 도리를 이름으로 삼고, 『성유식론』은 연을 이름으로 삼기 때문에 차이가 있다고 한다. 후카우라 세이분(2012), p.250 참조.

234) 일체의 유위법(有爲法)은 모두 인연의(因緣依)에 의거하므로 대상이 광범위한 것이다.
『성유식론술기』(『대정장』43, 378c) "이제 모든 유위법은 모두 이 [인연]의에 장탁한다고 말하는 것은 통의(通依)에 의거하기 때문이다. 일체 유위법은 인연이 아닌 것은 없기 때문이다."

235) 이를 인능변(因能變)이라고 하는데 여기서 인(因)이란 제8식에 집지되어 있는 종자를 말하며, 이 종자가 전변해서 일체의 제법을 생한다. 이 경우 종자는 능변의 체

법 중에 당연히 8식 전체가 포함된다.

둘째로, 증상연의는 구유의(俱有依)라고도 하는데 식들이 동시에 전전하여 서로 의지하는 것을 말한다. 증상연(增上緣)의 원뜻은 "힘을 주어 장애하지 않는다."는 의미로서 다른 연(緣)에 비해 뜻이 광범위하다. 식들이 서로 의지하여 병존(竝存)하는 것을 구유의라고 하므로 이는 식들의 공존 관계를 말하는 것이다. 가령 전5식이 일어날 때 제6식이나 제7식이나 제8식이 동시에 일어날 수 있다. 제7식과 제8식은 그 특성상 항시 상속하지만 전6식은 단절하는 경우도 있다. 따라서 구유의는 이 8가지의 식체가 동시에 일어날 수 있는지 여부와 그 때 각 식의 의지처가 무엇인지에 초점을 맞추고 있다. 이 점에서 식이 동시에 함께 존재할 수 있는 조건을 논하기 때문에 식의 구기(俱起)와 밀접한 연관이 있는 것이다.

셋째로, 등무간연의는 개도의(開導依)라고도 한다. 개도의는 전찰나의 식이 후찰나의 식을 개피인도(開避引導)한다는 뜻으로 식의 상속(相續)을 언급하는 것이다. 다만 식이 자류(自流)로만 상속하는지 타류(他流)에 의해서도 상속가능한지에 대한 견해 차이로 인해 논사들 간에 논쟁이 있었다. 이 논의는 타류의 식이 자류의 식을 개도한다면 과연 식의 구기와 병존이 가능한지 여부와 역으로 식의 병존이 가능하기 위해서는 각 식의 개도의가 무엇이어야 하는지에 초점을 맞추고 있는데 자세한 내용은 뒷 절에서 논할 것이다.

식의 3종 소의(所依) 중 종자의는 식의 근원적인 의지처가 되는 반면, 구유의와 개도의는 각각 식의 구기(俱起)와 상속(相續)과 관련이 있다. 종자의는 아뢰야식 종자설이므로 초기 및 부파불교와 크게 구분되는 특징이

(體)이다. 후카우라 세이분(2012), p.126.

긴 해도, 이에 대해서는 별도로 논하지 않을 것이다. 대신 구유의(俱有依) · 개도의(開導依)를 중심으로 살펴보기로 한다.

3) 식의 구기와 5심

(1) 구유의(俱有依)에 대한 논의

가) 구유의의 의미

앞서 구유의(俱有依)와 증상연의(增上緣依)가 같은 의미로 쓰인다고 했는데, 양자에는 관협(寬狹)의 차이가 있다. 증상연의는 식들에 힘을 주어 경(境)을 취하는 현행법에 한하지만, 구유의는 현행법과 종자 모두에 통한다. 구유의의 소의는 내6처(內六處)인데 여기서 내6처는 6근(根)[236]을 말한다. 각 식의 구유의는 6근 중 하나를 포함해서 함께 일어나는 식을 말하는 것이다. 먼저 구유의와 식의 구기를 연관지어 고찰하기로 한다. 세친의 『유식삼십송』 중 제15송에는 식의 구기(俱起)가 잘 드러나 있다.

> 근본식(根本識)에 의지해서 5식(識)은 연(緣)에 따라 나타난다. 혹은 함께하거나 함께하지 않는다. 마치 파도가 물에 의지하는 것과 같다.[237]

이 글에서, 근본식인 제8식에 의지해서 5식이 일어난다고 한 것은 식의 구기를 언급하는 것이다. 이때 5식의 구유의(俱有依)는 제8식이 된다.

---

236) 여기서 6근(根)이란 전5식 각각의 근(根)인 안근(眼根)·이근(耳根) · 비근(鼻根) · 설근(舌根) · 신근(身根) 및 의근(意根)을 말한다. 일반적으로 의근(意根)의 뜻은 ① 제7식, ② 전찰나에 멸한 8식 모두, ③ 제6식, 제7식, 제8식의 후3식의 셋으로 나뉘는데 여기서의 의근은 ③ 제6식, 제7식, 제8식을 가리킨다. 후카우라 세이분(2012), p.239.

237) 『성유식론』(『대정장』31, 37a)

연(緣)이 있으면 일어나고, 연이 없으면 일어나지 않으므로 전5식과 제8식은 연에 따라 함께 구기한다는 것을 의미한다. 여기 언급되지 않은 제6식과 제7식도 함께 일어나는 것은 당연하다.238) 전6식은 제8식에 의지하긴 하지만 항상 전6식이 모두 일어나는 것이 아니라 연에 따라 현행하는데, 여기서 연(緣)이란 작의(作意), 근(根), 경(境)을 의미한다. 따라서 조건에 해당하는 연이 맞으면, 파도가 물에 의지하듯이 8식 모두가 구기하거나 그 중 일부가 구기할 수 있는 것이다.

나) 구유의에 대한 네 논사의 견해

『성유식론』에서는 구유의에 대해 난타(難陀), 안혜(安慧), 정월(淨月), 호법(護法)의 설을 차례로 설명하고 있으며 법상유식의 전통상 호법의 설을 정설로 삼는다. 각 논사의 견해를 〈표〉로 정리하면 다음과 같다.

먼저 전5식에 대한 난타의 설부터 살펴보면, 전5식의 구유의는 제6식이다.239) 이 의미는 전5식이 일어날 때 반드시 의식이 함께 일어난다는 의미이다. 제7식이나 제8식이 구유의가 되지 않는 것은 전5식이 일어나는 것과 무관하다는 것이지, 전5식이 일어날 때 제7식·제8식이 구기하지 않는다는 것은 아니다. 제7식과 제8식은 항시 상속하더라도 전5식의 구기에는 관여하지 않기 때문이다. 식의 동시 구기와 구유의는 약간 다른 개념이다. 구기한다고 해서 구유의가 되는 것은 아니지만, 구유의가 되면

---

238) 『성유식론술기』 권7에서, '의지근본식(依止根本識)'이라는 구절은 전5식에 대해서만이 아니라 제6식에 대해서도 통한다고 하고 있다. 5식과 제6식 모두 제8식에 의지하기 때문이며, 전5식 중 1식이라도 일어나면 제6식이 항상 일어나기 때문이다. 『성유식론술기』(『대정장』43, 475b)

239) 『성유식론』(『대정장』31, 19c), "안식 등 5식은 의식을 소의로 한다. 이것[안식]이 일어날 때 반드시 저것[의식]이 있기 때문이다."

반드시 구기한다.

〈표8〉 구유의에 대한 네 논사의 견해[240)]

	전5식	제6식	제7식	제8식
난타(難陀)	제6식	제7식	무(無)	무(無)
안혜(安慧)	5근(根) 제6식	제7식 전5식(五俱意識의 경우만)	제8식	무(無)
정월(淨月)	5근(根) 제6식	제7식 전5식(五俱意識의 경우만)	제8식	· 현행식 : 제7식 · 유색계 : 5근 · 종자식 : 제8현행 · 최초 훈습시 능훈의 7전식 현행
호법(護法)	5근(根) 제6식 제7식 제8식	제7식 제8식	제8식	제7식

제6의식의 경우는 제7식에 의지해서 일어나고, 제7식과 제8식은 항상 상속해서 전전하므로 별도의 구유의가 필요하지 않다. 그만큼 제7식 · 제8식은 자신의 힘[自力]이 수승하기 때문이다.[241)] 여기서 난타와 다른 논사와 가장 큰 차이는, 난타의 경우 전5식의 구기에 5근이 배제돼 있다.[242)] 일반적으로 초기불교 이래 주장되어 온 근(根) · 경(境) · 식(識) 3사화합(三事和合)에서 볼 수 있듯이, 근과 식은 함께 존재하는[俱有] 것으

240) 김동화(2001), 『유식철학』, p.117에 나온 표를 참조해서 수정.
241) 『성유식론』(『대정장』31, 19c)
242) 『성유식론』(『대정장』31, 280c)

로 알려져 있다. 난타가 전5식의 구유의로서 근(根)을 배제한 이유는 무엇인가? 난타는 5근은 5식의 종자이므로 근(根)이 식(識)의 구유의가 될 수 없다고 주장한다. 또 종자와 현행의 관계를 인과동시(因果同時)가 아니라 인과이시(因果異時)로 보기 때문에 전5식이 일어나는 순간에 전5식의 종자인 5근은 존재하지 않으므로 5근이 구유의가 될 수 없다고 한다.[243]

이에 대해 안혜는 난타의 설 중 전5식의 구유의로서 5근이 빠져있는 것을 10가지 이유를 들어 논파한다.[244] 안혜는 전5식의 구유의로서 5근을 주장하고 있다. 제6식의 구유의로 제7식은 물론 전5식을 들고 있다. 그 이유는 의식이 5식과 함께 할 때, 즉 5구의식(五俱意識)의 경우 전5식이 구유의가 되기 때문이다. 다만 독두의식의 경우 전5식과는 무관하므로 구유의가 아니다. 제7식의 구유의는 제8식이지만 제8식의 구유의는 없는데, 제8식의 경우는 항상 전변함이 없이 스스로 있을 수 있기 때문에 없다고 주장한다.[245]

다음으로 정월의 주장은 전7식에 대해서는 안혜와 동일하지만, 제8식에서 차이가 있다. 앞서 난타와 안혜는 제8식의 구유의가 없다고 했는데, 정월은 이를 비판하면서 제8식의 구유의를 현행식과 종자식으로 나누어 설하고 있다. 먼저 현행식의 경우 유색계(有色界)에 있을 때는 신체를 집

243) 후카우라 세이분(2012), p.239.

244) 『성유식론』(『대정장』31, 19c). 『성유식론술기』에서는 이를 주석하면서 10가지 힐난을 다음과 같이 이름붙이고 있다. 『성유식론술기』(『대정장』43, 382a), ①제계잡난란(諸界雜亂難), ②이종구비난(二種俱非難), ③사연상위난)(四緣相違難), ④근식계이난(根識繫異難), ⑤근통삼성난(根通三性難), ⑥근무집수난(根無執受難), ⑦오칠부제난(五七不齊難), ⑧삼의궐일난(三依闕一難), ⑨제근유종자난(諸根唯種子難), ⑩가위타구난(假為他救難)

245) 『성유식론』(『대정장』31, 20b)

지(執持)하고 색근(色根)에 의지해서 전전하므로 5근이 있다. 현행식의 경우는 제7식을 구유의로 하는데, 그 이유로서 항시 상속하므로 서로 구유의가 된다고 한다. 종자식의 경우는 제8현행을 구유의로 하고, 또 최초 훈습시 능훈(能薰)의 7전식(轉識) 현행(現行)을 구유의로 한다.[246] 정월의 설은 제8식을 현행과 종자 둘로 나누어 구유의를 고찰한 것이 특징이다.

법상유식에서는 호법의 설을 정설로 인정하고 있다. 호법은 각 식의 구유의에 대해 설하기 전에 구유의의 조건을 언급한다. ①결정(決定), ②유경(有境), ③위주(爲主), ④취자소연(取自所緣)의 네 가지가 그 조건이다.

① 결정(決定)이란 구유의가 되기 위해서는 어떤 경우에도 반드시 소의가 되어야 한다는 것이다. 이는 어떤 조건을 달지 않고 모든 경우에 구유의가 될 수 있을 때만 구유의라고 해야 한다는 것이다. 안혜 · 정월의 경우는 제6식의 구유의로 전5식을 들고 있는데, 이때 제6식은 5구의식만으로 한정하는 조건을 달기 때문에 이를 배제하는 것이다. 정월의 설에서 제8식의 경우 구유의를 현행식과 종자식의 경우로 나누어 설하므로 이 또한 배제하고 있다.

② 유경(有境)이란 구유의가 되는 것은 반드시 자신의 경(境)을 가져야 한다는 것이다. 이를 통해 정월의 설 중 제8식의 구유의에서 5근이 부정되고, 이 외에도 4대(大), 종자(種子), 무위(無爲), 명근(命根) 등이 배제된다.

③ 위주(爲主)란 구유의가 되는 것은 스스로 주(主)가 되어야 한다는 것이다. 여기에 부합되지 않는 대표적인 예는 심소이다. 심소는 다른 식의 소의가 될 수 없기 때문에 배제되고 심왕인 8식만이 구유의가 된다.

---

246) 『성유식론』(『대정장』31, 20b)

④ 취자소연(取自所緣)이란 능의(能依)인 식이 소연(所緣)의 경(境)을 취할 수 있어야 구유의가 된다는 것이다. 이것은 구유의가 되는 식(識)의 조건을 규정하는 것이라고 볼 수 있다. 정월의 경우 제8식 종자식의 구유의를 제8현행으로 보고 있는데, 이 경우 종자식은 비연려법(非緣慮法)이므로 스스로 소연을 취할 수 없기 때문에 구유의가 될 수 없다.[247]

호법은 이처럼 구유의가 되기 위한 4가지 조건을 규정한 후 자신의 설을 주장한다.[248] 호법설의 특징을 설명하면, 먼저 제8식인 아뢰야식은 모든 식의 구유의가 된다. 마찬가지로 제7식인 말나식도 다른 모든 식의 구유의가 된다. 이것은 심층식[제8식 · 제7식]과 현상식[전6식]이 함께 일어날 수 있다는 것만을 의미하지 않는다. 여기에는 더 중요한 의미가 있다. 그것은 앞서 구유의의 조건에서도 살펴봤듯이, 현상식이 일어나기 위해서는 반드시 심층식이 있어야 한다는 것이다. 식의 구기 조건이 심층식인 아뢰야식과 말나식이 된다는 점은 초기 및 부파불교에서는 설해지지 않았다.

각 논사들의 설은 이미 8식 구기를 전제로 해서 구유의에 대한 자신의 설을 전개하고 있지만 호법과 다른 세 논사의 설에는 근본적인 차이가 있다. 『성유식론』에 등장하는 10대 논사는 모두 유식논사이므로 식의 구기를 주장하는 것이 당연하다고 할 수 있겠지만, 호법과 다른 세 논사의 근본적인 차이는 결국 아뢰야식인 제8식을 어떻게 보는가에 관한 것이다.

---

247) 이에 대한 자세한 논의는 후카우라 세이분(2012), pp. 241-243 참조.

248) 호법의 구유의를 정리하면 다음과 같다. 김동화(2001), 『유식철학』, pp. 118-120 참조.
전5식의 구유의 4가지 : 색근(동경의), 제6식(分別依), 7식(染淨依), 8식(根本依)
제6식의 구유의 2가지 : 7식(구유의), 8식(근본의)
제7, 제8식 구유의 각 1가지 : 7식, 8식이 서로 구유의 호법 이외의 논사에 있어서는 제8식이 전6식[제6식 · 전5식]과 같이 일어날 수는 있어도 그것이 구기의 필요조건은 되지 않는다. 곧 제8식은 항시 상속하므로 전6식의 구기와는 상관이 없다. 그러나 호법은 전6식의 구유의로 제8식을 명시하고 있다. 그 이유는 무엇인가? 호법 이외의 세 논사는 제8식은 일류(一流)로 상속하므로 굳이 제8식을 명시하지 않아도 전6식과 함께 구기한다는 것이고, 호법은 제8식이 반드시 있어야만 전6식이 있을 수 있다는 입장이다. 어찌 보면 유사한 주장일 수도 있지만 여기에는 제8식을 보는 기본적인 입장차가 있다고 생각한다. 호법이 제8식은 다른 모든 식의 구유의(俱有依)가 된다고 적극적으로 주장하는 이유는 제8식이 모든 것에 관여한다는 점을 강조하고자 한 것이다.[249] 호법의 입장에서는 제8식이야말로 만법의 근원이므로 이 주장은 당연하다고 볼 수 있다. 따라서 전6식이 일어나기 위해서는 반드시 제8식이 있어야만 한다는 것은 아뢰야식과 같은 심층식의 중요성을 그대로 나타내는 것이며, 이는 유식불교 특히 호법에 있어서는 아뢰야식 중심으로 교리를 재해석하고 있다는 것을 의미한다. 결구 유식불교에 들어서 심식설의 일대 전환이 일어난 것으로 볼 수 있을 것이다.

(2) 식의 구기 증명

앞 절에서 8식이 구기할 수 있다는 것을 구유의에 대한 논의를 통해 살펴보았다. 제8아뢰야식과 제7말나식이 존재하고 항시 상속한다는 것은 유식불교만의 설로서, 현상식[전6식]의 배후에 늘 심층식[아뢰야식 · 말나

249) 호법은 구유의에 공의(共依)·불공의(不共依) 개념을 도입해서 제8식과 제7식·전6식의 관계를 세분했다. 예를 들면 전6식의 구유의로서 제8식은 공의(共依)가 된다. 여기서 공의란 다른 식과 함께 의지할 수 있다는 의미이다. 전6식과는 달리 제7식은 제8식을 불공의(不共依)로 삼는다. 후카우라 세이분(2012), p.246 참조.

식]이 작용하고 있다는 것을 말한다. 『성유식론』에는 아뢰야식의 존재를 입증하는 설로서 5교증(教證)과 10이증(理證)[250], 말나식의 존재 증명으로서 2교증과 6이증[251]이 언급되는 중에 아뢰야식과 말나식이 무시이래로 항시 상속한다고 설하고 있다. 이것은 항상 제8식과 제7식이 동시에 구기해서 상속하고 있다는 것을 의미한다.

가) 교증(教證)을 통한 증명

전6식이 모두 구기(俱起)할 때, 항시 상속하는 제8식 · 제7식과 함께 8식 모두가 동시에 일어날 수 있다는 것이 증명된다. 『성유식론』에 언급되는 내용을 중심으로 전6식의 구기를 고찰하기로 한다.

『성유식론』 권7에서는 『유식30송』의 제15송을 주석하면서 전6식이 현행할 때 6식이 동시에 구기(俱起)하는지 아닌지를 논하고 있다. 앞서 인용했던 『유식30송』의 제15송을 다시 인용하면 다음과 같다.

> 근본식(根本識)에 의지해서 5식은 연(緣)에 따라 나타난다. 혹은 함께 하거나 함께하지 않는다. 마치 파도가 물에 의지하는 것과 같다.

근본식이란 제8식을 말하고, 5식은 안식(眼識) · 이식(耳識) · 비식(鼻識) · 설식(舌識) · 신식(身識)을 말한다. 여기서 5식만 있고 제6의식이 거론되지 않은 이유는 5식 중 한 식이라도 일어나는 경우에는 의식이 같이 일어나기 때문에 언급되지 않는다.[252] 이 송(頌)에서 설하듯이 제8식과

250) 후카우라 세이분(2012), pp. 223-229 참조.

251) 후카우라 세이분(2012), pp. 276-280 참조.

252) 후카우라 세이분(2012), p.332.

전6식은 동시에 일어날 수 있다. 이 중 전5식은 연(緣)에 따라 전체 5식이 모두 일어날 수도 있고, 모두 일어나지 않을 수도 있다. 규기는 『성유식론술기』에서 이 제15송을 "제식구불구전상(諸識俱不俱相)"이라고 표현하고, 이 부분에서 식이 구기하거나 구기하지 않는 상(相)을 밝힌다고 하고 있다.[253]

또한 규기는 「오심장」에서 8식이 함께 일어날 수 있다는 것을 『유가사지론』을 인용하여 증명하고 있다.

> 『유가사지론』 등에서 설하길 8식은 일시에 함께 일어날 수 있기 때문이다.[254]

8식이 일시에 일어난다는 것은 전6식도 함께 구기한다는 것을 의미하는 것이다. 이에 대해 청범은 『오심의략기』에서 다음과 같이 주석하고 있다.

> 이것은 인용하여 증명하는 것이다. 『유가사지론』 51권, 『성유식론』[5권] 등에서 모두 이르길, 아뢰야식은 일시에 7식과 함께 전전한다고 하였다. 따라서 모든 식의 5심은 서로 전전하여 일시에 모두 일어난다는 것을 알라.[255]

여기서 청범은 『유가사지론』을 인용해서 8식 모두가 함께 일어날 수 있다고 하며, 이때 각 식의 5심도 함께 일어날 수 있다고 첨언하고 있다.

---

253) 『성유식론술기』(『대정장』43, 475c) 참조.

254) 『대승법원의림장』(『대정장』45, 257b)

255) 『오심의략기』(『대정장』71, 288a), 『유가사지론』(『대정장』30, 580c) 참조.

나) 5심을 통한 증명

식의 구기를 증명하는 또 다른 방법은 각 식의 3성(性)이 동시에 일어난다는 것을 입증하는 것이며, 이는 결국 5심을 통해 증명할 수 있다. 『유식30송』의 제8송에서는 제3능변식의 상(相)을 밝히고 있는데, 전6식에 3성(性)인 선(善) · 불선(不善) · 무기(無記)가 함께 있을 수 있다고 설한다.

> 제3능변은 6종의 구별이 있는데, 경(境)을 요별하는 것을 성(性)과 상(相)으로 하며, 선(善)·불선(不善)·무기[俱非]이다.[256]

전8식에서 3성의 구기(俱起)가 가능한 이유는 전6식은 3성 중 하나인 상태이고, 제7식은 항시 유부무기(有覆無記), 제8식은 무부무기(無覆無記)로서 같은 성(性)으로 일류상속하기 때문이다. 『성유식론』에서는 3성(性)의 구기에 대해 주석하면서, ①교증(敎證)과 ②이증(理證) 두 가지로 3성구기(三性俱起)를 증명하고 있다. ① 교증으로는 『유가사지론』의 글을 인용해서, 선정(禪定) 중에 소리를 듣고 출정(出定)한다고 할 때 제6식은 선정 중에 있으므로 선심이지만, 선정 중 최초로 소리를 듣는 이식(耳識)은 무기(無記)이기 때문에 3성이 구기할 수 있다고 한다.[257] ② 이증으로는 "솔이심과 등류심의 안식 등의 5식은 혹은 많거나 적게 함께 일어남이 인정되기 때문이다. 5식과 함께하는 의식은 반드시 함께 생하지만 선성 등이 같을 필요는 없기 때문이다."[258]라고 하면서, 전6식에 솔이심과 등류

256) 『성유식론』(『대정장』31, 26a)
257) 『성유식론』(『대정장』31, 26b)
258) 『성유식론』(『대정장』31, 26b)

심이 많거나 적게 일어나며 이때의 각 식의 성(性)이 각기 다를 수 있다고 하고 있다.

여기서 ②의 이증은 5심을 이용해서 3성(性)이 구기할 수 있다는 것을 논증하는 것이다. 여기서는 5심의 상태가 식마다 다르다고 설하고 있다. 규기는 『성유식론술기』에서 이에 대해 다음과 같이 주석한다.

> 가령 안식(眼識)이 의식과 함께 선(善)의 색경(色境)을 연하여 등류심에 이르러 다찰나에 걸쳐 선(善)이 된다. 이후 불선(不善)의 성경(聲境)이 현전해서 의식은 이식(耳識)과 같은 동연(同緣)이다. 비록 색경(色境)을 연해도 성경(聲境)이 수승해서 나아가 불선의 이식이 일어난다. 이제 그 불선의 이식이 생하고 이전의 안식은 선이고 이식은 불선으로 아직 멸하지 않는다. 이처럼 등류심이 다찰나에 걸쳐 생하고 나서 나아가 무기(無記)의 향경(香境)에 이른다. 나아가 의식은 비록 동연이지만 경이 강한 것을 따라 무기의 비식이 일어난다. 등류는 많고 솔이심은 적다. 혹은 전에 하나의 안식이 오래 끊어지지 않고, 이미 심구심이 일어나 이해하지 못한 것을 심구하지만 안식은 다시 거듭 보고 의식은 다시 심구하고, 심구는 아직 끝나지 않아 결정심이 일어나지 않는다. 이처럼 혹은 여러 솔이심이 있고, 후에 이식 등이 생하여 하나의 솔이심이 일어나고 나아가 곧 등류의 이식이 다음에 일어나기 때문에 솔이심이 다념이고 등류심은 적다. 5식이 함께 행하는 것을 인정하기 때문에 3성(性)이 병립할 수 있다. 또 풀이하면, 솔이심과 등류심 2심일 때 안식 등 5식 중 3, 4식 등 여러 식이나, 1, 2식 등이 적게 구기하는 것이 인정되기 때문에 5식은 1찰나이지만 3성(性)이 함께 할 수 있다.259)

---

259) 『성유식론술기』(『대정장』43, 419c)

여기서 안식은 선성(善性)의 색경(色境)을 연해서 의식과 함께 구기한 후, 불선(不善)의 성경(聲境), 무기의 향경(香境) 등이 잇달아 일어날 때 의식은 가장 강력한 경을 따라 3성이 바뀔 수 있다. 이때 각 5식은 선성, 불선, 무기의 상태이다. 따라서 전6식에서 3성은 동시에 구기할 수 있다고 하는 것이 그 내용이다. 전6식에서 3성이 구기할 수 있다는 것에는 이미 전6식이 구기한다는 전제조건이 포함되어 있다. 따라서 전6식에서 3성의 구기를 논하는 이 글은 전6식이 동시에 구기한다는 것을 포함하고 있다. 이를 증명하는 수단으로 5심을 통해 각 식의 상태를 표현하고 있는 점에 주목해야 한다.

〈그림〉을 보면, 의식은 전5식 중 안식, 이식, 비식 등과 같이 일어날 수 있다. 그런데 각 식의 3성(性)이 다르다는 것을 알 수 있다. 의식은 그때그때 가장 강력한 5식의 성(性)을 따른다. 이것은 결국 식의 동시 구기를 잘 표현하는 것이며, 5심을 통해 각 식이 동시에 일어나는 것을 좀 더 도식적으로 보여준다.

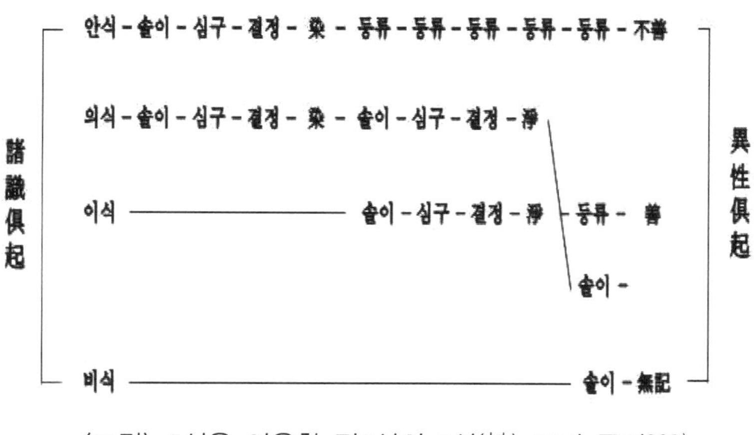

〈그림〉 5심을 이용한 전6식의 3성(性) 구기 증명[260)]

여기서는 거론되지 않지만 설식(舌識)과 신식(身識)도 동시에 같이 일어날 수 있다. 전6식이 구기할 수 있고, 제8식과 제7식도 일류(一流)로 상속해서 항시 구기하고 있으므로 8식 모두가 구기할 수 있다는 것이 5심을 통해 증명되는 것을 알 수 있다.

4) 식의 상속과 5심

(1) 개도의(開導依)에 대한 논의

가) 개도의의 의미

식의 세 가지 소의(所依) 중 개도의가 식(識)의 상속(相續)과 밀접한 관계가 있다고 앞에서 소개한 바 있다. 개도의의 의미는 후찰나의 식(識)이 일어나기 위해서는 반드시 전찰나의 식이 열어서[開] 인도[導]한다는 것이다. 이는 곧 식이 상속할 때의 의지처를 말하는 것으로서 전찰나의 심왕에 의지하여 다음 찰나의 식이 생한다는 것이다. 개도의는 등무간연의(等無間緣依)라고도 하는데,[261] 등무간연(等無間緣)과 등무간연의(等無間緣依)에 넓고 좁은[寬狹] 차이가 있다. 등무간연은 4연(緣)[262] 중의 하나로, 등무간연의(等無間緣依)는 등무간연에 의(依)라는 말을 더해서 식(識)에 대한 소의(所依)로 정의된다. 등무간연은 심왕과 심소에 통하지만[263], 등

---

260) 후카우라 세이분(2012), p.295 그림 인용.

261) '개도의'란 말은 『성유식론』에 처음 등장하는 반면 '등무간연의'는 유식불교 이전에도 사용되었다. 따라서 식의 3종 소의를 비롯한 개도의에 대한 논의는 유식불교 고유의 특징이라고 볼 수 있다.

262) 4연(緣)이란 인연(因緣), 등무간연(等無間緣), 소연연(所緣緣), 증상연(增上緣)을 말한다.

263) 등무간연에 대해서는 『성유식론』 7권에서 다음과 같이 설하고 있다. 『성유식론』(『대정장』31, 40b), "등무간연이란, 8가지 현행식 및 그 심소법의 전취가 후의 자

무간연의는 단지 심왕에만 통하고 심소에는 통하지 않는다. 등무간연이 이전 찰나의 심왕·심소가 후찰나의 심왕·심소를 이끌어 내는 관계인 반면 등무간연의는 그 관계에서 소의(所依)인 심왕만이 해당된다는 것을 의미한다.[264] 이 경우 심소가 배제되므로 등무간연이 등무간연의(等無間緣依)보다 그 범위가 넓다고 할 수 있다.[265] 등무간연의와 같은 뜻으로 쓰이는 개도의는 전찰나의 심(心)이 후찰나의 심(心)을 개피인도(開避引導)한다는 뜻으로서, 범어(梵語)의 음을 따서 만든 용어는 갈란다(krānta, 羯爛多)이고, 의미상으로는 차제연(次第緣)이라고 한다.[266]

나) 개도의에 대한 세 논사의 견해

『성유식론』 권4에서는 개도의에 대한 세 논사의 설을 차례로 설명하고

류를 무간(無間)에 동등하게 개도하여 그것을 반드시 생하게 하는 것을 말한다."

264) 이에 대해 太田久紀는 연(緣)은 대등한 관계로, 의(依)는 어느 한 쪽이 중심이 되는 관계로 파악하고 있다. 곧 등무간연의(等無間緣依)는 심왕이 중심이 되는 것을 말한다. 太田久紀(1977), 「成唯識論における開導依について」,『研究紀要』 11号(東京: 駒沢女子短期大学), pp. 3-13 참조.

265) 후카우라 세이분(深浦正文)은 종자가 전멸후생과 자류상생하는 면에서 등무간의(等無間依)는 될 수 있지만 등무간연의(等無間緣依)라고는 할 수 없다고 하면서, 종자는 등무간연의, 즉 개도의에서 제외된다고 밝히고 있다. 후카우라 세이분(2012), p.246 참조.

266) 『성유식론술기』에서는 다음과 같이 개도의와 등무간연의 어의(語義)를 설명하고 있다. 『성유식론술기』(『대정장』43, 379a), "이 개도의는 만약 개피라고 하면 두 가지 뜻이 다르지 않다. 여는 것[開]이 곧 피하는 것[避]이기 때문이다. 이제 개(開)라고 하는 것은, 그 처소를 떠나 곧 그 길을 여는 것이다. 거듭 도(導)라고 하는 것은 그것을 이끌어 생하게 하는 것이다. 인도하고 그것을 끌어들여 이곳에서 생하게 하기 때문이다. 범어로는 갈란다(羯爛多)라고 한다. 이것은 차제연이라고 말할 수 있다. …… 갈란다(krānta)는 차제(次第)라고 한다. 모름지기 차제(次第)란 발자저갈란다(pratikrānta, 鉢剌底羯爛多)를 말한다. 발자저(prati)는 순(順)이라는 뜻이다. 이 연(緣)은 이미 삼마난저라(samanantara)라고 하기 때문에 등무간연((等無間緣)이라고 한다. 삼(sam)은 등(等)이라는 뜻이고 마(ma)는 무(無)라는 뜻이다. 난저라는 간(間)이라는 뜻이기 때문이다."

있는데 구체적으로 누구인지에 대해서는 언급하지 않는다. 규기는 『성유식론술기』에서 이 세 논사를 난타(難陀), 안혜(安慧), 호법(護法)이라고 주석하고 있다.[267] 난타와 안혜가 식의 자류 및 타류 상속이 가능하다고 본 반면 호법은 식(識)의 자류 상속만을 주장한다. 『성유식론』에 언급되는 개도의에 대한 세 논사의 주장은 다음 〈표〉와 같이 정리할 수 있다.

〈표9〉를 보면 각 논사는 각 식의 개도의를 대부분 자류식으로 하는 것을 알 수 있다.

〈표9〉 개도의에 대한 세 논사의 견해[268]

	전5식	제6식	제7식	제8식
난타	제6식	자류식 전5식	자류식	자류식
안혜	자류식 제6식	자류식 제7식 제8식	자류식 제6식	자류식 제6식 제7식
호법	자류식	자류식	자류식	자류식

여기서 문제가 되는 것은 난타의 설로 난타는 전5식의 경우에 자류식이 개도의가 되지 않고 제6식이 개도의가 된다고 주장한다. 제6식, 제7식, 제8식이 자류 상속한다는 것은 세 논사 모두의 공통된 견해이다. 제7식과 제8식은 무시(無始)이래로 일류(一流)로 항시 상속하기 때문에 전찰나의 제7식이나 제8식이 후찰나의 자류식을 이끄는 것은 당연하다고 볼

267) 『성유식론요의등』에서는 서명(西明)의 설이라고 하며 두 번째 논사를 정월(淨月)이라고 소개하고 있다. 『성유식론요의등』(『대정장』43, 741a)

268) 太田久紀(1977), p.5 표 인용.

수 있다.

문제가 되는 난타의 설을 살펴보기 전에 우선 안혜의 설부터 고찰해보자. 안혜는 5식의 개도의에 자류식 외에 제6식을 추가한다. 그 이유로 5식이 일어날 때 항상 동시에 제6식도 작용하기 때문이라고 하고 있다.

제6식의 개도의에 제7식, 제8식이 있는 이유로 수면(隨眠)이나 민절(悶絕) 등 의식이 없는 무심위(無心位)의 문제를 해결하기 위해서라고 주장한다. 제6식이 없는 경우에도 제7식과 제8식이 항시 상속하고 있다가 민절 등에서 깨어날 경우 제6식을 이끌어주는 역할을 하기 때문이다.

제7식의 개도의에 제6식이 있는 이유로서 무루(無漏)로 전의(轉依)하는 평등성지(平等性智)가 일어날 때 반드시 제6식에 의지하기 때문이라고 안혜는 주장한다. 전의(轉依)할 때 제6식이 분별기(分別起)의 2장(障)을 끊고 견도(見道)에 들어가면서 2공(空)의 무루지(無漏智)가 일어나는데 이것이 제6식 상응의 묘관찰지(妙觀察智)이다. 묘관찰지의 2공 무루가 제7식 상응의 2집(執)을 일어나지 못하도록 하기 때문에, 제6식 상응의 묘관찰지에 이끌려서 제7무루지인 평등성지(平等性智)가 일어난다.[269] 이를 근거로 해서 안혜는 전의(轉依) 시에는 제7식의 개도의로 제6식을 들고 있는 것이다.

제8식의 개도의에 제6식과 제7식이 있는 이유는 제7식의 경우와 유사하다. 제8식이 무루로 전의하는 대원경지(大圓鏡智)가 일어날 때 제6식, 제7식에 의지하기 때문이다.[270] 제8식의 무루지인 대원경지는 성소작지(成所作智)와 더불어 구경위(究竟位), 즉 불과(佛果)의 초찰나에 일시에 증득한다. 이때 제6식, 제7식의 무루지인 묘관찰지와 평등성지가 이를 이

269) 후카우라 세이분(2012), p.472 참조.

270) 『성유식론』(『대정장』31, 21b) 참조.

끌기 때문에 제6식과 제7식이 개도의가 된다고 하는 것이 안혜의 주장이다.[271]

정설로 간주되는 호법설을 고찰해보자. 호법은 모든 식의 개도의가 자류라고 하고 있다. 이 호법설에서는 여러 식들이 함께 일어나기[俱起] 위해서는 반드시 자류상속(自流相續)해야 한다. 이를 통해 난타나 안혜의 주장처럼 다른 식[他識]에 의해 자류의 식[自識]이 개도되는 것을 부정한다.

다) 호법의 개도의 조건

호법은 왜 식(識)의 자류상속을 주장하는가. 초기 및 아비달마 불교의 전통에서는 식은 6종의 식 뿐이고 식체(識體) 역시 하나이다. 안이비설신의(眼耳鼻舌身意)의 식체는 하나로 간주된다. 이에 대해 유식불교에서는 아뢰야식과 말나식을 추가하여 8식을 주장하고 있는데 이때 8종의 식이 과연 어떤 형태로 존재하고, 상속해가는지를 해명하는 것이 법상유식의 과제인 것이다.

개도의에 대한 호법의 설은 어떠한 특징이 있는가. 『성유식론』에서 호법은 개도의가 될 수 있는 조건을 다음의 3가지 범주로 한정하고 있다.

> 개도의는 유연법(有緣法)이며, 주(主)로 삼으며, 등무간연(等無間緣)이 되는 것을 말한다.[272]

개도의의 조건은 유연법, 주(主), 등무간연의 세 가지이며, 이에 대해

---

271) 후카우라 세이분(2012), p.472 참조.

272) 『성유식론』(『대정장』31, 21b)

『성유식론술기』에서는 다음과 같이 풀이한다.

> 개도의란 ① 유연법을 말하는데, 법체가 있으면 유연법이다. 색(色), 불상응행(不相應行), 무위법(無爲法)을 배제한다. 소연이 있고 힘이 있는 것은 이끌어 생할 수 있기 때문이다. ② 주(主)가 아닌 것, 즉 일체의 심소법을 배제한다. 그것[심소]은 주(主)가 아니기 때문이다. 주(主)란 힘이 있음을 요하여 비로소 의지처로 삼을 수 있다. ③ 등무간연이 될 수 있게 한다는 것은 이류(異類)의 타식(他識)이 이 식(識)의 의지처가 되는 것을 배제하며, 혹은 자류의 식의 후심(後心)이 전심(前心)을 의지처로 삼는 것을 배제한다. 심(心)이 함께 할 때 심소가 의지처가 될 수 없다. 모두 개도할 수 없기 때문이다. 따라서 등무간연이라고 하는 것은 오직 자류 만이다.[273)]

① 유연법(有緣法)이란 능연(能緣)의 법으로서 색법(色法), 불상응행법(不相應行法), 무위법(無爲法)이 배제되고 오직 심법(心法) 만이 가능하고, ② 주(主)가 아닌 것을 배제함으로써 심법 중 심소법이 제외되어 오직 심왕인 식(識)만이 개도의가 될 수 있으며, ③ 이류(異流)의 타식(他識)과 자류의 후심(後心)을 배제함으로써 오로지 자류의 식만이 개도하는 것이다. 또 자류(自流)에서도 역차(逆次), 즉 거꾸로 후찰나의 심이 전찰나의 심을 개도할 수는 없다고 한다.

결론적으로 심왕인 식(識)만이 개도할 수 있으며, 오직 자류의 식 만이 자류를 개도할 수 있다. 이에 대해 『성유식론』에서는 함께 일어나는[俱有] 식과 자류의 식을 구별해서 오직 자류만이 개도의가 된다고 부언하고 있다.

---

273) 『성유식론술기』(『대정장』43, 390a)

만약 이것이 저것과 함께 일어난다는 뜻이 없으면 이것은 저것에 대해 개도력이 있다고 설한다. 일신의 8식이 이미 함께 일어나는 것이 인정되는데 어찌 다른 부류를 개도의로 삼겠는가.[274]

8식은 서로 구유의[증상연의]가 되기 때문에 각 식들은 다른 식을 개도할 수 없다. 식이 자류로 상속하기 위해서는 같은 식이 구기할 수 없다. 예를 들어, 안식(眼識)이 일어날 때 동일한 안식이 동시에 구기(俱起)할 수는 없다. 전찰나의 안식이 다음 찰나의 안식을 개도하기 때문에 어느 한 찰나에 2개의 안식이 있을 수 없다는 것이다.[275] 이를 통해 개도의와 구유의의 근본적인 차이를 알 수 있다. 구유의는 식이 동시에 함께 있는 것을 말하고, 개도의는 식의 자류상속 즉 연속성에 대한 것이므로 두 소의(所依)는 상호보완적이다. 이처럼 호법은 식의 두 가지 소의(所依)를 통해 8식이 서로 같이 존재[俱有]하고, 각각 자류의 식으로 끊임없이 상속한다는 것을 밝히고자 하였다.

호법의 설에서 자류식만이 개도의가 된다고 할 때, 전5식이나 제6식처럼 간단(間斷)이 있는 식(識)은 과연 어떻게 상속하는 것일까. 이것은 두 번째 논사인 안혜설에서 전5식의 개도의로 제6식이 있고, 제6식의 개도의로 제7식 · 제8식이 있다고 하는 주장과 관련이 있다. 안혜는 의식이 민절(悶絕)한 후 깨어날 때 제7식 · 제8식이 개도의가 된다고 주장하기 때문이다. 이에 대해 호법은 다음과 같이 주장한다.

무심위(無心位)인 수면(隨眠)과 민절(悶絶) 등의 위(位)에서 의식이

274) 『성유식론』(『대정장』31, 21b)
275) 『성유식론』(『대정장』31, 21b)

비록 단절되지만 후에 일어날 때 그것의 개도의는 곧 이전의 자기부류이다. 중단되는 5식도 역시 그렇다고 알아야한다. 자류심이 중간에 격(隔)이 없으므로 무간(無間)이라고 하기 때문이다. 그것이 멸할 때 이미 지금의 식(識)에 대해 개도가 되기 때문이다.276)

전5식이나 제6식이 비록 끊어진다 해도, 간단(間斷)하기 직전 자류심이 나중에 일어나는 심(心)을 개도한다는 주장이다. 이때 자류심의 중간에 간격이 없어서 무간(無間)이라고 할 수 있기 때문에 등무간연의[개도의]의 뜻에 위배되지 않는다.

라) 난타의 전5식 개도의

난타는 다른 논사와는 달리 전(前)5식의 개도의를 제6식이라고 하면서 자류의 식이 개도의가 될 수 없다고 주장한다. 이 주장은 결국 전5식의 자류 상속을 부정하는 것이다. 일반적으로 대상과 마주치는 전5식 다음 찰나에 의식이 일어나므로 난타의 설은 상식적일 수 있는데, 실제 이 주장은 『유가사지론』에 의거한 것이다.

『성유식론』에서는 개도의에 대한 난타의 주장을 다음과 같이 설하고 있다.

5식은 자류식 및 타류식이 전후에 상속하지 않기 때문에, 반드시 제6식이 이끌어 생(生)하게 하기 때문에 오직 제6식을 개도의로 삼는다.277)

---

276) 『성유식론』(『대정장』31, 21c)

277) 『성유식론』(『대정장』31, 21a), 여기서 '자기[自] 식 및 다른[他] 식'이란 전5식 중의 한 식을 말한다. 예를 들어, 안식(眼識)이 일어나지만 전후에 상속하지 않으므로 다음 찰나에 사라지는데 이를 '자(自)'라고 했고, 사라진 안식(眼識) 이후 이식(耳識)

『성유식론』에서는 난타가 주장하는 설의 근거를 별도로 언급하지는 않는다. 규기는 『성유식론술기』에서 난타의 주장이 『유가사지론』 권1에서 "5식은 오직 일찰나만을 요별한다."고 하는 글과 『유가사지론』 권3 「의지」의 "또 5식신은 2찰나가 있어 함께 생하는 것이 아니라, 또한 전전하여 직후[無間]에 발생하는 것도 아니다. …… 또 일찰나에 5식이 생하고 나서 이 직후에 반드시 의식이 발생한다."라는 글에 근거를 두고 있다고 한다.278)

따라서 난타가 『유가사지론』의 글을 교증으로 해서 5식이 상속하지 않는다고 주장했음을 알 수 있다. 난타 주장의 핵심은 5식이 찰나멸해서 상속할 수 없다는 사실이며, 상식적으로 5식과 의식의 관계를 따져 보면 쉽게 이해할 수 있다. 5식은 원래 무분별한 식이므로 대상에 대한 지각 작용만 하지 그 대상이 무엇인지와 같은 판단작용을 할 수 없다. 5식은 대상을 감각적으로 수용하고 찰나에 사라지고 바로 다음 찰나에 제6식이 5식이 수용한 대상에 대해 심구하고 판단하는 작용을 한다는 것이다.

마) 난타설에 대한 비판

전5식의 자류 상속여부는 중요하다. 난타가 『유가사지론』을 인용하여 주장하듯이 전5식이 상속하지 않고 찰나멸해서 단절한다고 하면 법상유식에서 정설로 여기는 모든 식의 자류상속은 가능하지 않기 때문이다. 앞의 〈표〉에 정리한 것처럼 난타는 유일하게 5식의 자류상속이 불가능하다고 주장한다. 이에 대해 안혜는 난타의 주장을 비판하고 전5식이 자류상속한

이나 비식(鼻識) 등의 일어나는 것을 '타(他)'라고 한 것이다. 결국 같은 식이 전후에 상속하지 않고 다음 찰나에 다른 식이 대신 상속하는 것도 아니라는 뜻이다.

278) 『성유식론술기』(『대정장』43, 387c)

다는 것을 논증하고자 했다. 안혜의 반박이기는 하지만 『성유식론』에서는 5식의 개도의가 6식이라는 난타의 설을 비판하는 안혜의 주장을 그대로 수용해서 설하고 있다.279)

안혜는 다음과 같이 세 가지 경우를 예로 들며 난타를 비판한다.

> ① 만약 자재위(自在位)라면 부처 등과 같이 경(境)에 대해 자재하고 [5]근(根)들이 서로 수용하여[諸根互用], 저절로[임운] 결정하여 심구를 빌리지 않는다. 그 5식신이 어찌 상속하지 않겠는가?280)

> ② 등류의 5식은 이미 결정심, 염정심, 작의세력이 인생하여, 오로지 소연[대상]에 주목하여 잠깐이라도 버릴 수 없는데 어찌 다찰나[念] 상속을 인정하지 않는가? 281)

> ③ 만약 증성(增盛)한 경(境)이 상속하여 현전하면 신(身)과 심(心)을 핍탈하여 잠시도 버릴 수 없을 때에도 5식신은 이치상 반드시 상속한다. 열지옥(熱地獄)이나 희망천(戱忘天) 등과 같다.282)

①에서 안혜는 난타의 설이 자재위에서는 성립하지 않는 것을 예로 들면서 그 주장을 논파한다. 난타의 설이 맞다면 자재위에서도 5식은 상속하지 않고 바로 제6의식이 일어나야 한다. 안혜가 난타의 주장을 비판하

279) 『성유식론』에서는 전5식의 불상속에 대해 안혜가 난타를 비판하는 부분은 인정하지만, 제6식의 개도의를 제7식 · 제8식으로 보는 등 타식이 자류의 식을 개도할 수 있다는 안혜의 주장에 대해서는 마찬가지로 비판하고 있다.

280) 『성유식론』(『대정장』31, 21a)

281) 『성유식론』(『대정장』31, 21a)

282) 『성유식론』(『대정장』31, 21a)

는 근거는 다음과 같다. 자재위란 8지(地)이상부터 부처의 위(位)까지를 말하며, 이 위(位)에서는 5근(根)이 인식대상에 대해 자재하다. 자재하다는 것은 안식(眼識)이 소리를 듣거나 냄새를 맡을 수 있고 혹은 이식(耳識) 등이 보거나 냄새를 맡을 수 있다는 것이다. 이를 "근(根)들이 서로 수용한다[諸根互用]."고 한다. 자재위에서 5식은 자기의 대상[境]이 미전의위(未轉依位)에서처럼 각각 따로 있지 않다. 나아가 제6의식의 심구하는 작용 역시 자재위에서는 필요하지 않다. 심구할 필요 없이 대상이 무엇인지 저절로[任運] 알기 때문에 다음 찰나에 제6의식이 발생하지 않아도 된다. 전5식이나 제6의식은 각각 자기 근(根)의 대상 뿐 아니라 다른 식(識)의 대상을 서로 수용하면서 다찰나 상속한다. 안혜는 자재위의 경우를 들어 난타의 설이 인정되지 않으므로 전5식은 자류상속하고 전5식의 개도의 역시 전5식이라고 주장한다.

②에서는 5식이 등류로 상속하는 것을 밝히고 있다. ①은 범부가 아닌 각자(覺者)의 경우를 예로 든 것이지만, 여기서는 일반 범부이 경우도 5식이 상속할 수 있다고 한다. 가령 불상(佛像)을 계속 보는 것처럼 한 가지 대상에 집중할 때 안식과 의식은 함께 상속한다는 것이다. 『성유식론』에서는 이를 다음과 같이 표현하고 있다.

> 이미 안식이 있을 때 의식이 없는 것이 아니다. 따라서 2식이 서로 상속하여 발생하는 것이 아니다.283)

난타의 주장처럼 안식이 끊어진 후 의식이 일어나 상속하게 되면 안식과 의식은 서로에 대해 등무간연의[개도의]가 된다. 이 주장을 비판하며

283) 『성유식론』(『대정장』31, 21a)

안식과 의식은 동시에 함께 일어난다는 것을 밝히고 있다. 안혜는 전5식이 의식과 함께 하므로 단절되지 않고 상속한다고 주장한다.

③에서는 5식이 강력한 대상[境]을 만났을 때 반드시 상속한다고 한다. 지속적인 고통이나 쾌락이 5식신(識身)에 주어질 때는 5식은 상속한다는 것이다. 이를 위해 끊임없는 고통이나 쾌락을 주는 열지옥(熱地獄), 희망천(戱忘天)[284] 등을 예로 들고 있다.

『성유식론』에서는 난타를 비판하면서 전5식은 상속한다는 안혜의 주장을 그대로 수용해서 호법의 정설인 자류상속의 사례로 삼고 있다. 안혜의 세 가지 주장이 일견 납득이 가기고 하면서도 납득하지 못할 수도 있다. ①은 과위(果位)에 해당하므로 그 경지를 이해하기 어렵고, ②의 경우처럼 어느 하나의 대상에 온전히 집중하거나 ③의 경우처럼 쾌락과 고통이 지속될 때 5식과 의식이 동시에 존재한다는 것은 이해할 수 있다. 그렇지만 전5식의 자류상속을 증명하기에는 어딘가 미흡하다는 생각이 든다. 따라서 전5식의 자류상속에 대한 또 다른 설명이 필요하다고 볼 수 있는데, 규기는 이를 5심을 통해 입증하고자 했다.

(2) 전6식과 5심의 관계

5심이 처음 설해진 논서는 『유가사지론』이지만 그 내용은 매우 한정적이다.[285] 『성유식론』에서는 『유가사지론』에 언급된 5심을 토대로, 개도의라든지 전6식의 3성(性) 및 3수(受)의 구기 등을 밝힐 때 5심을 적절하

284) 열지옥에서는 고통이 지속되므로 전5식이 계속 일어나고, 희망천은 육욕의 즐거움에 빠져 전5식이 계속 일어난다는 주장이다.

285) 『유가사지론』에서 5심이 언급되는 곳은 「본지분」 권1 「오식신상응지」와 권3 「의지」에서이다.

게 활용하고 있다. 개도의는 식의 자류 상속을 표명하고 있고, 식의 상속에 있어 그 식체가 처한 일시적인 상태가 거론된다. 식의 일시적 상태를 표현할 때 구체적인 분위(分位)를 나타내는 5심을 이용하여 분석적인 통찰이 가능하다. 예를 들어 8식 종자설의 경우, 종자가 전변하여 현행을 일으키고, 현행이 종자를 훈습하는 과정은 실제 식물의 종자가 싹이 나고 다시 열매를 맺는 과정에 비유함으로써 좀 더 생생하게 묘사할 수 있다. 마찬가지로 8식 전체가 상속하는 과정을 그냥 전찰나의 식이 후찰나로 상속한다고만 표현하기에는 묘사에 한계가 있다. 식들의 역동적인 상속의 과정을 기술하는 데 있어 좀 더 구체적인 무엇이 필요했으리라 생각한다. 특히 우리가 갑자기 나타난 어떤 대상을 인식하고 그것이 무엇인지를 따져본 후 그것의 정체를 확인하고 결정하는 인식의 과정을 단지 전찰나의 식이 후찰나로 이어져 상속해서 전전한다고만 기술하기에는 부족함이 있는 것이다. 앞서 살펴본 바와 같이 심소와는 달리 일상적인 식의 작용을 나타나기 위해 5심과 9심이 도입됐으며, 이를 통해 순차적 인식작용을 표현할 수 있다. 나아가 유식불교에서는 식의 상속 과정을 자세히 묘사하여 그것을 기존 유식설과 결합하고자 한 것이다.

그러면 5심이 식의 자류상속을 증명하는데 있어 어떻게 활용될 수 있는지를 고찰해보기로 한다. 우선 5심이 처음 언급되는 『유가사지론』 권1 「오식신상응지」의 다음 글을 다시 한 번 살펴보자.

> (A) 안식(眼識)이 생하는 때로부터 3심을 얻을 수 있다. 순서대로 솔이심, 심구심, 결정심이다. ① 처음 것은 안식에 있고 ② 둘은 의식에 있다. 결정심 후에 비로소 ③ 염정심이 있다. ④ 이후 마침내 등류심이 있다.[286]

이 글에서 5심의 순서 말고도 중요한 내용이 등장한다. 솔이심이 안식에 있고, 뒤의 심구심과 결정심이 의식에 있다고 하는 것이다.

(B) 안식이 선(善)이나 불선(不善)으로 전전하지만 ⑤ 그것은 스스로의 분별력으로 인한 것이 아니다. 내지 이 의식은 다른 경(境)으로 나아가지 않고 얼마만큼의 시(時)가 경과해서 안식과 의식 2식은 혹은 선이나 염오로 상속하여 전전한다. ⑥ 안식이 발생하듯이 내지 신식도 그렇다는 것을 알아야 한다.

바로 이어지는 위의 글에서 알 수 있는 것은 안식은 자체의 분별력이 없고 오직 의식과 함께 할 때 분별력을 갖는다는 것이다. 안식 뿐 아니라 전5식 모두 분별할 수 있는 능력이 없어서 판단할 수 없다. (A)와 (B)의 내용을 통해 『유가사지론』에서 언급하는 5심의 특성을 정리하면 다음과 같다.

① 솔이심은 안식(眼識)에 있다.
② 심구심과 결정심은 의식(意識)에 있다.
③ 안식(眼識)에는 염정심이 있다.
④ 안식(眼識)에는 등류심이 있다.
⑤ 안식(眼識)에는 심구심이 없다.
⑥ 안식(眼識) 뿐 아니라 전5식 모두 마찬가지이다.

이를 토대로 전6식과 5심의 관계를 나타내면 다음과 같다.

286) 『유가사지론』(『대정장』30, 280a)

5심	솔이심 → 심구심 → 결정심 → 염정심 → 등류심
전6식	전5식 → 의식 → 의식 → 전5식, 의식 → 전5식, 의식

여기서 명확한 것은 전5식에 솔이심만 있고, 바로 다음 찰나에 의식이 일어난다는 것이다. 이 내용은 정확히 개도의에 대한 난타의 설과 일치한다. 이와 관련되어 『유가사지론』 권3 「의지」의 글을 살펴보도록 하자.

> ① 5식신은 2찰나가 있어 함께 생하는 것이 아니며, 또한 전전하여 직후[無間]에 발생하는 것도 아니다. ② 또 일찰나에 5식이 생하고 나서 이 직후에 반드시 의식이 발생한다. ③ 이 직후에 혹시 산란하면 이식(耳識)[의 솔이심]이 발생하거나 혹은 다른 5식 중 하나를 따라 발생한다. ④ 만약 산란하지 않으면 반드시 의식에 [심구심에 이어] 두 번째인 결정심이 생한다. 이 심구심과 결정심 둘은 의식에 있기 때문에 경계를 분별하고 또 2종의 인(因)에 의한 것이기 때문에 혹은 염오나 선법이 생한다. 분별하기 때문이며 또 이전에 이끌어 진 것이기 때문이다. 의식 중에 있는 것은 2종의 인(因)에 의한 것이다. 5식에 있는 것은 오로지 이전에 이끌어진 것으로 인하기 때문이다. 왜 그러한가? ⑤ [5식은] 염오나 선(善)의 의식의 힘에 의해 이끌어지기 때문에 이 직후에 안식 등의 식에 염오나 선법이 발생한다. 분별로 인한 것이 아니다. 그것은 무분별이기 때문이다. ⑥ 이러한 도리로 인해 안식 등의 식이 의식을 따라 전전한다고 한다.287)

위의 글을 통해서 알 수 있는 것은 「오식신상응지」와 마찬가지로 5식

287) 『유가사지론』(『대정장』30, 291b)

이 일찰나이며 직후에 반드시 의식이 발생한다는 것으로 정리하면 다음과 같다.

① 5식신은 일찰나이다.
② 일찰나 후에 의식(意識)이 발생한다.
③ 산란하면 다시 5식[솔이심]이 발생한다.
④ 산란하지 않으면 의식(意識)에 심구심과 결정심이 발생한다.
⑤ 5식에 있는 염정심은 의식(意識)에 의해 이끌어진 것이다.
⑥ 안식(眼識) 등이 의식(意識)을 따라 전전한다.

여기서 ①~③은 솔이심이 일찰나에 걸쳐 전5식에 있다고 하는 것이고, ④는 의식에 심구심과 결정심이 있다는 것이며, ⑤와 ⑥은 전5식과 의식에 염정심과 등류심이 있다는 것이다. 마찬가지로 전6식과 5심의 관계를 나타내면 다음과 같다.

5심	솔이심 → 심구심 → 결정심 → 염정심 → 등류심
전6식	전5식 → 의식 → 의식 → 전5식, 의식 → 전5식, 의식
	일찰나

『유가사지론』의 「오식신상응지」와 「의지」에 나오는 글을 차례로 살펴보았는데, 동일한 주장이 반복되고 있다는 것을 확인할 수 있다. 「의지」의 글에서 추가적으로 알 수 있는 것은 '5식의 솔이심은 오직 일찰나'라는 것이다.

이를 〈표10〉으로 나타내면 다음과 같다.

〈표10〉 5식과 6식의 5심 유무(O : 있음, X : 없음)

	솔이심	심구심	결정심	염정심	등류심
전5식	O 일찰나	X	X	O	O
제6식	X	O	O	O	O

여기서 문제가 되는 것은 『유가사지론』의 글로서, 난타는 이에 의거하여 솔이심이 전5식에만 있고 심구심이 제6식에 있으며, 전5식의 찰나멸 직후에 의식이 발생한다고 주장한다.[288] 『유가사지론』 「오식신상응지」와 「의지」의 글은 난타의 주장처럼 식의 자류상속을 부정하는 교증으로 사용되고 있기 때문에 법상유식 논사들은 이를 해결하기 위해서 어떤 방법을 모색해야 했다.

앞의 〈표〉를 참조해서 보면, 전5식이 자류상속한다는 것을 주장하기 위해서는 전5식에도 솔이심에 이어 심구심-결정심이 잇달아 일어난다는 것이 입증되면 된다. 또한 제6식에 솔이심이 없다는 것의 반박으로 전5식과 동일 찰나에 솔이심이 있다는 것을 입증하면 된다. 이 조건들이 충족되면 식의 자류상속이 가능하게 되어 난타의 설이 부정되는 것이다. 따라서 이를 다음과 같이 정리할 수 있다.

① 전5식에도 심구심, 결정심이 있을 것.
② 제6식에도 솔이심이 있을 것.
③ 제6식의 솔이심도 전5식과 마찬가지로 일찰나일 것.

288) 앞서 살펴보았듯이 난타가 전5식의 개도의로 제6식을 들고 있는 주장과 일치한다.

여기서 염정심과 등류심은 전5식이나 제6식 모두에 있다고 했으므로 별도의 증명이 필요하지 않다. 위의 세 가지 증명의 근거에 대해 「오심장」과 『오심의략기』를 중심으로 고찰하기로 한다.

(3) 식의 자류상속과 관련된 3가지 조건

가) 전5식의 심구심과 결정심 존재 증명

부파불교에서는 전5식에 대상이 무엇인지 파악하는 심구 작용이 없고, 5구의식(五俱意識)에 그 작용이 있다고 설한다. 이를 5심으로 표현하면 전5식에는 심구심과 결정심이 없고, 제6식에는 이 두 심이 있다고 할 수 있다. 5심과 심소를 관련지으면 심구심은 부정심소의 심구 · 사찰 심소, 결정심은 별경심소의 승해심소와 관련이 있다. 전5식과 심구 · 사찰 및 승해 심소는 서로 상응하지 않는다.

식의 자류상속을 주장하는 호법설을 계승한 규기는 전5식에 심구심과 결정심이 있다는 것을 밝히고자 하였다. 앞서 규기 등 법상논사가 전5식에 심구심과 결정심이 존재한다고 주장한다고 하였는데, 이들 논사가 어떻게 전5식의 심구심과 결정심이 있다는 것을 입증하고자 했는지 알아보자.

먼저 5식의 심구심에 대해, 규기는 『대승법원의림장』 「오심장」의 제3문인 '8식유무문(八識有無門)'에서 다음과 같이 설하고 있다.

> 보고 들어도 아직 이해하지 못한 것을 심구하는 동안 5식이 의식을 따라 전전해서 역시 심구심이 있다. 희망[욕구]이 있기 때문이다. 그렇지 않으면 이 심은 5식에 속하지 않아야 한다. 솔이심이 일찰나이고 결정심은 아직 발생하지 않았는데, 심구심이 없다면 곧 큰 과실이 있다.289)

규기의 주장에 의하면, 솔이심이 발생한 후 바로 5식이 멸하는 것이 아니라 의식과 함께 전전하면서 의식이 심구심을 일으킬 때 5식도 같이 심구심을 일으킨다는 것이다. 위의 글에서 "희망이 있기 때문이다."라는 것은 별경심소인 욕(欲)심소가 있다고 하는 것이다. 또한 의식이 심구하는 동안 5식도 미세하게나마 같이 심구하며, 결정심이 일어나기 전까지는 심구심이 있다고 한다.

청범도 『오심의략기』에서 5식에 심구심이 있다는 규기의 주장에 대해 다음과 같이 부연(敷衍)한다.

> 우선 예를 들어 안식의 솔이심 이후 의식은 직후에 심구가 아직 끝나지 않은 동안 안식은 거듭해서 본다. 그때 결정심은 일어나지 않는다. 안식과 의식 2식은 함께 전전한다. 어째서 인정하지 않는가? 심구하는 의식을 따라 전전하여 5식에 또한 심구심이 있다. 이 이치에 의거해서 5식에 역시 심구심이 있음을 알 것이다.290)

그렇지만 여기에는 반론이 있을 수 있는데, 그것은 바로 심구심의 기능인 심구·사찰하는 작용이 전5식에는 없으므로 심구심이 있을 수 없다고 하는 것이다. 유식불교에서 심(尋)·사(伺) 심소는 오직 6식에만 있다고 설하기 때문이다. 비록 심구심이 심왕의 한 분위(分位)이므로 일반 심소와는 다르다 해도, 전5식에는 심구하는 기능이 없으므로 심구심이 없어야 할 것이다. 이에 대해 규기는 「오심장」에서 다음과 같이 변론하고 있다.

---

289) 『대승법원의림장』(『대정장』45, 256b)

290) 『오심의략기』(『대정장』71, 278c)

5식신에 심(尋)과 사(伺)가 있다는 것은 넓은 [의미의] 심구심이며, 심(尋)과 사(伺)가 없다 해도 욕(欲)심소와 함께 하므로 또한 심구심이 있다고 설하는 것이다.[291)]

이 변론의 요지는 5식에도 넓은 의미에서 심(尋) · 사(伺) 작용에 해당하는 미세한 심구심이 있다는 것이다. 이 경우 5식의 심구심은 심(尋) · 사(伺) 심소를 기반으로 작동하는 것이 아니라 5식에 작용하는 별경심소인 욕(欲)심소[292)]와 함께하므로 미세한 심구심이 있다고 한다. 별경심소의 특성 상 갖가지 경(境)을 연해서 일어날 수 있기 때문에 심구심과 함께 일어날 수 있는 것이다.

아울러 규기는 『성유식론술기』에서 선정 중에 목련존자가 코끼리가 울부짖는 소리를 듣고 후에 출정하는 것을 5식의 심구심이 존재한다는 사례로 들고 있다. 선정에 든 상태에서 의식은 작용하지 않지만, 이식(耳識)이 작용하여 소리를 듣고 나중에 출정을 희망하는데, 출정하기 직전까지 이식의 심구심이 다찰나로 상속한다고 해석한다.[293)]

이처럼 5식의 심구심이 있다고 하는 주장은 두 가지로 정리된다.

① 전5식에는 심구 · 사찰심소는 없지만 미세한 심구심이 있다.

---

291) 『대승법원의림장』(『대정장』45, 256b)

292) 전5식과 상응하는 심소는 5변행심소, 5별경심소, 번뇌와 수번뇌 심소 포함 34가지이다. 심(尋)·사(伺)는 부정심소로서 제6식과만 상응하고 전5식에서는 작용하지 않는다. 전5식에 심(尋)·사(伺)가 없으므로 이에 기반한 심구심이 없는 것이 당연하다. 규기는 이를 해결하기 위해 별경심소 중 욕(欲) 심소를 기반으로 미세한 심구심이 있다고 확장 해석하고 있다. 심구심 등이 전5식에 있다는 주장을 하기 위한 장치라고 볼 수 있다. 마찬가지의 방법으로 솔이심이 제6식에도 있다는 것을 증명하고자 했다.

293) 『성유식론술기』(『대정장』43, 420a) 참조.

② 전5식에는 별경심소인 욕(欲)심소가 있어서 대상을 알기를 희망한다.

따라서 전5식에서 알려고 희망하는 욕(欲)심소가 그 바탕이 되므로 심구심이 있다고 하는 주장이다.

다음으로 전5식의 결정심 존재 여부에 대해서 규기는 심구심 이후에 바로 염정심으로 넘어가지 않는다고 하면서, 다찰나에 걸친 심구심과 염정심 사이에 결정심이 존재한다고 주장한다.

> 결정의 의식이 이미 다찰나임을 인정하고 염정심이 아직 발생하지 않았다면 5식이 의식을 따라 전전한다. 만약 결정심이 아니라면 또한 어떤 심이겠는가?[294]

의식의 결정심이 다찰나에 걸쳐 상속하는 동안[295] 아직 염정심은 발생하지 않을 때, 5식 역시 의식을 따라 전전하는데 이때의 5식은 의식과 동일한 결정심의 상태라는 것이다. 여기서 알 수 있는 것은 의식과 5식이 함께 전전하며, 이때 결정심은 다찰나에 걸쳐 상속한다는 것이다.[296] 청범은 『오심의략기』에서 이 부분을 주석하면서 규기와 동일하게 결정심의 다찰나를 주장하면서 결정심이 승해심소와 상응[297]한다고 하고 있다.

---

294) 『대승법원의림장』(『대정장』45, 256b)

295) 대상이 무엇인지 결정을 내리기 위해서 여러 찰나에 걸쳐 그것이 무엇인지 파악하므로 결정심은 다찰나에 걸쳐 일어난다.

296) 『오심의략기』(『대정장』71, 278a), "이것은 5식이 의식을 따라 결정심이 있음을 밝히는 것이다. 문) 5식에 어찌 결정심이 있는가? 심구심은 이미 낙사했고, 염정심은 아직 발생하지 않을 때 5식은 의식을 따라 전전한다. 만약 결정심이 없다면 또 어떤 심이 생하겠는가? 또 승해[심소]와 함께 상응하기 때문이다."

이상으로 전5식에 심구심과 결정심이 존재한다고 하는 주장을 살펴보았다. 여기서의 특징은 전5식의 심구심을 욕(欲)심소와 관련지어 심구심이 존재한다고 하는 것이다. 결정심에 대해서는 심구심과 염정심 사이에서 의식과 같이 전전하다 결정심이 생긴다고 하고 있다. 이러한 논의는 일견 납득하기 어려운 점이 있다. 그 이유는 『유가사지론』에 나오는 전5식과 제6식의 관계를 5심으로 설명하는 한정된 내용에 기초해서 기술하다보니 자의적인 해석 부분도 존재하는 것 같다. 그러나 당시 유식논사들은 전5식의 심구심·결정심의 존재를 증명하고자 다각적으로 노력한 것으로 보인다.

나) 제6식의 솔이심 존재 증명

제6식에 솔이심이 있다는 것을 증명하기 위해서는, 의식의 특성상 5구의식이나 독생의식으로 나뉘므로 그 각각에 솔이심이 있다는 것을 밝혀야 한다. 먼저 5구의식의 솔이심에 대해 고찰하기로 한다. 『유가사지론』에는 원래 제6식의 솔이심에 대한 언급은 없고 단지 전5식에 솔이심이 있다고 했다. 그런데 규기는 「오심장」의 둘째 문인 '변상문(辯相門)'에서 솔이심의 상(相)을 밝히면서 의식에 솔이심이 있다고 하고 있다. 「오심장」의 내용을 먼저 살펴보면,

> 우선 가령 안식이 최초로 경(境)에 떨어질 때 솔이타심이라 한다. 동시의 의식은 이전에 이것을 아직 연하지 않다가 지금 최초로 같이 일어나기에 솔이심이라 한다.[298)]

297) 승해심소 역시 별경심소로서 전5식에서 작용한다. 결정심이 제6식에만 있지 않고, 별경심소 중 승해심소에 의해 전5식에도 있을 수 있다는 주장이다.

위 글에서 "안식이 최초로 경(境)에 떨어질 때 솔이심이 일어난다."는 것은 이미 『유가사지론』에서 설한 내용이다. 전5식은 색(色)·성(聲)·향(香)·미(味)·촉(觸) 같은 외부 대상을 취한다. 이때 의식이 어떻게 작용하는지에 대해, 유식에서는 의식을 두 가지로 나눈다. 하나는 5식과 함께하는 의식[五俱意識]이고, 다른 하나는 의식 홀로 일어나는 의식[獨頭意識]이다. 여기서 규기가 언급한 것은 '동시의 의식'이라고 했으므로 결국 5구의식이다. 결국 '동시 의식'의 솔이심이란 5구의식의 솔이심을 말한다. 이에 대해 규기는 『유가사지론』「의지」를 인용하여 논지를 펼치고 있다.

> 『유가사지론』 권3에서 이르길, "의식이 저절로 산란해서 아직 습득하지 않은 경(境)을 연할 때, 욕(欲)[심소] 등이 생하지 않는다. 이때의 의식을 솔이타심이라 한다." 욕(欲) 등이 생하는 일이 있다면 심구심 등에 포함되기 때문이다.[299]

따옴표 친 부분이 『유가사지론』에서 인용한 부분인데 그 원문은 다음과 같다.

> 의식이 저절로 산란해서 아직 습득하지 않은 경을 연할 때, 욕(欲)[심소] 등이 생하지 않는다. 이때의 의식을 솔이타심이라 한다. **오직 과거의 경을 연한다.** 5식 직후에 생하는 의식은 혹은 심구이거나 혹은 결정이다. 오직 현재의 경을 연한다고 설해야한다. 만약 이것이라면 저 경(境)을 연해서 생한다.[300] (밑줄 및 강조는 필자)

298) 『대승법원의림장』(『대정장』71, 256a)
299) 『대승법원의림장』(『대정장』71, 256a)

『유가사지론』의 원문을 보면 “이때의 의식을 솔이타심이라 한다.” 이후에 밑줄 친 부분에 “오직 과거의 경을 연한다.”라는 글이 있는데 규기는 「오심장」에서 이 부분을 의도적으로 생략하였다.[301] 만약 이 문장을 앞부분에 붙이게 되면 의식의 솔이심이 오직 과거의 경을 연한다고 해석할 수 있으며, 그 뒤의 글인 “5식 직후에 생하는 의식은 혹은 심구이거나 혹은 결정이다.”라는 글은 당연히 “오직 현재의 경을 연한다.”라는 글로 이어진다. 따라서 의식의 솔이심은 과거의 경을 연하는 것이고, 의식의 심구심과 결정심은 현재의 경을 연하는 것으로 해석이 가능하다. 『유가사지론』의 산스끄리뜨본의 글[302]과 티벳본 글[303]을 확인하면 “오직 과거의

300) 『유가사지론』(『대정장』30, 291b)

301) 박인성은 의식의 솔이심, 특히 전5식과 함께하는 의식[5구의식]의 솔이심이 있다는 것을 증명하기 위해 규기가 『유가사지론』의 글의 일부분을 생략한 것에 초점을 맞춰, 『유가사지론』, 『유가사지론약찬』, 『유가론기』 등을 자세히 대조한 후, 규기가 왜 일부분만 인용했는지를 밝히고 있다. 또한 『유가사지론약찬』에 나오는 둘째 논사의 견해가 규기의 견해라는 것을 밝히면서, 전5식의 경계가 오후(五後)의식의 본질이라는 둘째 논사의 견해로부터 의식의 솔이심이 5식과 동시에 일어나는 의식의 솔이심이라는 것을 논증하였다. 이는 곧 변상문의 솔이심 부분이 5구의식에 솔이심이 있다는 것을 밝히고자 한 것으로 보았다. 이에 대한 자세한 글은 다음 논문 참조. 박인성(2009), 「의식의 솔이심에 대한 규기의 해석」, 『불교학보』 제51집(서울: 동국대학교 불교문화연구원), pp 67-89.

302) “tatra manovijñāne ‘nābhogavikṣipte’ saṃstutālambane nāsti chandādīnāṃ pravṛttiḥ /tac ca manovijñānamaupanipātikaṃ vaktavyamatītālamabanameva/pacānāṃ vijñānakāyanāṃ samanantarotpannaṃ manaḥparyeṣakaṃ niścitaṃ vā vartamānaviṣayam eva vaktavyaṃ/tac cet tad viṣayālamabanam eva tadbhavati //”)(Ācārya Asaṇga, The Yogācārabhūmi, edited by Vidhushekhara Bhattacharaya, University of Calcutta, 1957. p.58)

303) 티벳본의 해당 부분은 다음과 같다. (밑줄 부분 참조)
“그런데 의식(意識)이 노력함이 없이 산란하게 되거나 대상에 익숙해지지 않았을 경우 ‘욕구(dun pa)’ 등이 생겨나지 않는다. 그 의식은 솔이심(nye bar gnas ba las byung ba)이라고 말해야 하는데, 오직 과거를 대상으로 할 뿐이다. 5식 후에 곧바로 생겨난 의식의 경우 심구(tshol ba)·결정은 만일 그 대상이 그 인식 대상이라면 현재의 인식 주체일 뿐이라고 말한다.” (“de la yid kyi rnam par shes pa rtsol ba med cing med cing cing / rnam par g.yeng bar gyur pa dang /

경을 연한다."는 글은 앞부분에 귀속되므로 결과적으로 의식의 솔이심은 과거의 경을 연한다는 뜻이 된다. 그러므로 규기는 「오심장」에서 의도적으로 "오직 과거의 경을 연한다."는 문장을 생략해서 의식에 솔이심이 있다고 주장하는 것이다. 이때의 의식은 전5식과 함께 일어나는 5구의식을 의미한다. 그런데 만약 『유가사지론』의 범문이나 티벳문처럼 '의식의 솔이심이 과거의 경을 연하게' 되면 5구의식이라고 보기 어렵게 된다. 이 경우 의식에 솔이심이 있다고 해도 5식과 함께 일어나는 것이 아니게 되므로, 규기는 의도적으로 뒷부분을 생략하였다.

이에 대해 청범은 『오심의략기』에서 "증명이 되지 않기 때문에 규기가 생략했다."[304]고 말하고, 이어서 규기의 또 다른 저술인 『유가사지론약찬』으로부터 두 논사의 설을 인용한다.

『유가사지론약찬』의 첫 번째 논사의 주장을 정리해보면, 의식이 최초로 경을 연할 때 솔이심이 일어나는데, 이때 이미 경험한 경(境)을 연하므로 과거의 경(境)을 연한다고 하고 있다.[305] 청범은 이것은 결국 독생

---

dmigs pa ma ma 'dris pa la ni 'dun pa la sogs pa 'jug pa med med do do / / yid kyi rnam par shes pa de ni nye bar gnas ba las byung ba zhes brjod par byas te / 'das pa la la dmigs pa kho na'o / / rnam par shes pa'i tshogs lnga po dag gi mjug thogs su byung ba'i yid la tshol ba 'am / nges pa ni gal te / de'i yul de'i dmigs pa yin na / da ltar gyi yul can kho na zhes zhes bya'o / ") (sde dge: (D. 4035) sems tsam, tshi 1b1-283a7)

304) 『오심의략기』(『대정장』71, 273c)

305) 『유가사지론약찬』에 나오는 첫 번째 논사의 설은 다음과 같다.
『유가사지론약찬』(『대정장』43, 21b), "① 의식은 강하게 분별하지 않기에 저절로 생하고 정(定)에 있지 않기에 산란하게 생한다. 만약 아직 습득하지 않은 경(境)을 연한다면 별경심소인 욕(欲) [심소] 등과 함께 생하지 않는다. 그 때의 의식은 최초로 경(境)을 연하기에 솔이타심이라 한다. 희망함이 없기 때문에 미래를 연한다고 하지 않는다. ② 비록 현재를 연할지라도, 단지 이미 경험한 경(境)의 종류이기 때문에 오직 과거의 경(境)을 연한다고 하는 것이다. 이것은 독생의식을 말한다. 최초의 솔이심이 일으킨 행상이, 과거의 경(境)의 종류를 연하므로 과거를 연한다고 한다. ③ 만약 [의식이] 강하게 분별하고, 정(定)에 있는 심이 이미 습득한

의식(獨生意識)이 과거의 경(境)을 연한다고 결론지으면서 규기와는 다른 견해라고 덧붙인다.

『유가사지론약찬』의 두 번째 논사의 주장은, 의식의 솔이심은 현재의 경(境)을 연하므로, "오직 과거의 경(境)을 연(緣)한다."를 뒤의 심구심과 결정심 2심에 귀속시키도록 길게 읽어야 한다고 주장한다. 이렇게 되면 의식의 솔이심은 현재의 경(境)을 연(緣)하고, 의식의 심구심, 결정심은 과거의 경(境)을 연(緣)하게 된다.306) 청범은 이 둘째 논사의 설이 「오심장」의 규기의 견해와 일치한다는 결론을 내리면서 이를 정설로 인정하고 있다.

경(境)을 연하고, 욕 등과 함께한다면, 이 의식의 솔이심은 세(世)를 연하는 것이 일정하지 않다."

이에 대해 박인성은 첫째 논사의 설을 세 부분으로 나누어서 해석하고 있는데, 각각 ① 5구의식의 솔이심, ② 독생의식의 솔이심, ③ 오후의식의 심구심과 결정심으로 나누었으며, 이때 본문에서 강조한 "오직 과거의 경을 연한다."는 것을 ②인 독생의식에 귀속시켜서 풀이하고 있다. 박인성(2009), pp. 73-76 참조.

306) 『유가사지론약찬』의 두 번째 설은 다음과 같다.
『유가사지론약찬』(『대정장』71, 21c), " '솔이타심이라 한다.' 이전은 의식의 솔이타심을 풀이하는 것이다. 이제까지 아직 의식의 솔이심을 풀이하지 않았기 때문이다. 만약 강하게 분별하는 것이고 정(定)의 심이고 이미 습득된 경(境)이라면, 욕 등이 생하는 일이 있다. 이때의 의식은 솔이심이라 하지 않는다. '만약 임운하게 내지 욕(欲) 등이 생하는 일이 없다.'면 비로소 솔이심이라고 하기 때문이다. 지금까지 아직 의식의 솔이심에 대해 설하지 않았으므로 지금 설하는 것이다.…… 그 의식의 솔이심은 현재의 경(境)을 연하는데 그 이치를 왜 의심하는가? 과거라고 하면 곧 힐난을 초래할 것이다. 따라서 '오직 과거를 연한다.' 이하의 [문장은] 심구심과 결정심 2심에 귀속할 수 있도록 길게 읽어야 한다." 또한 박인성은 둘째 논사가 『유가사지론』의 "오직 과거의 경을 연한다."를 뒤로 붙여서 풀이하고 있는데 이렇게 되면 5식 직후에 생하는 의식의 심구심과 결정심은 과거의 경을 연하거나 현재의 경을 연하는 두 경우 모두에 해당된다고 하면서 이를 약찬의 글을 인용해서 다음과 같이 풀이하고 있다. 오후의식의 심구심과 결정심은 전찰나의 5식의 본질의 경계, 즉 본질 상분(相分)인 과거의 경을 연하고, 그리고 이 심구심과 결정심은 자체가 변현한 현재의 경계, 즉 영상 상분(相分)인 현재의 경을 연한다고 볼 수 있다고 하고 있다. 따라서 박인성은 이를 규기의 주장으로 보고, 규기가 5식과 동시의식의 솔이심이 있다는 것을 주장하고자 한 것으로 결론짓고 있다. 박인성(2009), pp. 76-78.

『유가사지론』 원문의 “오직 과거의 경을 연한다.”를 뒤로 붙여 해석하는 것은 규기 뿐 아니라 후대 「오심장」의 주석가들도 모두 규기가 독해한 방식으로 논지를 전개하고 있다.307) 이를 통해 5식과 함께 하는 의식[오구의식]의 솔이심이 존재하며, 5식의 솔이심과 같은 찰나에 발생한다는 것을 규기나 후대 논사들이 입증하고자 했다고 볼 수 있다.

5구의식에 솔이심이 있다는 교증으로 규기는 「오심장」에서 『해심밀경』과 『유가사지론』을 인용하여 증명한다.

> 『해심밀경』과 『유가사지론』 권76 「결택분」에서 설하기를, 5식과 동시에 반드시 하나의 분별의식이 동시[俱時]에 전전함이 있다. 따라서 안식과 함께하는 의식을 솔이심이라 한다. 최초로 경(境)에 떨어지기 때문이다. 이것[솔이심]은 이미 최초로 연하는 것이다.308)

여기서 규기가 인용하는 『해심밀경』과 『유가사지론』의 글에서는 단지 5구의식이 존재한다는 내용만 있지 솔이심에 대한 언급은 없다. 5구의식에 솔이심이 있다는 것은 규기 자신의 주장일 뿐이다. 규기가 인용하는 『해심밀경』의 원문은 다음과 같다.

> 이를테면 안식(眼識), 이식(耳識), 비식(鼻識), 설식(舌識), 신식(身識), 의식(意識)이다. 이 식에서, 안[근]과 색[경]이 연이 되어 안식을 생한다. 안식과 함께 행하고 동시이며 같은 경(境)을 따라 분별하는 의식이 전전한다. ......(중략)...... 만약 그때 2, 3, 4, 5식의 식신들이 전전하면, 곧 이때 오직 하나의 분별의식이 있어서 5식신과 같은 경

307) 박인성(2009), p.72.

308) 『대승법원의림장』(『대정장』45, 256a)

[同所]에서 행하고 전전한다.[309)]

여기서는 단지 전5식과 의식이 동시에 일어나는 것을 나타내고 있는데, 5식 중 하나의 근(根)과 경(境)이 연(緣)이 되어 5식(識)을 생할 때 의식이 함께 행(行)한다고 하면서 5구의식의 존재를 설명한다. 그럼에도 청범은 이 부분이 바로 5구의식의 솔이심을 증명하고 있는 곳이라고 주장한다. 규기와 청범의 주장은 5구의식이 5식과 함께 일어나므로, 5식에 솔이심이 일어날 때 의식에도 솔이심이 일어난다는 것을 주장하고 싶은 것이다. 『유가사지론약찬』에는 의식의 솔이심이 존재하는지에 대해 다른 논사의 설도 소개되어 있으므로 이에 대해서는 다른 견해도 있다는 것을 알 수 있다.

이상의 논의를 통해 유식논사들 간에 의식의 솔이심의 존재하는지 여부와, 의식의 솔이심이 5구의식에 존재하는지 독생의식에 존재하는지에 대한 논쟁이 있어 왔으며, 5구의식에 솔이심이 존재한다는 규기의 주장이 법상유식의 정설로 내려오고 있음을 알 수 있다.

앞서 말했듯이 의식에 솔이심이 있다는 것을 증명하기 위해서는 5구(五俱)의식과 독생(獨生)의식 모두에 솔이심이 있음을 밝혀야 한다. 5구의식에 솔이심이 있다는 것을 청범은 『유가사지론약찬』의 두 논사 중 둘째 논사의 설로서 증명했다. 그런데 첫째 논사의 주장은 독생의식의 솔이심에 대한 증명이지만 이것은 정설이 아니므로 수용할 수 없음에도 청범은 다음과 같이 모호한 글로써 독생의식에 솔이심이 있다고 주장하고 있다.

---

309) 『해심밀경』의 해당하는 문장은 다음과 같다. 『유가사지론』 76권에서는 『해심밀경』의 글을 그대로 인용했으므로 동일한 내용이다. 『해심밀경』(『대정장』16, 692b)

『유가사지론』으로 5구의식의 솔이심을 직접적으로 증명하고, 독생의식의 솔이심을 간접적으로 증명[傍證]하는 것이다.[310]

청범의 주장은 5구의식에 솔이심이 있다는 것이 직접적으로 증명되면 당연히 독생의식에도 솔이심이 있다고 하는 것이다.[311]

이상으로 규기가 5구의식의 솔이심을 증명하기 위해 『유가사지론』의 글을 일부 생략하면서 독해하고 있음을 알 수 있다. 또한 후대 논사들은 이를 정설로 인정하면서 제6의식에 솔이심이 있다는 것을 밝히고자 했다. 이로부터 법상유식 논사들이 『유가사지론』의 글을 자신의 주장을 입증하기 위해 여러 가지 방법으로 재해석해 왔다는 것을 알 수 있다.

다) 솔이심의 일찰나 증명

전5식과 제6식이 동시에 구기하고 자류상속하기 위해서는 두 식의 솔이심이 같은 찰나에 있어야 한다. 원래 식이 자류상속하기 위해서 굳이 전5식과 제6식의 5심이 같은 찰나에 있을 필요는 없다. 그러나 의식의 솔이심 중 5구의식의 솔이심에 대해 논하면서 5구의식은 5식과 같이 일어난다고 했으므로, 당연히 두 식의 솔이심은 같은 찰나에 있어야 하고

310) 『오심의략기』(『대정장』71, 274a)

311) 청범은 의적(義寂)의 견해라고 하면서, 솔이심이 종류를 1) 5식의 솔이심, 2) 독생의식의 솔이심, 3) 5식과 동시의 의식(五俱意識)의 솔이심 등 3종이 있음을 밝히고 있다. 또한 앞에 인용한 『유가사지론』3권으로 독생의식의 솔이심을 증명하고, 『해심밀경』으로 5구의식의 솔이심을 증명한다고 하고 있다. 그러나 규기는 『유가사지론』 권3의 인용문을 통해 5구의식의 솔이심을 증명한 것이지 독생의식의 솔이심에 대해서는 언급하지 않았다. 다만, 독생의식의 솔이심은 과거를 연하기 때문에 첫 번째 논사의 설을 독생의식의 솔이심이라고 하면서 수용하는 것 같다. 따라서 청범은 독생의식의 솔이심에 대해서는 간접적으로 증명[傍證]한다고 덧붙이고 있는 것이다.

이에 대한 증명이 필요하다. 만약 전5식과 제6식의 솔이심이 각각 다른 찰나에 일어난다면 전5식와 제6식의 솔이심 중 하나는 다찰나에 걸치게 될 것이다. 즉 전5식의 솔이심이 일찰나인데 제6식의 솔이심은 다찰나가 되거나, 반대로 전5식의 솔이심이 다찰나이고 제6식의 솔이심은 일찰나라면 식의 자류상속에 대한 또 다른 형태의 반론이 제기될 수 있을 것이다.

규기는 「오심장」의 '찰나다소문(剎那多少門)'에서 5심이 몇 찰나에 걸쳐 있을 수 있는지를 논한다. 식의 자류상속을 옹호하는 입장에서는 전5식과 제6식이 일어나는 찰나는 일치해야하기 때문이다.[312]

> 5식의 솔이심은 오직 일찰나이다. 『유가사지론』 권3에서 이르길, "또 5식신에는 서로 따르고[相隨] 함께 생하는[俱生]하는 두 찰나가 있지 않다."[313]

앞서 난타가 『유가사지론』 권1의 문장을 인용하여 5식이 오직 일찰나라고 한 것을, 여기서는 5식의 솔이심이 일찰나라고 바꿔서 풀이하고 있다. 그러면 제6식의 솔이심은 몇 찰나인가? 5식과 동시에 전전하려면 6식의 솔이심도 동일한 일찰나이지 않으면 안 될 것이다.

5식의 솔이심이 일찰나임을 밝힌 데 이어 계속해서 다음과 같이 설한다.

---

312) 이와 같은 논의의 필요상 규기는 『대승법원의림장』 「오심장」에서 5심 각각의 찰나를 논하는 한 문[一門]을 세웠을 것으로 생각해 볼 수도 있을 것이다. 제4문인 찰나다소문에서는 5심 각각의 찰나에 대해 언급하고 있다. 솔이심은 일찰나이지만 나머지 4심은 전5식이나 제6식 모두 다찰나에 걸친다. 이렇게 보면, 5심의 이러한 특성은 『유가사지론』에 등장하는 5심에 대한 한정된 글에 맞게끔 후대에 아마도 규기가 중심이 되어 조직했다고 볼 수 있다.

313) 『대승법원의림장』(『대정장』45, 256b)

① 독생(獨生)의식이나 5구(五俱)의식의 솔이심의 위(位)는 역시 일찰나이다. 『유가사지론』 권1에서 앞의 3심에서 처음 것은 5식에 있고, [뒤의] 둘은 의식에 있다고 설하였다. 『유가사지론』 권3에서도 역시 의식에 솔이심이 있다고 설하였다. 비록 다시 상반되지만 이어서 2심은 반드시 의식에 있기 때문이다. ② 최초의 일찰나[念]에서 생략하여 의식에 역시 솔이심이 있다고 설하지 않았는데 오직[唯]이란 글자가 없으므로 이치가 역시 부정되지 않는다.[314]

이 글에 의하면, ① 의식의 솔이심 또한 일찰나이다. 청범은 이를 주석하면서 5구의식이나 독생의식이 정위(定位)에 있거나 산위(散位)에 있거나 관계없이 솔이심은 일찰나[315]라고 덧붙이고 있다. ② 최초의 일찰나에 5식의 솔이심이 있을 뿐 아니라 의식의 솔이심도 일찰나에 같이 있는데 의식에 솔이심이 있다는 것을 『유가사지론』 원문에서 생략했다는 것이다. 청범은 이 부분을 주석하면서 솔이심이 일찰나인 이유를 다음과 같이 들고 있다. 즉, 솔이심이 최초로 경(境)에 떨어져서 일어나기 때문에, 제2찰나 이후에서는 반드시 전찰나를 심구하거나 결정하므로 후찰나에는 솔이심이 없다는 것이다.[316] 이와 같이 솔이심은 전5식과 제6식에서 동일한 일찰나라고 주장하고 동시에 솔이심의 특성상 항시 상속하는 제7식, 제8식에서도 또한 일찰나라고 하고 있다.

이상으로 식의 자류상속을 5심을 통하여 입증하였다. 이 논의는 난타가 말하는 전5식은 스스로 개도의가 될 수 없다는 주장에 대한 반론으로

314) 『대승법원의림장』(『대정장』45, 256b)
315) 『오심의략기』(『대정장』71, 281b)
316) 『오심의략기』(『대정장』71, 281b)

서 제시된 것이며, (1) 전5식에 심구심과 결정심이 있고, (2) 제6식에 솔이심이 있으며, (3) 솔이심이 일찰나임을 밝히고 있다. 따라서 전5식과 제6식에는 5심이 모두 존재하며, 특히 전5식과 제6식이 홀연히 경(境)에 떨어질 때 동일한 찰나에 솔이심이 같이 일어난다는 것이 입증되는 것이다.

개도의는 식의 자류상속을 말하는 것으로 호법설처럼 전5식과 제6식이 자류로 상속하고, 나아가 항시 상속하는 제7식, 제8식도 자류상속하므로 8식 모두가 자류상속한다는 것을 5심을 통해 논증하고자 했다. 식의 자류상속은 식의 구기가 바탕이 될 때 가능하므로, 유식불교의 특징인 식의 구기와 자류상속은 심식설에 있어 근본적인 변화를 가져왔다고 볼 수 있다.

5) 식의 구기와 상속의 관점에서 본 9심

유식불교에서 구유의는 식의 구기, 개도의는 식의 상속을 논하는 것을 확인하였다. 심식설 변천의 내용을 구체적으로 확인하는 일환으로, 구유의와 개도의에 대한 논의를 남방상좌부 9심[17 인식과정]으로 확대해서 고찰해보기로 한다.

(1) 구유의와 9심

구유의 논의를 9심설에 적용하기 전에, 호법이 설한 구유의의 네 가지 조건을 여기서 다시 열거해보면 ① 결정(決定), ② 유경(有境), ③ 위주(爲主), ④ 취자소연(取自所緣)이다. 구유의는 여러 식이 동시에 일어날 수 있는 조건에 대한 것이므로 하나의 식체만을 주장하는 남방 상좌부의

9심설에 적용하기에는 곤란함이 있겠지만 식체의 일이(一異)문제와 관련해서 정확한 논점을 드러내기 위해 이를 고찰할 필요가 있다.

① 결정의 의미에서 보면 9심설은 구유의의 조건을 충족하지 못한다. '결정'이란 어떤 경우에도 반드시 한 식은 다른 식의 소의가 되어야 하는데, 9심설에서는 식이 17가지 과정으로 진행함에 따라 어떤 경우는 유분식의 소의가 전6식이고, 반대로 전6식의 소의는 유분식이 되기도 한다. 이 경우 식체가 하나이므로 한 식이 일어날 때 다른 식은 단절된다. 한 식이 단절되는 경우 그 식은 다른 식과 동시에 존재하지 못하여 구유의가 될 수 없으므로 '결정'의 조건에 위배된다.

② 유경(有境)이란 구유의가 되기 위해서는 반드시 자신의 경(境)을 가질 수 있어야 한다는 것이다. 9심설에서는 전6식과 유분식의 경우에 각각 자신의 경을 별도로 가질 수 있으므로 이 조건은 충족된다.

③ 위주(爲主)란 스스로 주(主)가 되어 경을 취하는 것이다. 원래 이 내용은 심왕만 남기고 심소를 배제하기 위한 것인데, 9심설에서 전6식이나 유분식은 모두 심왕으로 주(主)가 될 수 있으므로 이 조건은 충족된다.

④ 취자소연(取自所緣)이란 식(識) 자신의 경(境)을 취할 수 있을 때 구유의가 된다는 것을 의미한다. 호법이 이 조건을 제시한 이유는 종자를 배제하기 위한 것이다. 따라서 취자소연의 조건은 종자설과 무관한 9심에 있어서는 의미가 없으므로 이 조건의 충족여부와 상관이 없다.

9심설은 이상 ②~④의 조건을 일부 충족한다 해도 구유의의 가장 중요한 첫 번째 조건인 '결정'을 충족하지 못하므로 9심의 식들은 서로 구유의가 될 수 없다. 식체가 하나이므로 당연한 귀결이지만, 구유의에 대한 호법의 조건이 그만큼 논리적으로 완결성이 있다는 것을 보여주는 일례이기도 하다.

(2) 개도의와 9심

다음으로 개도의를 9심설에 적용해보자. 호법이 설한 개도의의 조건은 세 가지로서 ① 유연(有緣), ② 주(主), ③ 등무간연이다.

① 유연은 능연으로서 식이 직접 대상을 연할 수 있다는 것이다. 호법은 색법이나 불상응행법, 무위법 등을 배제하기 위해 유연을 설하였다. 식의 특징 중 하나가 대상을 연하는 것이므로 9심설의 식도 유연의 조건을 만족한다.

② 주(主)는 심왕을 말하고 심소를 배제하기 위한 것이다. 9심설의 식도 심왕에 해당하므로 이 조건도 만족한다.

③ 등무간연은 오직 자류의 식만이 자류를 이끌므로 타식(他識)이 자식(自識)의 의치처가 되는 것을 배제하는 것이다. 유식불교의 식체는 8가지로서 각각이 별체이고 각 식체는 등무간연으로 흐른다. 앞의 유연이나 주(主)의 경우 9심설의 식체에도 적용할 수 있지만, 세 번째 조건인 등무간연의 경우는 구체적으로 고찰할 필요가 있다.

9심설에서 유분식은 현상식인 전5식 · 제6의식의 의지처가 된다. 유분식은 심층식으로서 역할을 하면서 이숙식 및 윤회의 과정에서 결생식의 의미도 있다. 9심에서 유분식은 유식불교의 아뢰야식과 비슷한 역할을 한다고 볼 수 있다. 유분식과 전6식의 관계는 어떠한지 살펴보기로 한다.

9심설에서는 5문전향과 의문전향을 나누고 있는데 문(門)을 유식용어의 식(識)으로 대치하면 다음과 같이 표현할 수 있다. 5문전향의 경우 전5식과 제6식이 순차적으로 일어나지만, 의문전향에서는 제6식만이 일어난다.

이를 도시하면 다음과 같다.

5문전향 : 유분식 → 전5식 → 제6식 → 유분식
의문전향 : 유분식 → 제6식 → 유분식

개도의의 세 번째 조건인 등무간연의 정의처럼 전찰나의 자류의 식이 후찰나를 이끈다는 것을 여기에 적용해보자.

먼저 5문전향은 다음과 같이 표현될 수 있다. 전5식은 유분식을 소의(所依)로 해서 일어나고, 제6식은 전5식을 소의로 해서 일어나며, 유분식은 제6식을 소의로 해서 일어나게 된다. 이때 유분식은 유식의 아뢰야식처럼 별도의 식체로서 항상 상속하지 않는다. 『아비담맛타상가하』에서 유분식은 단절된다고 하기 때문이다. 심층식으로서의 유분식은 아뢰야식처럼 일류(一流)로 항시 상속하는 개념은 아닌 것이다.

의문전향도 5문전향과 마찬가지이다. 다만 의문전향은 전5식과는 무관하므로 이때 유분식은 제6식의 등무간연이 되고, 제6식은 유분식의 등무간연이 된다고 표현할 수 있다.

유식에서 논의하는 개도의의 주장을 9심설[17 인식과정]에 적용해서 파악하면, 난타의 주장과 유사하게 타식(他識)은 자식(自識)의 등무간연이 될 수 있다. 유분식은 전5식의 등무간연이 되고, 전5식은 제6식의 등무간연이 되며, 제6식은 유분식의 등무간연이 된다고 표현할 수 있다. 이것은 결국 호법이 설하는 자류의 식만이 등무간연이 될 수 있다는 개도의의 세 번째 조건에 위배된다.

이 논의에서 알 수 있는 것은 9심설의 경우 난타가 주장하는 이른바 전5식 → 제6식의 이류(異流) 상속과 유사하다는 것이다. 그러나 난타는 유식논사이므로 식의 구기(俱起)와 자류상속(自流相續)을 일부 인정했고 단지 전5식과 제6의식의 관계만으로 한정해서 타류상속을 논했을 뿐이다. 개도의를 논하는 방식으로 9심[17 인식과정]을 살펴보면, 남방 상좌부의 식체는 결국 자류식과 타류식으로 나눌 수 없는 단일 식체로 이루어졌다는 것을 재차 확인할 수 있다. 식체가 단일하므로 구유의가 있을 수 없고, 개도의의 관점에서는 하나의 식체에 여러 작용이 순차적으로 나타날 뿐이다. 그러므로 9심[17 인식과정]에는 심층식인 유분식이 5식[五門]의 작용, 의식[意門]의 작용과 찰나를 달리해서 순차적으로 등장할 수밖에 없는 구조를 갖는다. 5심과 9심의 비교를 통해 본 상좌부의 심식설은 식체가 다분화되지 않은 부파불교의 심식설이 그대로 담겨있으며, 유식불교와는 큰 구조적 차이가 있다는 것을 확인할 수 있다.

6) 법상유식 심식론의 특징과 규기의 기여

지금까지 논의한 심식론의 변천과정을 간략하게 정리한 후, 법상유식의 심식론에 규기가 어떠한 기여를 했는지를 살펴보기로 한다.

부파불교와 유식불교 간의 심식론의 변천과정을 남방 상좌부의 9심과 유식불교의 5심의 차이를 중심으로 고찰한 결과 근원적 변화가 있었다는 것을 알 수 있다. 양자 간의 가장 큰 차이는 식체의 다분화 및 식의 동시구기에 있다.

상좌부의 9심은 2세기경 남방 상좌부 문헌인 『해탈도론』에서 최초로 언급되며 그 보다 후대 논서인 『아비담맛타상가하』에서도 『해탈도론』의 9심이 17 인식과정 형태로 동일하게 나타나는 것을 확인할 수 있다. 상좌부의 9심설에는 심층식에 해당하는 유분식이 등장하는데, 17 인식과정으로 전개될 때 유분식이 전6식과 전후로 상속하는 과정이 언급된다. 안식 등 전6식이 일어나기 전 유분식이 잠깐 끊어지기도 하고 전6식이 끊어진 후에 유분식이 다시 일어나는 형태이다.

한편 유식불교의 5심은 마음의 인식과정을 5단계로 나타내고자 한 것이다. 어떤 대상을 향해 마음이 주의를 돌리고[솔이심], 그것이 무엇인지 판단을 통해[심구심], 결정한[결정심] 후, 마음에 청정 혹은 염오가 발생하여[염정심], 일정 기간 유지되는[등류심] 과정이다. 이 5가지 과정은 마음에서 일어나는 전형적인 인식과정이라고 할 수 있다. 5심이 최초로 설해지는 『유가사지론』에서는 전5식 다음에 제6식이 일어나는 순차적인 인식과정을 5심을 통해 설하고 있는데, 전5식과 제6식의 관계를 나타내기 위한 일종의 장치라고 볼 수 있다. 『유가사지론』 보다 후대 유식논서인 『성유식론』에서도 마찬가지로 전5식과 6식의 관계를 논할 때만 5심이 등장하며 제8식 · 제7식 등의 관계는 전혀 논해지지 않는다.

9심과 5심의 내용을 구체적으로 비교해보면 양자 간의 차이가 단지 몇 가지 심(心)이 더 있거나 없는 문제가 아니라는 것을 알 수 있다. 9심설에는 심층식에 해당하는 유분식이 등장하지만, 5심에는 등장하지 않으므로 이 차이가 어떻게 해서 생겨났는지를 분석해보았다. 남방상좌부의 9심은 식체가 하나라는 전제에서 출발하지만, 후대 유식불교에서 식체는 8가지로 분화된다. 부파불교에 들어와 업을 담지하는 심층식이 도입되었고 남방상좌부에서는 업을 담지하는 심층식으로 유분식을 상정하였다. 이 때 식체가 하나이므로 유분식과 전6식은 작동과 중단을 반복하며 식의 활동이 진행된다. 유식불교에서는 제8아뢰야식이 유분식에 대응되지만, 그 체는 전6식과 별체로서 항상 상속하여 끊어짐이 없다. 또 매 순간 전6식과 상호작용하면서 행위의 과보를 종자 형태로 집지(執持) 상속한다.

식체가 8가지로 분화되고 각 식이 동시에 일어날 수 있다는 유식불교 심식론의 변화는 부파불교와는 다른 형태로 8식 각각의 성(性)과 식들 간의 상호작용에 대한 설명이 필요해진다. 아뢰야식 · 말나식 · 전6식 각각에 대한 체계적인 조직화가 이루어졌고, 식들 간의 관계에 대한 논의도 이루어졌다. 각 식의 성(性)과 식들 간의 관계 대한 대표적 교설로는 알라야식과 종자설, 말나식의 역할, 전6식 각각의 역할, 심왕과 심소의 상응, 식체의 다분화, 식의 3가지 소의(所依) 등을 들 수 있다.

이 중 식의 3가지 소의인 종자의, 구유의, 개도의는 『유가사지론』과 『성유식론』에서도 활발히 논의되었고, 『성유식론』에는 10대논사들의 구유의와 개도의를 어떻게 규정하고 있는지 자세히 논의된다. 법상유식은 호법의 주장을 채택하여 구유의와 개도의의 성격을 규정하고 이를 체계화한 것이다. 구유의에서는 '식이 동시에 일어날 수 있는 조건'이 제시되고, 개도의에서는 '식이 한 줄기로 상속할 수 있는 조건'이 제시된다. 호법설에서는 8식 모두가 동시에 일어날 수 있고, 각 식은 전찰나의 식이 자류(自流)로 상속한다고 주장한다. 이를테면 안식은 안식으로만, 의식은 의식으로만 상속되며 이 둘은 동시에 일어나는 것도 가능하다는 것이다.

규기는 어떠한 형식과 내용으로 이 논의에 기여를 했는지 살펴보자. 『유가사지론』과 『성유식론』에 등장하는 5심은 단지 인식이 성립하는 과정을 설명한 것이라고 볼 수 있다. 사물을 인식하는 과정은 전5식과 제6식의 상호작용이다. 사물을 보거나 소리를 듣는 것은 전5식의 안식과 이식이고, 이것이 무엇인지 이해하는 것은 의식의 작용이기 때문이다. 5심은 마음의 순차적 작용[分位]을 설명하는 좋은 수단으로 전5식과 제6식의 관계를 용이하게 설명한다. 예를 들어, 난타논사는 『유가사지론』의 "일찰나에 5식이 생하고 난후 반드시 [그게 무엇인지 파악하려는] 의식이 일어난다."를 인용해서 전5식은 자류상속할 수 없다고 주장한다. 이 주장을 5심으로 바꾸어 설명하면 "전5식에 솔이심이 있지만, 제6식에는 솔이심이 없고 심구심이 있다."거나 "전5식에는 심구심부터 등류심까지가 없다."고 표현할 수 있다. 5심을 통해 마음의 순차적 작용은 물론 식의 상속여부도 판단할 수 있다.

규기는 5심의 이러한 점을 이용해서 구유의와 개도의에 대한 호법설을 입증하고자 하였다. 호법유식에서는 "8식이 동시에 구기할 수 있고[俱有依], 이때 각 식이 자류의 식으로 상속할 수 있게 된다[開導依]." 위 글을 5심으로 표현하면, "8식 모두에 5심이 있고, 각 식에서 5심은 별도로 흘러간다."로 대치될 수 있다. 모호했던 식의 동시 발생과 상속이 5심을 통해 구체화할 수 있게 된다. 난타논사의 주장에 대한 반론으로 식의 자류상속을 밝히기 위해서는 전5식·제6식에 5심이 모두 존재할 수 있다는 것을 입증하면 된다.

규기는 『대승법원의림장』에 「오심장」이라는 별도의 장을 두고 전6식에 5심 모두가 있다고 주장한다. 전6식에 5심 모두 동시에 흘러갈 수 있다는 것을 입증하기 위해 기존 심소설과는 다른 해석을 제시하고, 『유가사지론』의 글을 임의로 생략하여 독해하기도 한다. 심지어 심층식인 제8식·제7식에도 5심이 있다는 파격적인 주장도 한다. 『유가사지론』이나 『성유식론』에서는 전6식과만 연관지어 5심을 설하고 제8식·제7식과 관련해서는 전혀 언급되지 않는다. 『대승법원의림장』에서 규기는 전의(轉依)한 이후 과위(果位)에서도 5심이 존재한다고 주장하는 등 다양한 후속 논의를 펼치고 있다.

부파불교와 대별되는 법상유식의 심식론의 가장 큰 특징은 8식설 및 식의 구기와 상속이다. 이를 입증하기 위해 규기는 유식논서에 설해진 5심을 끌어와서 자신만의 독창적 방식으로 해석하고 있다. 규기의 이러한 작업이야말로 호법유식을 계승하여 고유의 법상유식을 정립해 가는 과정이라고 볼 수 있다.

IV. 규기의 유식관[317)]

심식론 변천과정에서 주목해야 할 부분은 심층식의 등장과 이로 인한 불교교리의 변화이다. 유식불교는 제8 아뢰야식을 중심으로 교리를 재편하면서 외부 대상을 부정하고 '오직 식만' 있다고 주장하는 점에서 독특한 특징을 갖는다. 유식불교의 일반적 특징에 대해, 스그루 신조(勝呂信靜)는 아뢰야식 연기설, 3성·3무성설, 영상문(影像門) 유식설을 들고 있다.[318)] 이지수는 아뢰야식론, 3성설(三性說), 유식관을 유식불교의 대표적 특징으로 꼽았다. 이 중 3성설을 중심으로 아뢰야식이 통합되고, 유식관 역시 3성을 깨닫는 수단으로 보았다.[319)]

유식은 크게 아뢰야식·3성설 등의 교리 체계와 실천 수행으로서의 유식관으로 나누어 볼 수 있다. 이 장에서는 규기가 정립한 법상유식의 유식관에 대해 알아보기로 한다. 규기는 『대승법원의림장』 등에서 자신의 유식관을 '오종유식(五種唯識)' 및 '오중유식(五重唯識)'이라는 관점에서

---

317) 이 장은 필자의 학술 논문 2편에 기초한 것으로, 논문 형식의 성격상 일반적인 교학 설명보다는 논증이 중심이 되고 있다. 오종유식과 오중유식 모두 규기의 설로서 기존연구에서는 내용을 정리하는 수준이며, 규기가 이를 왜 주장했는지에 대한 배경과 그 의미에 대해서는 연구가 많지 않다. 필자는 이 논문들에서 오종유식과 오중유식 각각을 정리하면서 그 주장의 배경을 추정하였다. 필자의 논지에 논리적 비약이 있을 수도 있겠지만, 규기 사상의 단초를 조금이나마 분석해보자 했다는 점에서 유관 전공자들의 질정(叱正)을 바라는 바이다. 두 논문의 출처는 다음과 같다.
오종유식 : 「자은대사 규기의 오종유식(五種唯識) 고찰」, 『한국불교학』 제96집, 서울: 한국불교학회, 2020, pp. 39-63.
오중유식 : 「오중유식관(五重唯識觀)에 대한 고찰」, 『불교학보』 제77집, 서울: 동국대학교불교문화연구원, 2016, pp. 95-121.

318) 평천창 외(1993), 『유식사상』(서울: 경서원), pp. 118-121

319) 이지수(1994), 「〈중변분별론〉 제3진실품에 대해 -안혜의 소를 중심으로」(『불교학보』31집), p.279.

설하고 있다. 법상교학은 『성유식론』 등에 나타나는 호법설에 기초하고 있는데, 규기는 이에 자신의 주장을 더하여 독창적인 해석을 하고 있다.

오종유식은 유식 전체 교리를 분석하여 5가지로 분류한 것이고, 오중유식은 유식교리를 3성설 관점에서 5겹[重]으로 나누고 얕은 곳에서 깊은 곳으로 들어가면서 관찰해야 할 순차적인 단계를 표현한 것이다. 오종유식이 유식 전반에 대한 분류법이라고 한다면, 오중유식은 '유식(唯識)' 교의(敎義)를 5단계에 걸쳐 체계적으로 입증하고자 한 것으로 볼 수 있다.

1. 오종유식

오종(五種)유식은 규기의 유식 분류 방식이며, 유식불교의 특징을 크게 5종으로 나누고 각각에 대해 그 취지를 밝힌 것이다. 5종은 경유식(境唯識), 교유식(敎唯識), 이유식(理唯識), 행유식(行唯識), 과유식(果唯識)인데, 여러 유식경론에 산재되어 설해지는 유식의 여러 의미를 5범주로 분류하여 해설하고 있다. 다른 유식 경론에는 '오종유식'이나 각 요소에 대한 설명이 나오지 않으므로 규기가 창안한 것으로 볼 수 있다. 오종유식에 대한 내용은 『대승법원의림장(大乘法苑義林章)』과 『성유식론장중추요(成唯識論掌中樞要)』에 등장한다. 『성유식론장중추요』에서는 간략하게 오종유식을 언급하지만, 『대승법원의림장』에서는 좀 더 자세히 밝히고 있다.

오종유식은 『대승법원의림장』의 제3장에 해당하는 「유식장(唯識章)」에서 설해지고 있다. 「유식장」은 「유식의림(唯識義林)」이라도 하며 규기의 독창적인 유식교학이 정리된 장(章)이다. 오종유식이 무엇인지, 왜 규기가 오종유식을 정립하려 했는지를 알기 위해서는 『대승법원의림장』의 내용만으로는 추정하기가 어려우므로 진흥(眞興)의 『유식의사기』를 참고하여 서술하고자 한다.[320)]

규기가 정리하는 핵심 교의를 살펴보면 유식불교 전체를 오종유식으로 분류하는 배경이 드러난다. 특히 오종유식 직후 육문(六門)유식을 설명하고 있는데 오종유식의 의미를 밝히는데 중요한 단서가 된다. 이에 대해서는 뒷부분에서 자세히 다룰 것이다.

규기는 「유식장」에서 유식의 체(體)를 소관유식, 능관유식, 오종유식, 육문유식 등으로 나누어 순차적으로 논하고 있다.[321)] 오종유식은 소관(所觀)과 능관(能觀) 유식 다음 대목에서 설명되고 있다. 유식의 어의는 "오직 식뿐(vijñaptimātra)"이라는 뜻으로, 마음 밖의 외부대상은 없으며 오직 식만 있다는 것이다. 유식불교의 수행법도 마음 밖의 제법(諸法)을 떠나 단지 내심(內心)에만 머물게 하려는 취지를 갖는다. 유식을 5종으로 분류하고자 하는 규기의 의도는 유식불교의 취지에 맞추어 외경(外境)이 없고 만법이 유식임을 강조하기 위한 것으로 볼 수 있다.

지금까지 국내 및 국외에서 오종유식에 대한 연구는 전혀 이루어지지 않았는데, 오종유식이 단지 유식불교에 대한 규기 고유의 분류법이기도

---

320) 『유식의사기』를 포함, 『대승법원의림장』의 주석서들에는 오종유식에 대한 설명이 좀 더 자세하게 등장한다. 『유식의사기』 외에 기변(基辯)의 『대승법원의림장사자후초(大乘法苑義林章師子吼鈔)』에서도 오종유식을 자세히 설명되고 있다. 이외에도 『대승법원의림장』의 주석서는 여러 종류가 전해져 내려오지만, 『대승법원의림장』전체 29장에 대한 주석이 모두 구비된 주석서는 드물다. 이를테면 선주(善珠)의 『법원의경(法苑義鏡)』에서는 「유식장」에 대한 주석 부분이 아예 존재하지 않으므로, 오종유식에 대한 설명도 있지 않다.

321) 『대승법원의림장』의 「유식장」에서는 10문(門)을 세워 유식의 뜻을 세우고 있는데, 제1문인 출체문에서 소관유식, 능관유식, 오종유식, 육문유식의 순서로 유식의 체를 다루고 있다.

하고, 분량도 적어 내용상 논의의 여지가 많지 않기 때문이라고 볼 수 있다. 오종유식이 언급되는 곳은 深浦正文의 『唯識學硏究』(下)인데, 오종유식을 「유식의 관법」 중 한 대목으로 소개하면서[322] 『대승법원의림장』 일부를 번역하는 수준으로 정리하고 있다. 그나마 앞에 언급한 『유식의사기』와 같은 고대(古代) 주석서에 해설된 오종유식의 내용이 기존 연구에 해당된다고 볼 수 있다.

1) 오종유식의 내용

규기는 『대승법원의림장』 제3장에 해당하는 「유식의림」에서 유식을 크게 10문(門)으로 분류하고, 10문 중 첫 번째 문인 출체문(出體門)에서 유식을 소관(所觀), 능관(能觀)의 둘로 나누고 있다.[323] 진흥은 『유식의사기』에서 소관(所觀), 능관(能觀), 오종(五種), 육문(六門)의 넷으로 나누면서 오종유식을 소관유식 다음에 배치하고 있다.[324] 『유식의사기』에서는 출체문을 넷으로 나눈 이유에 대해 오종과 육문이 크게 보면 소관유식에 속하지만, 별도로 보아 뒤로 빼어 넷으로 나누었다고 설명한다.[325] 따라서 오종유식은 소관유식에 속하기는 하지만, 큰 차원에서 일체유식을 나누는 기준이 된다고 보고 있다.

오종유식에 대해 『대승법원의림장』에서는 다음과 같이 설하고 있다.

---

322) 深浦正文(1972), 『唯識學硏究』(下), 京都: 永田文昌堂, pp. 585-591.

323) 『대승법원의림장』(『대정장』45, 258b)

324) 『유식의사기』(『대정장』71, 2a)

325) 『대승법원의림장』의 배치 상 소관유식-능관유식-오종유식-육문유식 등으로 되어 있으므로 『유식의사기』에서는 이 배치에 의거해서 넷으로 나눈다고 볼 수 있다. 각주 1)에서 언급한 견허존실 등 오중(五重)유식은 소관유식에 포함된다.

교(敎)에서 설한 일체유식은 총 5종에 지나지 않는다.[326]

규기는 일체유식을 5가지로 정리하고 있고, 『유식의사기』에서는 육문유식도 함께 언급한다. "오종은 총체적으로 일체유식을 모두 포함하는 것으로 맺고, 육문은 경유식에 갖가지 설이 있는 것을 표방한다."[327] 진흥은 오종유식의 경유식과 육문유식을 연관지어 설명한다.

오종유식의 각 요소를 차례로 살펴본 후, 오종유식과 육문유식의 관계를 알아보기로 한다.

(1) 경유식(境唯識)

경유식은 오종유식의 첫째 요소로서 여기서 '경(境)'이란 외부대상을 말한다. 규기는 『대승법원의림장』에서 『아비달마경(阿毗達磨經)』을 인용하여[328] 다음과 같이 설한다.

> 첫째, 경유식이다. 『아비달마경』에서 이르길, "아귀, 축생, 인간, 천인은 각기 그 응하는 바에 따라 대상[事]이 같아도 마음이 다르기 때문이다. 대상[義]이 진실이 아님을 인정한다." 이와 같은 등의 글에서 단지 유식의 소관(所觀)의 경을 설한 것은 모두 경유식이다.[329]

『대승법원의림장』의 내용은 이른바 '일처사경(一處四境)' 혹은 '일수사

326) 『대승법원의림장』(『대정장』45, 259c)

327) 『유식의사기』(『대정장』71, 2a)

328) 『아비달마경』은 법상종의 소의(所依) 경전 중 하나지만, 현재 전해 내려오지 않는다. 이 게송의 내용은 『섭대승론본』(『대정장』31, 148b)에 전해져 내려온다.

329) 『대승법원의림장』(『대정장』45, 259c)

견(一水四見)'의 뜻으로, 동일한 대상에 대해 아귀, 축생, 인간, 천인 등이 각각 다르게 본다는 뜻이다. 유식불교의 핵심 교의는 '오직 식뿐(唯識)'임을 밝히는 것으로 일처사경이라는 비유를 통해 마음 밖에 외부 대상이 존재한다는 것을 부정한다.

『유식의사기』에서는 일처사경을 주석하면서 『성유식론』7권을 인용하여 다음과 같이 보충 설명한다.

> 상위하는 식의 상(相)에 대한 지(智)이다. 말하자면 하나의 장소에 대해 아귀, 인간, 천인 등은 업의 차별에 따라 보는 것이 각기 다르다. 경(境)이 만약 실제로 있다면 이것이 어떻게 성립되겠는가?[330)]

'상위하는 식의 상에 대한 지[相違識相智]'[331)]가 의미하는 것은, 동일한 대상이 업의 차별에 따라 다르게 보인다는 것으로, 같은 물이라도 아귀가 보면 피고름으로 보이고, 물고기가 보면 사는 집이나 길로 보이며, 천인에게는 보배로 장엄한 장소이고, 인간에게는 맑고 차가운 물로 보인다는 것이다.[332)] 같은 물이라도 각자의 업에 따라 넷으로 보인다는 '일수사견(一水四見)'의 의미이다. 주체에 따라 대상이 다르게 인식되는 이유는 '업의 종류가 변해서 같지 않기 때문'이며, '오직 식뿐'이므로 외부대상이 각자의 식에 서로 다르게 나타나기 때문이다.

아귀, 축생, 천인, 인간이 경험하는 외부대상에는 유정들이 머무는 기

330) 『성유식론』(『대정장』31, 39a), 『유식의사기』(『대정장』71, 116a)에서 재인용.

331) 상위식상지란 보살이 성취하는 4지 중의 하나이다. 실전된 『아비달마경』의 글로서 『섭대승론』에 인용되어 있다. 보살이 아귀, 축생, 천인, 인간 등이 하나의 처를 보면서 서로 다르게 본다는 것을 깨달음으로써 유식무경(唯識無境)의 도리를 알게 하는 지(智)이다. 『섭대승론』(『대정장』31, 139a), 『성유식론』(『대정장』31, 39a)

332) 『유식의사기』(『대정장』71, 332c)

세간(器世間)도 포함된다. 『유식의사기』에서는 유정이 각기 개별적으로 경험하는 기세간의 성립에 대해 아뢰야식의 종자설을 끌어와서 다음과 같이 보충 설명한다.

> 아뢰야식의 명언종자 및 업종자의 인연력 때문에 자체가 생할 때, 안으로 종자 및 유근신이 전변하고 밖으로는 기세간을 전변한다. 곧 소변을 자기의 소연으로 한다. 행상이 의지해서 일어날 수 있다. 따라서 기세간은 역시 경유식이라고 한다.333)

유근신[신체] 및 기세간에 대한 내용은 자신의 식이 전변한 것[自所變]과 타인의 식이 전변한 것[他所變]이라는 논의를 거쳐, 객관적으로 존재한다고 믿는 대상의 공유 여부로 확장된다. 다음으로 『유식의사기』에서는 『성유식론술기』의 공상(共相)종자와 불공상(不共相)종자를 끌어들여 경유식과 관련된 논의를 진행한다.

> 『성유식론술기』에서 이르기를, "우선 모든 종자는 총체적으로 2종이 있다. 하나는 공상종자이고 다른 하나는 불공상종자이다. 무엇이 공상인가. 많은 사람이 느끼는 것이기 때문이다. 비록 사람들이 전변하는 것이 각각 다른 것을 유식이라고 한다는 것을 알지만, 서로 비슷하여 공동으로 수용하는 뜻이 있는 것에 의해 공상이라고 한다. 실제로는 자기가 전변한 것을 남이 이를 수용하는 것이 아니다. 만약 수용할 수 있다면, 이것은 곧 마음 밖의 법을 연한다고 하기 때문이다. 그런데 나와 이 사물(所變)이 총체적으로 증상연이 되어 많은 사람들로 하여금 함께 수용할 수 있게 하는 것을 공상이라고 한다. 산과 강 등과 같다.

333) 『유식의사기』(『대정장』71, 333a)

불공상이란, 만약 유식의 이치로써 오직 자심이 전변한 것을 불공물이라고 한다면 일체가 모두 그렇다. 남이 전변한 것은 남의 사물이다. 자기가 수용할 수 없는 것도 역시 불공상이라고 한다. 그렇지만 지금 단지 자신만 수용할 수 있고 타인은 수용할 수 없는 것에 의해 불공이라고 한다. 마치 노비 등과 같다. ... 중략 ... 공과 불공에 전체적으로 나누어 넷이 있다. 우선 『유가사지론』 66권에서와 같이 공(共)에는 둘이 있다. 첫째, 공중공으로 산과 강 등과 같다. 오직 한 취만 수용하고 다른 취가 수용할 수 없는 것이 아니다. 둘째, 공중불공이다. 자기의 밭과 집, 아귀 등이 보는 맹렬한 불등의 사물과 같다. 사람은 물을 보지만, 다른 취[의 유정이]나 다른 사람은 수용할 수 없기 때문이다. 따라서 다른 방, 옷 등은 이에 준해서 알 수 있다. 불공상 중에 역시 2종이 있다. 첫째, 불공중불공이다. 안근 등의 근과 같다. 오직 자기 식만이 의지하고 수용하지만, 다른 사람은 의지하고 수용하지 못하기 때문이다. 둘째, 불공중공이다. 자기의 부진근과 같다."[334)]

이 인용문 내용을 정리하면, 자신의 신체 중 부진근(扶塵根)은 불공중공(不共中共), 자신의 신체 중 승의근(勝義根)은 불공중불공(不共中不共)이며, 자신의 의복 · 집 등은 공중불공(共中不共)이고, 산하 대지는 공중공(共中共)에 해당된다.

『유식의사기』에서 이 논의를 자세히 전개하는 이유는, 만약 "오직 식뿐"이라면 외부에 존재하는 것처럼 보이는 대상을 어떻게 볼지 설명하기 위한 것이다. 여기에는 같은 취(趣)에서 유정과의 관계는 물론 6도(道) 중 다른 곳에 있는 유정과 공유하는 기세간도 포함되며, 이를 유식의 이치로서 설명하려는 것으로 볼 수 있다.

---

334) 『유식의사기』(『대정장』71, 333a-b)

경유식은 『대승법원의림장』에서는 간략하게 설해지고 있지만 『유식의사기』에서는 유식불교의 쟁점인 외부대상 문제로 확장시킨다. 『아비달마경』의 '일수사견'은 이어서 보살의 '상위식상지'로 연결된 후 외경이 부정되고 오직 식뿐이라는 결론으로 진행된다. 이때 유정이 경험하는 기세간이 어떻게 서로 다르게 보이는지를 공(共)·불공(不共)의 논의를 통해 진행하는데, 『유식의사기』에서는 이를 몇 단계로 나누어 주석하고 있다.[335]

(2) 교유식(教唯識)

교유식이란 여러 유식 경론에 등장하는 유식과 관련된 교설을 말한다. 『대승법원의림장』에서는 이를 다음과 같이 설하고 있다.

> 둘째, 교유식이다. "자심(自心)의 집착으로 인한다."는 등의 송(頌)이다. 『화엄경』, 『해심밀경』 등에서 설하는 유식의 가르침은 모두 교유식이다.[336]

교유식은 경증(經證)에 해당된다. 대승경전 중 유식의 도리를 밝히는 경전이 모두 교유식에 해당되는데, 『화엄경』, 『해심밀경』 등이 대표적으로 거론된다. 인용문 안의 "자심의 집착으로 인한다."는 문구는 『능가경』의 글로 『성유식론』에 다음과 같이 인용된다.

> 자심의 집착으로 인해, 마음은 외부대상과 유사하게 전변한다. 그 인식

---

335) 『유식의사기』에서 경유식을 설명하는 부분은 교유식 등 다른 유식에 대한 설명보다 자세하다. 『신수대장경』 기준으로 16단(332a-337c)에 걸쳐 경유식을 세세하게 설명하는 이유는 유식에 있어 '외부대상의 부정'을 다루는 것이 가장 중요하기 때문이다.

336) 『대승법원의림장』(『대정장』45, 259c)

대상[所見]은 있지 않다. 따라서 마음뿐이라고 설한다.[337]

중생들이 집착으로 인해 마음이 외부대상과 유사하게 전전하여 외경을 산출한다는 것이다. 실재하는 대상이 없고 오직 마음뿐이라는 것을 경전을 인용해서 밝히고 있다. 『성유식론』에서 『능가경』을 인용하는 부분은 1분설, 2분설, 4분설 등 식체가 나뉘는 상을 설명하는 부분이다.[338] 인용 부분은 1분설(一分說)을 밝히는 곳이지만, 4분설 등은 개별적 상이고 1분으로서의 마음은 총상이라고 회통하고 있다. 안혜, 난타 등은 호법과 다르게 1분이나 2분설을 주장하지만 유식을 주장하는 입장은 같으므로 『대승법원의림장』이나 『유식의사기』에서는 별도로 호법의 설이 바른 뜻이라고 주장하지는 않는다.

이와 유사하게 『화엄경』에서 '삼계유심(三界有心)'[339]이라고 하고, 『해심밀경』에도 "식의 소연은 오직 식이 나타난 것이다."[340]라고 설하고 있는데, 모두 유식을 표방하는 교유식에 해당된다. 『유식의사기』에서는 『대승법원의림장』에서 『화엄경』과 『해심밀경』을 인용하는 이유에 대해 "그 글의 뜻은 함께 2중, 3중으로 [유식의 이치를] 성립시킨다."[341]고 설명한다.

---

337) 『성유식론』(『대정장』31, 10c), 『성유식론』에서는 『능가경』의 글을 4분설 중 1분의 교증으로 인용하고 있다. 이 송의 의미가 마음 하나로 귀결되기 때문이다.

338) 『유식의사기』(『대정장』71, 337c)

339) 『대방광불화엄경』(『대정장』10, 288c)

340) 『해심밀경』(『대정장』16, 698b)

341) 『유식의사기』(『대정장』71, 338a)

(3) 이유식(理唯識)

이유식이란 유식의 뜻을 이치로 성립시킨다는 것이다. 『대승법원의림장』에서는 『유식삼십송』을 인용해서 유식의 이치를 다음과 같이 설명한다.

> 셋째, 이유식이다. 『삼십송』에서 "이것은 모두 식이 전변한 것이다. 분별하고 분별되는 것이다. 이것으로 인해 저것은 모두 없다. 따라서 일체는 유식이다." 이와 같이 유식의 도리가 성립하는 것은 모두 이유식이다.[342)]

이(理)유식을 다르게 표현하면 이른바 이증(理證)이다. 이증이란 이치로 증명하는 것이며, 『성유식론장중추요』에서는 이에 대해 다음과 같이 부연한다.

> 본(本)교에서 설한 것을 이치로 성립시킨다. 유식의 성(性)과 상(相)을 뜻으로 분별하기 때문이다.[343)]

경론에 있는 교설을 이치로 성립시켜서, 유식의 성(性)과 상(相)을 뜻으로 분별하는 것이 곧 이(理)유식이다.

『대승법원의림장』의 글에서는 이증을 위해 세친의 『유식삼십송』의 제17송을 인용한다. 『유식삼십송』 제1송에서는 아(我)와 법(法)을 포함한 외부대상을 가(假)라고 하면서 3능변식의 전변에 의해 임시로 만들어진 것[344)]이라고 설하지만, 구체적으로 어떻게 식이 전변하는지를 언급하지

342) 『대승법원의림장』(『대정장』45, 259c)

343) 『성유식론장중추요』(『대정장』43,610a)

344) 『유식삼십송』(『대정장』31, 27a)

는 않는다. 이에 대해 『유식의사기』에서는 『성유식론』의 글을 인용하여 논의를 진행한다. 『성유식론』7권에서는 1송과 관련되어 다음과 같은 힐난이 있다.

> 식의 전변에 의거해서 임시로 아와 법을 설한 것인데 별도로 실재하지 않는다면, 일체가 오직 식뿐임을 어떻게 알아야 하는가?[345)]

이에 대한 답변이 이른바 17송에서 설하는 "이것은 모두 식이 전변한 것이다. 분별하고 분별되는 것이다. 이것으로 인해 저것은 모두 없다. 따라서 일체는 유식이다."이다. 17송에서는 '외부대상이 가(假)'라고 하는 1송의 내용을 '식의 전변'에 의한 것이라고 명확히 밝히고 있다. 식은 자체분이 분별[견분] · 소분별[상분]로 전변되어 나타난 것이므로, 일체 모두가 식이 변한 것이다.

『유식의사기』에서는 『성유식론』과 『성유식론술기』를 인용해서 식전변(識轉變)에 대한 안혜, 호법, 난타의 견해를 차례로 소개하고 있다. 이를 통해 이유식(理唯識)으로서 유식의 도리를 성립시키려는 것임을 알 수 있다.

(4) 행유식(行唯識)

행유식이란 수행을 통해 유식을 실천하는 것을 말한다. 『대승법원의림장』의 글은 다음과 같다.

> 넷째, 행유식이다. '보살은 선정의 지위[定位]에서' 등의 송(頌)과, 4종 심사(尋思)와 4여실지(如實智) 등은 모두 행유식이다.[346)]

---

345) 『성유식론』(『대정장』31, 38c)

『성유식론장중추요』에서는 "행유식은 5위에서 유식행을 닦는 것이다."[347]라고 설하고 있으므로 유식5위(位)[348]에서 행하는 수행의 내용으로 볼 수 있다.

『대승법원의림장』의 글에서 인용한 '보살은 선정의 지위에서'의 내용은 원래 『섭대승론』에 있는 게송으로 『성유식론』에도 동일하게 인용된다. 『대승법원의림장』에서는 뒷부분을 생략했는데 전체 게송은 다음과 같다.

> 보살은 선정의 지위에서 영상은 오직 마음뿐이라고 관찰한다.
> 경계[義]에 대한 생각을 이미 소멸하고 오직 자기 생각뿐임을 깨달아 관찰한다.
> 이와 같이 내부의 마음에 머물러 소취가 있지 않음을 알고,
> 이어서 능취도 없음을 알아서 다음에 무소득(無所得)에 이르게 된다.[349]

『성유식론』에서는 이 게송을 4선근[난 · 정 · 인 · 세제일법] 수행에 배대하고 있다. 4선근은 유식5위 중 두 번째인 가행위(加行位)에서 행하는 수행이다. 가행위에서는 4선근 외에도 4심사관(四尋思觀) · 4여실지관(四如實智觀)을 행한다. 『대승법원의림장』에서 이 수행법을 모두 언급하는데, 세 번째 단계인 통달위 견도(見道)로 향하는데 있어 핵심이 되기 때문이다.

---

346) 『대승법원의림장』(『대정장』45, 259c)

347) 『성유식론장중추요』(『대정장』43, 610a)

348) 유식5위란 자량위, 가행위, 통달위, 수습위, 구경위로서 『유식삼십송』에서는 각각 26송~30송에 해당된다, 『성유식론』9권, 10권에서는 유식5위와 수행법에 대해 자세히 소개하고 있다.

349) 『섭대승론』(『대정장』31, 143c), 『성유식론』(『대정장』31, 49b-c)에서 재인용.

『대승법원의림장』에서는 가행위 수행을 중심에 놓고 행유식을 설명하고 있다. 4선근, 4심사관 · 4여실지관 수행을 통해 능취 · 소취가 공(空)하다는 것을 관하여, 마침내 견도에 들어가서[350] 처음으로 유식의 뜻이 드러나기 때문이라고 볼 수 있다.

(5) 과유식(果唯識)

과유식은 유식수행의 결과에 해당하는 유식으로 과위(果位)를 말한다. 『대승법원의림장』에서는 다음과 같이 설하고 있다.

> 다섯째, 과유식이다. 『불지경』에서 이르기를, 대원경지에서는 모든 처, 경, 식이 모두 나타난다. 또 『여래공덕장엄경』에서 말하기를 "여래의 무구식은 청정하고 무루계로서, 일체의 장애를 해탈하여 대원경지와 상응한다." 『유식삼십송』에서 역시 말하기를 "이것은 무루계이고, 부사의하고 선하고 항상하다. 안락하고 해탈신이며 대모니이고 법신이라고 한다." 이와 같이 모든 유식의 득과를 설하는 것은 모두 과유식이다.[351]

『대승법원의림장』에서는 3종의 경론을 인용하여 유식의 득과(得果)를 설명한다. 『불지경』의 원문에서는 "대원경지란 둥근 거울에 의지하여 여러 상이 나타나듯이, 이처럼 여래지에 의지하여 거울에 모든 처, 경, 식이 여러 상이 나타난다."[352]라고 설하는데, 전식득지(轉識得智) 중 8식이

350) 『유식의사기』에서는 『성유식론술기』의 글을 인용하고 있는데, 인위(忍位)에서 [능취, 소취] 2공(空)을 관하여, 진견도에 들어간다고 하고 있다. 『유식의사기』(『대정장』71, 399a), 『성유식론술기』(『대정장』43, 567a))

351) 『대승법원의림장』(『대정장』45, 259c)

352) 『불지경』(『대정장』16, 721b)

전의한 대원경지를 묘사한다. 또 『여래공덕장엄경』의 글에서도 여래의 무구식이 대원경지와 상응한다는 것을 밝힌다.[353]

『유식삼십송』의 인용문은 『유식삼십송』 중 마지막 30송으로,[354] 유식 5위 중 최후 단계인 구경위의 경지를 밝히고 있다. 30송의 '이것은 무루계'에서 '이것'이란 보리와 열반을 말하는데 소지장과 번뇌장을 모두 단멸했을 때 나타나는 경지이다.[355] 구경위에서는 전식득지의 결과 제8식은 대원경지, 제7식은 평등성지, 제6식은 묘관찰지, 전5식은 성소작지로 전의한다.

이상 『대승법원의림장』에서 인용하는 『불지경』 등의 경론에서 설하는 것은 모두 유식을 통해 얻는 과(果)이다. 불과(佛果)에서는 일체법이 드러나는 것은 물론이고 무루와 선(善) 자체인 곧 법신(法身)으로 화현하는데, 이것이 과유식의 득과(得果)이다. 『유식의사기』에서는 유식수행을 통해 전의하여 2종의 대과를 얻는 것을 과유식이라고 설명하고 있다.[356]

(6) 육문(六門)유식

『대승법원의림장』에서는 오종유식이 모든 유식을 포함하고 있다고 강조한다.[357] 그럼에도 오종유식 마지막 부분에서는 근기에 따라 유식을 다시 6가지로 나누고 있는데 이것이 육문(六門)유식이다. 진흥은 『유식의

---

353) 『여래공덕장엄경』은 전해오지 않으나, 『성유식론』 3권에 이 글이 인용되어 있다. 『성유식론』(『대정장』31, 13c)

354) 『성유식론』(『대정장』31, 57a), 『유식삼십송』(『대정장』31, 61b)

355) 『유식의사기』(『대정장』71, 340a), 『성유식론술기』(『대정장』43, 601a)의 글을 인용하여 과유식의 득과를 밝히고 있다.

356) 『유식의사기』(『대정장』71, 339b)

357) 『대승법원의림장』(『대정장』45, 259c)

사기』에서 오종유식 중 경유식을 육문유식과 연관시킨다.

육문유식은 ①집착에 의거한 유식 ②유루에 의거한 유식 ③집착 및 유위법에 의거한 유식 ④유정에 의거한 유식 ⑤유무의 제법에 의거한 유식 ⑥대상[事]에 의거한 유식[358] 등 6가지이다.

육문유식의 내용을 대략 설명하면 다음과 같다.

첫째, '집착에 의거한 유식'에서는 교유식에서 인용한 바 있는 『능가경』의 "자심의 집착으로 인해 마음은 외부대상과 유사하게 나타난다. 그 경은 있지 않다."를 다시 인용하면서 '집착'에 의거한 유식을 밝힌다. 둘째, '유루에 의거한 유식'에서는 마찬가지로 교유식에서 인용한 『화엄경』의 '삼계유심'을 거론하면서 이를 유루와 연관시킨다. 욕계 등 삼계가 유루법에 속하기 때문이다. 셋째, '집착 및 유위법에 의거한 유식'에서는 『유식삼십송』 중 1송에 의거하여 유식을 밝히고 있다. 식이 전변하여 아와 법의 갖가지 상이 생기는 이유는 집착된 것이자 유위법에 속하기 때문이다. 넷째, '유정에 의거한 유식'에서는 『무구칭경』의 "마음이 잡염이므로 유정도 잡염이고, 마음이 청정하므로 유정도 청정하다."[359]를 인용하여 유정에 의거한 유식을 밝힌다. 유정의 마음이 곧 잡염과 청정을 좌우하기 때문이다. 다섯째, '유무의 제법에 의거한 유식'에서는 교유식에서 인용한 『해심밀경』의 "식의 소연은 오직 식이 나타난 것이다."를 통해 일체 유무의 제법에 의거해서 유식을 밝힌다. 여섯째, '대상[事]에 의거한 유식'에서는 경유식에서 인용한 『아비달마경』의 "아귀, 축생, 인간, 천인이 각기 그 응하는 바에 따라 대상[事]이 같아도 마음이 다르기 때문이다."를 통해 하나의 대상[事]이 다르게 나타나는 유식의 이치를 밝히고 있다.

---

358) 『대승법원의림장』(『대정장』45, 259c-260a)

359) 『설무구칭경』(『대정장』14, 563b)

『대승법원의림장』에서는 외경이 없다는 유식의 입장을 재차 강조하면서 다음과 같은 결론으로 육문유식을 맺는다.

> 무량한 교의 문은 이 6문의 종류에 의거하여 교를 포섭한다. 이치와 뜻이 다하면 오직 5교[5종유식]이다. 총설하면 일체는 유식이기 때문이다.[360]

오종유식의 말미에 다시 경유식을 거론하면서 6문으로 나누는 이유는 무엇인가. 그만큼 규기가 경유식을 중요시 여겼기 때문이라고 볼 수 있다. 육문유식의 각 문은 유정이 처한 상황과 대응된다. ①[361] 유식의 도리를 잘 모르는 유정은 '집착'으로 인해 아와 법이 있다고 생각한다. ② 3계유심에서는 욕계, 색계, 무색계의 중생들이 처한 상태가 다르지만 무색계 중생도 아직 유루법에 지배받고 있다는 것을 나타낸다. 따라서 이 둘을 합해(①+②), ③ 집착 및 유루법에 얽매인 중생의 상황이 드러난다. ④ 그렇지만 유정의 마음은 중요하다. 유정의 마음이 곧 유정의 상태를 좌우하기 때문이다. ⑤ 일체의 유무는 모두 식이 나타난 것이므로 이를 제대로 인식한다면 유식에 들어갈 수 있다. ⑥ 동일한 대상도 마음에 따라 다르게 나타나는 것을 아는 것은 바로 보살의 상위식상지(相違識相智)에서 가능하다.

육문유식은 ①~③을 통해 집착 및 유루에 매인 중생의 상황을 나타내고, ④+⑤를 통해 오직 마음이 중요하다는 것을 알게 되며, ⑥과 같이 보살의 지혜로 들어간다고 파악할 수 있다. 또 ⑥은 경유식의 맨 앞부분

360) 『대승법원의림장』(『대정장』45, 60a)

361) ①~⑥의 번호는 육문유식의 각 문에 대응된다.

에서 설명하는 것이므로, 결국 모든 것은 식이 만든다는 지혜를 통해 유식의 도리가 성취된다는 순환 구조를 갖는다. 마음 밖에 외경이 없음을 아는 것이 유식의 이치를 증득하는 데 있어 가장 중요하므로, 규기는 오종유식과 육문유식에서 이를 강조하고 있다고 볼 수 있다.

2) 오종유식과 유식교학

『대승법원의림장』과 『유식의사기』의 오종유식 부분에 등장하는 유식의 핵심 교학을 정리하면 〈표11〉과 같다.

규기는 유식교학의 핵심이 되는 『능가경』, 『해심밀경』, 『불지경』, 『여래공덕장엄경』, 『섭대승론』, 『유식삼십송』, 『성유식론』 등을 인용하여 오종유식에 대해 설명하고 있으며, 진흥은 이들 경론 중심에 놓고 『성유식론술기』 및 『성유식론장중추요』의 해설을 인용해서 풀이하고 있다. 앞의 〈표11〉에서 볼 수 있듯이, 유식의 핵심교학인 유식무경, 삼계유심, 일수사견, 식전변, 아뢰야식(종자 · 기세간 · 유근신), 소취 · 능취, 4분설, 유식5위, 4선근, 4심사관 · 4여실지관, 전식득지 등의 다양한 유식교리를 총망라하여 오종유식에 대해 설명하고 있다.

〈표11〉 오종유식에 언급되는 경론과 핵심 교리

오종유식	『대승법원의림장』의 인용경론	『유식의사기』의 인용경론	핵심 교리 내용
경유식	『아비달마경』 『섭대승론』	『대승아비달마잡집론』 『섭대승론』(무성석) 『성유식론』 『성유식론술기』 『성유식론장중추요』	일처사경, 일수사견 상위식상지(相違識相智) 아뢰야식(종자 · 유근신 · 기세간) 자소변, 타소변 공상종자, 불공상종자(공중공 · 공중불공 · 불공중불공)

교유식	『능가경』 『화엄경』 『해심밀경』	『능가경』 『화엄경』 『해심밀경』 『성유식론』	자심집착 심사외경(自心執著心似外境) 삼계유심 식소연 유식소현(識所緣 唯識所現) 일분설(一分說)
이유식	『유식삼십송』 『성유식론』	『유식삼십송』 『성유식론』 『성유식론술기』 『성유식론장중추요』	자체분 소취와 능취 식전변, 식체전사이분(識體轉似二分) 제식소연유식소현(諸識所緣唯識所現)
행유식	『섭대승론』 『성유식론』	『성유식론』 『성유식론술기』 『성유식론장중추요』	유식5위 가행위 통달위 4선근(난 · 정 · 인 · 세제일법) · 4심사관, 4여실지관
과유식	『불지경』 『여래공덕장엄경』 『유식삼십송』	『불지경』 『여래공덕장엄경』 『유식삼십송』	전식득지 대원경지 무루계 보리, 열반 해탈, 법신

3) 오종유식의 의미와 배경

규기는 오종유식을 통해 유식의 핵심교리 대부분을 언급한다. 비록 오종유식이 『대승법원의림장』에서 차지하는 위치가 크지 않고, 후학들도 크게 주목하지는 않았지만, 규기가 유식 전체를 5종으로 분류하여 유식교리 전체를 종합해서 정리하고자 한 것은 확실하다.

오종유식의 다섯 요소가 어떻게 배열되었는지 그 배경을 살펴본 후, 규기가 오종유식 중 가장 강조하고자 한 유식이 무엇인지를 고찰해 보자.

오종유식을 경(境) · 교(教) · 이(理) · 행(行) · 과(果)의 5가지로 나눈 배경을 살펴보기로 한다. 규기는 『성유식론술기』에서 『유식삼십송』의 분과를 크게 3종으로 나누고 있다.[362] 첫째 분과는 상(相) · 성(性) · 위(位)로서 유식상, 유식성, 유식위를 다루는데 각각 상(1송~24송), 성(25송), 위(26송~30송)로 나뉜다. 둘째 분과는 초(初) · 중(中) · 후(後)로서 초(1송~2송 반), 중(2송 반~25송), 후(26송~30송)로 나뉜다. 셋째 분과는 경(境) · 행(行) · 과(果)로서 경(1송~25송), 행(26송~29송), 과(30송)이다. 규기의 다른 저술에서는 『유식삼십송』을 해석하는 데 주로 첫 번째 상(相) · 성(性) · 위(位) 분과를 취한다.[363]

규기는 오종유식을 설할 때 세 번째 분과인 경(境) · 행(行) · 과(果)에 기초한 것으로 보인다. 이 분과 중간에 교(教)와 이(理)를 추가하면 오종유식의 경(境) · 교(教) · 이(理) · 행(行) · 과(果)가 된다. 그렇지만 오종유식의 경유식과 『유식삼십송』의 경 분과(1송~25송)는 동일한 내용은 아니다. 행유식을 보면 『유식삼십송』 행 분과인 26송~29송까지와 일치하고, 과유식은 『유식삼십송』의 30송에 해당된다. 따라서 규기는 다른 저술에서는 상(相) · 성(性) · 위(位) 분과를 취하여 서술하지만, 오종유식에서는 경(境) · 행(行) · 과(果)를 가져와서 유식을 설명하고 있는 것으로 볼 수 있다. 여기에 교증과 이증에 해당하는 교유식과 이유식을 경유식 다음에 배치하여 오종유식을 완성한 것으로 보인다. 이를 뒷받침하는 내용은 진흥의 『유식의사기』에서도 볼 수 있다. 진흥은 규기가 경(境) · 행(行) · 과(果)를 통해 10문으로 나누고자 했다고 전한다.[364]

362) 『성유식론술기』(『대정장』43, 237b-c), 『성유식론』은 『유식삼십송』의 수문해석(隨文解釋)이므로 분과가 동일하다.

363) 김동화, 『불교유심사상의 발달』(서울: 보련각) p.429, 2001.

그렇다면 규기가 오종유식을 통해 유식의 이치를 종합한다고 했을 때 무엇을 가장 중시했는가. 결론부터 말하자면 규기는 오중유식에서 외부대상을 부정하는 경유식에 초점을 맞추고 있다. 유식을 논할 때 가장 중요한 것은 바로 외부대상의 부정일 것이다. 유식불교의 교리는 불교 밖 외도(外道) 뿐 아니라 불교내부의 여러 부파와도 치열한 논쟁을 통해 확립되었다고 볼 수 있다. 이때 가장 중요하면서도 핵심이 되는 쟁점은 바로 "식만 있고 외부대상이 없다."고 하는 주장이었으며, 유식불교는 이를 논증하기 위해 아뢰야식 및 종자설 등의 교리를 완비했다고 볼 수 있다.

『유식삼십송』 제1송은 바로 외부대상에 대한 부정이다. 1송의 내용은 "아와 법을 가설하므로 갖가지 상들의 전전함이 있다. 그것들은 식이 변한 것[상분, 견분]에 의지한다."[365]이다. 여기서 아와 법 같은 대상들은 모두 식이 변한 것이라는 것이 유식불교의 기본 취지이다. 『성유식론』1권에서는 제1송의 취지에 맞추어 불교 안 밖의 외경 실재론자과 외도들을 상대로 논파하는 내용을 상세히 담고 있다.[366] 『유식삼십송』에서는 1송에서 아와 법의 가설과 식전변에 대해 간략히 설한 후 이후의 송에서 3능변식의 상을 설한다. 1송에서 설해진 식전변은 17송에 이르러서야 구체적으로 논해지고 있다. 이 방식을 취하는 이유는 3능변식의 상(相), 특히 아뢰야식 중심으로 심식론을 재구성하여 외경 없이 식만 존재할 수 있다는 근거를 마련한 후 식전변을 설하는 것으로 볼 수 있다. 따라서 1송의 식전변에 대한 의문은 중간[2송-16송]의 식전변의 양상[3능변식]과 그 근

364) 『유식의사기』(『대정장』71, 298a)

365) 『유식삼십송』(『대정장』31, 27a)

366) 『성유식론』1권에서는 수론학파, 승론학파, 변출외도, 순세외도 등과 불교 내 실유론자인 설일체유부, 경량부, 정량부 등을 논파하는 내용이 주를 이룬다.

거를 거쳐, 17송의 답변으로 이어진다고 볼 수 있다.

외부 대상의 부정을 통해 유식 교의를 정립하는 것은 규기가 활약하던 당시 당(唐)나라의 시대 상황에서도 필요한 일이라고 하겠다. 유식무경의 입장을 놓고 법상종은 당시 화엄종, 천태종 등 여타의 대승부파와 치열한 논쟁이 있었으리라고 쉽게 떠올릴 수 있기 때문이다. 이에 대한 일환으로 규기는 『대승법원의림장』에서 법상교학을 정립하고자 했으며 유식전체를 오종유식으로 조직했다고 볼 수도 있다.

이런 관점에서 오종유식의 각 요소의 의미를 살펴보면 다음과 같다.

경유식 : 외부대상에 대한 부정으로 이를 제대로 이해시키고, 유식무경을 선양

교유식 : 대승경전에 나타난 유심사상을 소개하며 교증을 강조

이유식 : 외경부정을 식전변을 통해 이치에 맞게 설득

행유식 : 가행위에서 처음으로 유식고유의 수행법인 4심사관과 4여실지관[367]이 등장하므로 이를 강조

과유식 : 전식득지, 전의 등 식전변을 통한 불과(佛果) 성취 강조

규기는 경유식을 가장 중시하였는데, 이는 오종유식을 설한 후 바로 이어서 경유식을 육문유식으로 다시 나누어 설명하는 것에서 알 수 있다. 육문유식에서 집착, 유루, 유위, 유정, 일체법의 유무, 대상[事] 등 6범주로 나눈 것은 유정이 처한 상태에 따라 외부대상을 파악하는 방식에 차이가 있음을 나타낸다. 외부대상에 대한 집착을 뛰어 넘기 위해서는 오직

367) 『유가사지론』「보살지」에 4심사관, 4여실지관이 등장하는데, 이는 유식 고유의 수행법이라고 볼 수 있다.

마음뿐이라는 유식의 이치를 깨달아야 하는 것이며 이를 유정의 상태에 따라 육문으로 나눴다고 볼 수 있다. 인위(因位)[경유식, 행유식]와 과위(果位)[과유식]에서 외부대상을 대하는 중생의 유형을 재차 경유식으로 나눌 필요가 있었으며 이를 육문유식으로 재차 정리한 것으로 파악된다.

오종유식과 육문유식을 통해 규기는 외경부정의 의미를 다각도로 밝혀 '만법유식'이라는 유식의 핵심교리를 재차 강조하고자 한 것으로 볼 수 있다.

2. 오중(五重)유식

법상유식 전통에서 오중유식은 대상을 다섯 단계에 걸쳐 순차적으로 관찰하여 최종적으로 원성실성을 획득하는 수행법으로 알려져 있다. 오중유식 뒤에 관법을 의미하는 관(觀)을 붙여서 오중유식관(五重唯識觀)으로 부르기도 한다. 규기는 사중출체(四重出體)의 방법론을 이어 받아, 외부대상을 부정하면서 최종적으로 원성실성을 획득하는 과정을 설하고 있다. 이 장에서는 오중유식이 무엇인지, 핵심이 되는 교학적 내용은 무엇인지를 살펴봄으로써 오중유식의 성립배경과 성격을 차례로 고찰하기로 한다.

1) 오중유식에 대한 기존 연구

오중유식에 대해 처음 언급하는 경론으로 규기가 저술한 『반야바라밀다심경유찬(般若波羅蜜多心經幽贊)』과 『대승법원의림장(大乘法苑義林章)』을 들 수 있다. 규기는 『반야바라밀다심경유찬』에서 간략하게 오중유식관에 대해 언급하였고 『대승법원의림장』에서 이를 좀 더 구체적으로 밝히고 있다. 『반야바라밀다심경유찬』에 오중유식의 초기 모습이 보이며[368], 『대승법원의림장』에서는 좀 더 발전된 형태로 정리된다. 오중유식은 『대승법원의림장』제3장에 해당하는 「유식의림(唯識義林)」에서 설해지고 있다. 「유식의림」은 「유식장」이라도 하며 유식의 상(相)과 성(性)을 밝히고자 하는 의도로 만들어진 장이며, 오중유식관은 그 중 유식의 체(體)를 나타내는 출체문(出體門)에서 다루어지고 있다. 유식교학을 법상문(法相門), 3시교판을 설하는 교상문(敎相門), 관법을 설하는 관심문(觀心門)의 3문으로 나누고 있는데, 오중유식관을 관심문에 포함시키고 있다.[369]

오중유식에 대한 연구는 일본에서 활발하게 전개되었다. 규기에 의해 체계화된 법상유식은 일본으로 전해져 또 다른 형태로 전개된다.[370] 『대승법원의림장』은 일본에서 많은 주석이 행해졌고[371], 특히 『대승법원의림장』의 「유식의림」에 대한 대표적 주석서로는 진흥(眞興)의 『유식의사기』가 있다[372]. 가마쿠라(鎌倉) 시대에는 정경(貞慶)이 오중유식이 마지막 중

368) 上田晃円(1980), 「法相唯識の観法としての唯識観」, 『印度学仏教学研究』通号56(東京: 日本印度学仏教学会), pp. 100-101.

369) 北畠典生(1959), 「唯識の観」, 『印度学仏教学研究』通号14(東京: 日本印度学仏教学会), pp. 248-251.

370) 後藤康夫(2003), 「貞慶の『遺相証性』について」, 『印度学仏教学研究』通号1026(東京: 日本印度学仏教学会), pp. 140-142.

371) 나라(奈良) 시대에는 선주(善珠)의 『법원의경』(「유식장」은 실전됨), 상등의 『대승법원의림장』선집(산일), 최행의 『의림장집해』 등이 있으며 『대승법원의림장』 전체에 대한 주석을 하는 한편, 헤이안(平安) 시대에는 『대승법원의림장』의 독립적인 장을 각각 하나의 사기(私記) 형태로 주석하고 있다. 「유식장」에 대한 진흥(眞興)의 주석 외에도, 관리(觀理)의 『유식의사기』, 「현성장」에 대해 중산(仲算)이 주석한 『현성의략문답』, 「오심장」에 대한 청범의 주석서인 『오심의략기』 등을 들 수 있다. 後藤康夫(2003), p.140.
또한 가마쿠라(鎌倉) 시대에서는 정경(貞慶, 1155-1213)과 양변(良遍, 1194-1252)은 오중유식관을 보완하여 의전·폐전 2중의 유식관을 제시하고 있다. 楠淳證(1992), 「法相と唯識観」『日本仏教学会年報』通号57(京都: 日本仏教学会西部事務所), pp. 115-129.

(重)인 『견상증성』[373]을, 양변은 『견상증성사』[374]를 저술했으며, 오중유식관에 기반하여 '의전(依詮) · 폐전(廢詮)'의 2중의 관법을 창안하여 실천법으로 제시하기도 하였다[375]. 현대적 연구로는 1950-60년대에 深浦正文, 北畠典生, 山崎慶輝 등이 유식의 관법을 소개하면서 오중유식관을 개괄적으로 연구하였으며[376], 1970년대 후반부터 80년대 초중반에는 上田晃圓, 根無一力 등이 중심이 되어 오중유식관의 사상적 특징을 고찰하였다[377]. 1980년 후반부터는 後藤康夫 등에 의해 관리(観理, 895-974), 정경(貞慶) 등이 편찬한 오중유식의 일본찬술 주석서 연구가 활발해졌으며, 2000년대 이후에도 이에 대한 연구가 계속 이루어지고 있다[378]. 일

372) 진흥의 사기는 「6권사기」, 관리의 사기는 「15권사기」로 불린다. 진흥의 사기는 진흥의 스승인 중산의 저술이라는 설도 있다. 上田晃圓(1981), 「唯識観の受容-観理『唯識義私記』との比較を通して」, 『印度學佛教學研究』 29卷2號(東京: 日本印度學佛教學會), p.130.

373) 後藤康夫(2003), p.140

374) 後藤康夫(2006), 「良遍の五重唯識論義『遺相證性事』の特色」, 『佛教文化』No.15(九州龍谷短期大學 佛教文化研究所), pp. 45-68. 後藤康夫는 양변의 오중유식 저술로서 「은열현승」「견상증성사」가 전해져 내려오고, 유식관에 대해서는 『유식관용의』, 『유식관사』, 『유식관작법』 등을 저술했다고 하고 있다.

375) 楠淳證(1992), p.115. '의전 · 폐전'의 유식관은 인도 이후 3성관을 보다 구체화한 것으로 ... 유식학도 사이에 '실천'이 매우 중시된 것을 여실히 나타낸다."고 주장하고 있다.

376) 深浦正文(1972), pp. 593-609. 北畠典生(1959), 「唯識の観」, 『印度学仏教学研究』通号14(東京: 日本印度学仏教学会), pp. 248-251. 山崎慶輝(1961), 「法相唯識の観法に関する二、三の問題」, 『印度学仏教学研究』通号18(東京: 日本印度学仏教学会), pp. 136-137.

377) 上田晃圓(1978), 「法相唯識における観法の重要性」, 『印度学仏教学研究』 通号53, pp. 134-135. 上田晃円(1980), 「法相唯識の観法としての唯識観」, 『印度学仏教学研究』 通号56, pp. 100-101. 上田晃円(1981), 「唯識観の受容」, 『印度学仏教学研究』 通号58, pp. 130-131. 根無一力(1982), 「五重唯識観の思想とその成立」, 『仏教学研究』 通号38. pp. 59-77.

378) 後藤康夫(1986), 「観理の『唯識義私記』について」, 『印度学仏教学研究』 通号68, pp. 78-81. 後藤康夫(1988), 「貞慶における五重唯識に関する一考察」, 『印度学仏教学研究』 通号72, pp. 166-168. 後藤康夫(1990), 「貞慶の『唯識論尋思紗」 に関する一考察」,

본에서 오중유식의 현대적 연구는 규기의 오중유식에 대한 연구에서 일본 찬술의 논소로 연구방향이 이동한 것을 알 수 있다.

한편, 국내에서 오중유식에 대한 교학적 연구는 행해지지 않았다. 1970년대 발간된 유식불교 개론서에 그 설명이 보이는데 오중유식을 대략적으로 소개하는데 그치고 있다. 김동화는 『유식철학』에서 오중유식관을 유식관법의 일종으로 언급하고 있으며, 요코야마 코이치 또한 『유식이란 무엇인가』에서 실천 관법으로 소개하고 있다[379]. 국내에서는 교학적 연구 대신 유식불교를 심리치료에 결합하려는 시도가 행해졌는데, 위에 거론한 유식불교 개론서의 내용에 기초해서 이루어졌다. 최연자는 오중유식관을 실질적인 명상법으로 보고 이에 대한 양적연구를 실시했으며, 김경일 등은 오중유식관을 상담에 활용하기 위해 이론적 고찰을 진행한 바 있다[380]. 오중유식관의 수행적 특징을 고찰한 후 이를 명상프로그램으로 만드는 것이 가능한지를 고찰한 연구도 있다.[381] 국내에서는 오중유식관

『印度学仏教学研究』 通号76, pp. 34-36. 後藤康夫(1991), 「五重唯識における摂末帰本識に関する一考察について」, 『宗教研究』 通号287, pp. 194-196. 江坂信幸(1999), 「五重唯識観の研究」,『龍谷大学大学院研究紀要』 通号21, pp. 171-174.. 後藤康夫(2003), 「貞慶の『遺相証性』について」, 『印度学仏教学研究』 通号102, pp. 140-142. 後藤康夫(2005), 「貞慶の五重唯識説の特色」, 『龍谷大学仏教文化研究所紀要』 通号44. pp. 36-64.

379) 김동화(1980), 『유식철학』(서울: 보련각). 요코야마 코이치(1996), 『唯識이란 무엇인가』(서울: 세계사), 1996. 이 책은 다음 일본서적을 번역한 것이다. 横山紘一, 「唯識とは何か: 『法相二巻抄』を讀む」(東京: 春秋社) 1992. 이 책에서는 양변의 『法相二巻抄』를 쉽게 풀이하고 있다.

380) 최연자(2006), 「오중유식관의 명상요법이 간호학생의 정신건강 상태에 미치는 효과」, 『정신간호학히지』 15권2호, pp. 127-135. 김경희 · 이영순 · 천성문(2008), 「유식학의 상담심리학적 이해와 적용에 대한 고찰」,『상담학연구』9권4호(서울: 한국상담학회), pp. 1537-1539.

381) 박재용(2014), 「오중유식관의 수행적 특징과 명상프로그램의 모색」, 『명상심리상담』 12호(서울: 한국명상심리상담학회). 오중유식관 전체를 명상 프로그램화하기에는 곤란하다고 하면서 이 중 첫 번째 중인 견허존실을 사용하여 인지치료에 적용할 수

에 대한 교학적 연구가 전무한 반면, 이를 활용해서 심리치료나 상담 프로그램으로 활용 방법을 모색하고 있다는 점이 특이할 만하다.

아래에서는 오중유식관에 대한 교학적 고찰을 통해 오중유식관의 핵심사상과 그 성격에 대해 살펴보고, 오중유식이 일본에서 어떻게 변천하며 연구되었는지, 나아가 오중유식을 응용한 현대적 명상프로그램이 가능한지 등에 대해 알아보기로 한다.

2) 오중유식관의 특징과 구조

(1) '오중유식관'과 '오중유식'

규기는 유식을 크게 10문으로 분류하고 그 중 첫번째 문인 출체문(出體門)에서 소관(所觀)유식과 능관(能觀)유식 둘로 나눈다. 오중유식은 소관유식, 즉 관찰해야 하는 것에 속한다고 설명한다.[382] 규기는 저술에서 '오중유식'이라고 구체적으로 명명하지 않았고 또한 '오중유식관'이라고도 표현하지 않았다. 다만 유식에 오중이 있고 이 오중은 소관(所觀) 유식에 속한다고 했을 뿐이다.

먼저 '오중(五重)'에서 '중(重)'의 의미는 5겹의 순차적인 진행을 뜻한다. 이러한 방법론은 법상의 핵심교학인 '사중출체'로부터 영향을 받았다고 볼 수 있다. 또 '오중'과 비슷한 용례로서 규기 당시 중국의 화엄종 등에서도 유사한 용법이 나타난다.[383]

있을 것으로 전망하고 있다.

382) 『대승법원의림장』(『대정장』45, 258b)

383) 上田晃円은 오중유식과 유사한 용례로 화엄의 10중유식을 대비시킨다. 上田晃円(1981), 「唯識観の受容」, 『印度学仏教学研究』 通号58, p.131. 10중유식은 법장(法藏: 643-712)이 규기의 오중유식을 모델로 하여 전개한 것이라고 한다. 조배균

'오중유식관'의 '유식관'이 갖는 의미가 무엇인지를 살펴보면,[384] '유식관'이라는 표현은 한역 경론에만 등장하는 용어인데 특히 진제(眞諦) 역 『섭대승론(攝大乘論)』「응지입승상(應知入勝相)」에 처음 등장한다.

> 4종심사 및 4종여실지로 인한다. 의언분별에 대해 명(名) 및 의(義)와 유사하게 현현한다. 유식관(唯識觀)으로 들어갈 수 있다. 유식관 중 어떤 법에 들어가는가? 어떤 법과 같이 들어갈 수 있는가. 단지 유량(唯量)의 상·견 2법으로 들어간다.[385]

이 문장에 대응되는 현장역 『섭대승론』「입소지상분(入所知相分)」에서는 다음과 같이 번역하고 있다.

> 4심사 및 4종의 여실변지로 인하여 이 문(文)과 유사하고 의(義)와 유사한 의언에 대해 유식성(唯識性)에 오입할 수 있다. 어떤 곳에 어떻게 오입하는가. 유식성의 상·견 2성 및 갖가지 성에 들어간다.[386]

진제가 '유식관'으로 번역하고 있는 부분을 현장은 '유식성'으로 표현한다.[387] 현장이 말하는 유식성이란 『해심밀경』「분별유가품」에서 처음 등

(2014), 「십중유식설로 보는 법장의 포월논리」,『불교학연구』38호(서울: 불교학연구회), pp. 257-287.

384) 上田晃円에 의하면 유식관은 중국에 번역 전파된 뒤 도기, 혜원·현륭·원홍·도선·지엄·법장·징관 등의 여러 유파에서 사용된다고 한다. 上田晃円(1981), p.130.

385) 『섭대승론』 진제역(『대정장』31, 123a), 밑줄은 필자.

386) 『섭대승론』 현장역(『대정장』31, 142c), 밑줄은 필자.

387) 根無一力은 이에 대해 고찰하면서 『유가사지론』 『대승장엄경론』, 『성유식론』 등에서 유식관이라는 표현을 찾을 수 없다고 한다. 또한 섭대승론의 티베트 역도 현장역과 동일하게 유식성이라고 표현하고 있다고 한다. 根無一力(1982), p.61.

장하며 원어로 vijñaptimātrata로서 "단지 알게 함"이란 뜻으로, 우리가 인식하는 대상은 외부에 존재하지 않고 단지 식의 작용뿐이라는 것이다. 『해심밀경』에서는 유식성이란 삼매 중 떠오르는 영상이 심(心)과 다른지 또는 다르지 않은지 하는 질문에 대해 그것들은 마음과 다르지 않다고 설명하고, 그 이유를 그것들의 유식성(唯識性) 때문이라고 설하고 있다.[388] 현장의 '유식성'을 진제는 '유식관'으로 표현하였으며, 이 용어가 규기 이후 법상유식에서 '유식관'이라는 용어로 정착됨에 따라 유식고유의 실천적 수행관법이라는 오해를 불러 일으켰다고 볼 수 있다.[389]

불교의 수행체계는 지(止)·관(觀) 수행으로 나뉘며 초기불교의 관법이 부정관(不淨觀)과 같은 사실적 이미지를 관하는 데서 출발하였지만, 유식불교의 체계에서 관법의 대상은 사실적 이미지는 물론 교법(教法)도 포함한다.[390] 유식불교에서 교법을 관하는 이유는 『해심밀경』에서 주관 객관이 모두 유식이라는 것을 입증하고자 하는 시도라고 볼 수 있다. 오중유식에서는 유식을 둘로 나누어 관찰하는 주체로서의 '능관(能觀)유식', 관찰되는 대상으로서 '소관(所觀)유식'을 말한다. 여기서 능관유식은 6식이고, 소관유식은 능관유식이 관찰해야할 것이다.[391] 능관유식의 체는 별경심소인 혜(慧)를 갖는 가행, 근본, 후득지를 말하고 소관유식에는 일체법

388) 안성두(2004), 「唯識性' (vijñaptimātratā) 개념의 유래에 대한 최근의 논의의 검토」, 『불교연구』 20호(서울: 한국불교연구원), pp. 161-162.

389) 根無一力도 이 점에 대해 지관삼매에 의해 행해진 영상을 어떻게 보는가에 의해 실천수습의 관법이라는 점이 교학사적으로 인정되었다고 하고 있다. 根無一力(1982), p.61.

390) 김성철(2004), 「유가행파의 수행에서 意言의 역할과 의의」,『보조사상』 21집(서울: 보조사상연구회), pp. 139-170. 김성철은 意言이라는 개념에 주목하여 유식학파에서 교법을 인식대상으로 하는 수행관을 언급하고 있다.

391) 『대승법원의림장』(『대정장』45, 259b)

(一切法)이 포함된다.[392] 일체법을 관찰해야 할 대상으로 놓는 이유는 이들이 식에 포함된다는 것을 의미하며, 또 일체법을 5중(重)의 범주로 나누어 순차적으로 이를 포섭하겠다는 것으로 볼 수 있다. 따라서 규기가 말하는 오중유식은 후대에 알려진 바와 같이 관법으로서의 '오중유식관'이라기보다는 소관유식으로서의 '오중유식'임을 알 수 있다.

(2) 오중유식의 구조

오중유식은 중(重)이라는 말이 의미하듯 큰 범주[廣]에서 작은 범주[狹]로 좁혀가는 것이며, 교학적으로는 사(事)에서 이(理)로, 변계소집에서 의타기성을 거쳐 원성실성으로 나아가는 과정을 설명하는 것이다. 여기서 큰 범주에서 작은 범주로 좁혀질 때 제거되는 것과 남는 것이 있는데, 이를 자세히 명기하고 있다는 점에서 잘 짜여진 체계적인 구조로 볼 수 있다. 이때 제거되는 것과 남는 것이 교학용어로 표현됨으로써 법상유식 교학의 핵심 내용이 총망라된다.

〈표〉를 보면 각 중(重)에서 남는 것과 제거되는 것이 무엇인지 알 수 있으며, 이에 의해 오중유식이 무엇을 표방하려고 하는지 명확해진다. 기존 연구에서는 오중유식의 핵심교리를 삼성설(三性說)이라고 보고 있으며,[393] 유식의 모든 관법을 표방한다는 주장도 있다.[394] 이들 견해를 절충하여 유식의 모든 교리는 그 핵심에 삼성설을 놓고, 오중유식을 통해 정리될 수 있다는 것이다.

392) 『대승법원의림장』(『대정장』45, 258b)

393) 深浦正文(1972), p.594. 深浦正文은 유식삼성관을 실제로 수행할 때 낮은 곳에서 깊은 곳으로 나아가는 5중의 방법이 오중유식관이라 하고 있으며, 北畠典生 또한 삼성관을 기초로 하여 오중유식관이 전개된다고 주장한다. 北畠典生(1959), p.248.

394) 上田晃円(1980), p.100.

〈표12〉 오중유식의 각 중(重)과 핵심 교리[395]

오중유식	견허존실 →	사람유순 →	섭말귀본 →	은열현승 →	견상증성
제거 되는 것	변계소집의 제거	경(境)의 제거	견분·상분의 제거	심소의 제거	상(相)·용(用) 제거
남는 것	의타기와 원성실	식(識)	식 자체 (자증분)	심왕 (心王)	성(性) (체(體)와 이(理))
3성설 상의 구성	변계소집성	의타기성·원성실성			원성실성
유식5위와의 관계	가행위	통달위	통달위	–	통달위, 수습위, 구경위

〈표〉에서는 오중유식의 각 중과 삼성설·유식5위(五位)와의 연관성이 드러나지만 『대승법원의림장』이나 진흥의 주석서에서는 명확하게 확인되지는 않는다.[396] 오중유식과 삼성설의 관계는 명확하게 드러나는 반면 각 중과 유식오위의 수행계위는 일대일로 대응하지 않는다는 것을 알 수 있다.

3) 오중유식 각 중(重)의 내용과 핵심교리

오중유식관의 성격을 규명하기 위해서 먼저 오중유식에 산재되어 나타난 교학의 내용이 무엇인지 고찰할 필요가 있다. 규기는 오중유식 각 중(重)의 내용을 소개하는 과정에서 여러 유식 경론(經論)을 인용하고 있는

395) 박재용(2014), 「오중유식관의 수행적 특징과 명상프로그램의 모색」, p.16의 표 인용.

396) 根無一力은 오중유식과 유식5위를 배대하고자 했는데, 2중과 3중을 통달위에 배대시키는 것에 문제가 있다고 보고 대신 오중유식관을 법상유식의 사중출체(四重出體)설과 연결짓고 있다.

데 주석서인 진흥의 『유식의사기』의 내용을 참고하여 살펴보기로 한다.

(1) 견허존실식(遣虛存實識)

오중유식관의 첫 번째 중(重)은 견허존실이다. 견허존실이란 허망[虛]을 버리고 실(實)을 남기는 것이다. 규기는 『대승법원의림장』에서 다음과 같이 정의하고 있다.

> 첫째는 허망은 없고 진실만이 있는 식이다. 변계소집은 오직 허망하게 일어난 것이므로 모두 체와 용이 없다는 것을 관하여 응당 바로 공[집]을 제거한다. 망정은 있고, 이치는 없기 때문이다. 의타와 원성은 제법의 체가 실재하는 2가지 지혜의 경계를 관하여 바로 있다고 알아야 한다. 이치는 있고 망정은 없기 때문이다.397)

견허존실의 핵심은 변계소집성의 제거이며, 식밖에 존재하는 대상이 없다고 하는 것이다. 위의 내용을 〈표〉로 정리하면 3성설과 밀접한 관련이 있다는 것을 알 수 있다.

규기는 변계소집을 제거하는 데 있어, 무착(無着) 『섭대승론』의 다음 송을 인용한다.

> 명칭과 사물은 서로 객(客)이 되니, 그 성을 심사해야 한다. ... 진실한 지혜는 대상(義) 없이 오직 분별의 세 가지만이 있음을 관한다. 그것이 없기 때문에 이것도 없다. 이것이 곧 삼성에 들어가는 것이다.398)

---

397) 『대승법원의림장』(『대정장』45, 258c)
398) 『대승법원의림장』(『대정장』45, 258b)

〈표13〉 견허존실식과 3성설

삼성(三性)	특징			대치	소치
변계소집	체와 용이 없음	정유리무(情有理無, 미정은 있고 이치는 없음)	견공(遣空, 공집을 제거)	유집(변계소집에 유집을 일으킴)	공관으로 유집제거
의타기 · 원성실성	법체가 실재하는 2지를 관함.(2智는 후득지와 정지를 말함)	이유무정(理有情無, 이치는 있고 미정은 없음)	존유(存有, 있는 것을 남김)	공집(의타 원성에 공집을 일으킴)	유관으로 공집제거

이 송의 내용은 4심사관(四尋思觀) · 4여실지관(四如實智觀)으로 연결되는데, 진흥은 『유식의사기』에서 『섭대승론』 무성석을 인용하여 이를 자세히 다룬다. 4심사관은 명칭 · 사물 · 자성 · 차별에 대해 심사(尋思)하는 것으로서 실제는 없고 분별과 가립만 있다는 것을 의미한다. 여기서 자성이나 차별이 없다는 것은 마음 밖에 대상이 없다는 것을 아는 지혜로서 이를 4여실지라고 한다. 명칭과 사물이 가립되어 있다는 것을 알게 되면서 변계소집에서 벗어난다. 곧 자성 및 차별심사에 대해 오직 분별이고 가립되어 있음을 아는 것이 의타기이다. 최종적으로 대상(義)이 없음을 관하여[觀無義] 원성실에 깨달아 들어간다.

진흥은 『성유식론』 9권을 인용하여 좀 더 자세하게 이에 대해 살피고 있는데[399], 이를 정리하면 다음 〈표14〉와 같다.

399) 『성유식론』(『대정장』30, 49b)

〈표14〉 견허존실의 수행계위와 사심사 · 사여실지

<table>
<tr><th>사정
(四定)</th><th>특징</th><th>소취와
능취</th><th>4심사,
4여실</th><th>수행계위</th></tr>
<tr><td>명득정
(明得定)</td><td>인식대상인 명칭 · 대상 · 자성 · 차별의 4가지가 모두 마음이 전변한 것을 아는 것</td><td rowspan="2">소취공
(所取空)</td><td>하품심사</td><td>난위(煖位)</td></tr>
<tr><td>명증정
(明增定)</td><td>인식대상인 명칭 등 4가지가 비실재라고 관찰</td><td>상품심사</td><td>정위(頂位)</td></tr>
<tr><td>인순정
(印順定)</td><td>인식대상이 비실재임을 결정적으로 인가</td><td rowspan="2">소취공
(所取空),
능취공
(能取空)</td><td>하품여실</td><td>인위(忍位)</td></tr>
<tr><td>무간정
(無間定)</td><td>인식대상과 인식주체의 공함을 아는 것</td><td>상품여실</td><td>세제일법위
(世第一法位)</td></tr>
</table>

〈표14〉를 보면, 수행계위가 깊어짐에 따라 먼저 인식대상인 소취가 공하고 이후 인식주체인 능취가 공하다고 깨닫게 된다. 오중유식관의 1중인 견허존실에서는 마음 밖의 사물의 존재가 부정되는 것이므로 명득정, 즉 난위에 해당된다고 볼 수 있다.

견허존실을 설명하는 대목에서는 "무시(無始)이래 아와 법이 있다고 집착하고 사(事)와 이(理)가 공하다고 한다. 여기서 버리는 것은 공관(空觀)으로 유집(有執)을 파하는 것에 대응한다. 남기는 것은 유관(有觀)으로 공집(空執)을 버리는 것에 대응한다."[400]고 하면서 견허존실을 부연 설명한다. 또 "유식이란 말은 이미 변계소집을 부정한다."[401]고 하면서 견허존실의 핵심으로 변계소집의 부정을 들고 있다.

400) 『대승법원의림장』(『대정장』45, 258c)
401) 『대승법원의림장』(『대정장』45, 258c)

정리해보면 견허존실이 맨 처음 중이지만 실제로는 전체를 모두 아우르는 것이다. 견허존실의 핵심내용은 삼성설 중 변계소집의 제거이자 외경(外境)의 부정이다. 따라서 5중의 첫 번째에 두었지만 5중 전체의 총관(總觀)에 해당한다고 볼 수 있다. 규기는 견허존실을 설명하는 마지막 대목에서 "일체위에서 사량하고 수행 증득한다."고 설하고 있다.[402] 곧 견허존실이 오중유식의 첫 번째이자 전체를 포괄하는 총관인 것이다.

(2) 사람유순식(捨濫留純識)

사람유순이란 마음속의 내경(內境)을 제거하고자 하는 것이다. 이미 앞의 견허존실식에서 마음 밖의 외부 대상[外境]이 실제로 없다고 하면서 변계소집을 제거하였다. 규기는 『대승법원의림장』에서 다음과 같이 사람유순에 대해 정의하고 있다.

> 비록 사(事)와 이(理)가 모두 식을 떠나 있지 않다고 관(觀)해도 이 내식에 경(境)이 있고 심(心)이 있다. 심이 일어나면 반드시 내경을 의탁해 생하기 때문에 단지 식 뿐이라고 말하지 오직 경이라고는 말하지 않는다.[403]

사람유순의 핵심은 내부 경(境)의 제거이다. 내경이 무엇인지를 밝히기 위해 규기는 『성유식론』, 『후엄경』, 『화엄경』 등을 차례로 인용하고 있다.

---

402) 『대승법원의림장』(『대정장』45, 258c) 深浦正文은 이를 부연하면서 견허존실이 5중의 총관(總觀)이고 다른 중은 이를 열어 보인 별관(別觀)에 불과하다고 하고 있다. 深浦正文(1972), p.599.

403) 『대승법원의림장』(『대정장』45, 258c)

『성유식론』을 인용하여 유식에서 '유(唯)'의 의미를 풀이한다. '오직'이라는 말은 외부대상을 부정하는 것이지 내부대상은 부정하지 않는다고 하고 있다. 여기서 내부대상은 친소연연(親所緣緣)과 소소연연(疎所緣緣)으로 나눌 수 있는데,404) 친소연연은 영상상분이고 소소연연은 본질상분에 해당한다.

이미 외부 대상을 변계소집으로 보고 견허존실에서 제거했는데, 다시 내경을 상정하여 제거하는 데는 이유가 있다. 법상유식에서는 우리 인식의 구조를 더 세분화하여 분석하는데, 소연에 대해 친소연연과 소소연연으로 나누고 친소연연은 내(內)로 소소연연은 외(外)로 보고 있다. 견허존실에서 이미 외경에 해당하는 변계소집을 제거했으므로 여기서는 내경 중 외에 해당하는 소소연연을 제거하는 것이다. 친소연연과 소소연연 개념은 『성유식론』에 처음 나오는 용어로서 소연의 특징 중 하나이다. 친소연연은 심왕에 나타나는 상이므로 친(親)하다는 표현이고, 실제 본질은 심밖에 있는 [사려되거나 의탁되지 않은] 것의 상이므로 소(疎)라고 표현한다.

다음으로 『성유식론』 7권에 나와 있는 『후엄경』의 게송을 인용하고 있다.

> 심 · 의 · 식의 소연은 모두 자성을 떠나지 않는다. 그러므로 나는 일체가 오직 심만 존재하고 다른 것은 없다고 설한다.405)

이 게송 역시 외경 부정과 비슷하지만, 제8식, 제7식, 제6식의 소연이 자체를 대상으로 한다는 것을 말한다. 여기서 자성이란 식의 체인 자체분

404) 『성유식론』(『대정장』31, 59a)

405) 『성유식론』(『대정장』31, 39a), 『대승법원의림장』의 258c에서 재인용.

을 말한다. 그런데 견분이 자체분을 떠나지 않는 이유는 자체분이 식체의 용(用)이기 때문이라고 하고 있다.[406] 『후엄경』을 인용하여 견분을 자체분의 용(用)이라고 놓고, 2분 중 상분을 배제하고 있다.

(3) 섭말귀본식(攝末歸本識)

섭말귀본식에서는 2중(重)인 사람유순식에서 심의 대상인 상분을 제거한 결과 자체분인 능변을 본(本)으로 하고, 견분을 말(末)로 한다. 이에 대해 『대승법원의림장』에서는 다음과 같이 설하고 있다.

> 심 내의 소취의 경계가 드러나고 심 내의 능취의 작용 역시 그러하다. 이 견분 상분은 모두 식에 의지해 있다. 식 자체를 떠나서는 본과 말의 법은 반드시 없기 때문이다.[407]

능취 · 소취는 모두 식 자체에 의지해있다. 이때 식 자체는 본이고, 능취 · 소취는 식의 작용인 말(末)이다. 규기는 이를 증명하기 위해 유식30송의 첫 송인 "아와 법을 임시로 설해서 종종의 상이 전전함이 있다. 저것은 식에 의지해서 전변된 것이다. 이 능변에 오직 셋이 있다."[408]를 인용한다. 여기서 "저것은 식에 의지해서 전변된 것이다."라는 내용이 섭말귀본식을 증명한다고 하면서, 다시 『성유식론』의 "그 상(相)은 모두 식이 전변된 것에 의지해서 임시로 시설된다."[409]를 인용한다. 또한 규기는 『성유식론술기』의 "그 아와 법의 상은 내식 등의 소변에 의지해서 상이

---

406) 『유식의사기』(『대정장』71, 314a)

407) 『대승법원의림장』(『대정장』45, 258c)

408) 『유식삼십송』(『대정장』31, 60a)

409) 『성유식론』(『대정장』31, 1a)

나타나 임시로 일어나서 아와 법의 모든 상이라고 설한다. 식을 떠나 실재하는 아와 법에 의지해서 일어나는 것이 아니므로 가라고 설하는 것이다. 단지 내식의 소변의 상분 견분에 의지해서 가라고 설하기 때문이다."[410]를 인용하면서, 아와 법이 결국 식전변에서 비롯된 것이라고 설하고 있다. 그렇다면 식이 전변되는 체는 무엇인가? 『대승법원의림장』에서는 『성유식론』을 인용하여 이를 밝히고 있다.

> 『성유식론』에서 설하길, 변이란 식체가 2분으로 전사하는 것이다. 상분과 견분 모두 자체에 의지해서 일어나기 때문이다.[411]

여기서 주장하는 것은 마치 한 달팽이[자체분」에 두 개의 뿔[상분, 견분]이 생겨나듯이 상분 · 견분은 모두 자체분에 의거한다는 것이다. 말(末)에 해당하는 상분 · 견분을 본(本)인 자체분에 포함시키고 있다.

섭말귀본에서는 『유식삼십송』, 『성유식론』, 『해심밀경』을 인용하여 상분 · 견분인 말(末)을 식의 본(本)인 자체분[자증분]으로 돌아가게 한다는 것을 알 수 있다. 앞의 중(重)에서 심외의 상분과 심내의 상분 모두를 차례로 버린 바 있으며, 이제 견분을 자체분으로 돌리는 것이다. 자체분을 언급하는 것은 결국 3분설이나 4분설을 말한다. 『대승법원의림장』이나 『유식의사기』에는 증자증분이 등장하지 않지만 여기 인용되는 자체분이란 안혜 · 난타 등의 1분설 · 2분설의 내용이 아니라 호법의 4분설을 정설로 하여 설명하고 있다.

410) 『성유식론술기』(『대정장』43, 238b)

411) 『대승법원의림장』(『대정장』45, 259a)

(4) 은열현승식(隱劣顯勝識)

은열현승의 뜻은 수승한 것은 드러내고 열등한 것은 감춘다는 의미로서, 『대승법원의림장』에서는 다음과 같이 정의하고 있다.

> 심왕과 심소는 모두 능변으로 나타나지만 단지 설하기를 오직 심만 있고 심소는 없다고 한다. 심왕의 체는 수승하지만 심소는 열등해서 수승한 것에 의지해서 생한다. 숨은 것과 열등한 것[隱劣]은 나타나지 않고 오직 승법(勝法)만이 드러난다.[412]

심왕은 수승하고, 심소는 열등하다고 히면서 심소를 제외시키는 것이다. 유식불교에서 심소는 심왕소유(所有)의 법으로[413], 심왕에 속한 것이다. 여기서 이를 강조하는 이유는 무엇일까.

규기는 은열현승에 대한 정의를 한 다음에 바로 『성유식론』의 장엄론의 송을 인용하고있다.

> 따라서 자존(慈尊)께서 설하시길, 심왕이 둘과 유사하게 나타난다고 인정한다. 이와 같이 탐(貪) 등과 유사하거나 혹은 신(信) 등과 유사하며 별도의 염법과 선법은 없다.[414]

이 송을 인용하는 이유는 은열현승을 증명하기 위한 것으로 먼저 심왕이 견분 · 상분의 2분과 유사하듯이 탐(貪) · 신(信) 등과도 유사하다고 한다. 이는 탐 · 신 등의 심소를 별도의 법으로 계탁하여 일체 염법(染法) ·

---

412) 『대승법원의림장』(『대정장』45, 259a)

413) 深浦正文(1972), p.131

414) 『성유식론』(『대정장』31, 36c)

선법(善法)의 별도의 법이 있다고 주장하는 백론사(百論師)를 비판하기 위한 것이다. 견분 · 상분과 유사하게 심왕이 나타나는 것이 유식의 이치이기는 하지만, 탐(貪) · 신(信) 등은 심왕에 소속된 심소이므로 이것이 별도의 체가 있어 나타난다고 하는 것을 부정한다. 진흥의 『유식의사기』에서는 『성유식론』을 인용하여 이 논의를 매듭짓는다.

> 또 식이나 심이라는 말에 또한 심소도 포함된다. 항상 상응하기 때문이다.415)

이 글은 심왕이나 심소의 관계를 나타내기 위한 것이다. 심왕은 수승하지만 심소는 저열하므로, 심소는 심왕에 포함된다는 것을 재차 설명하고 있다. 『대승법원의림장』의 다음 구절에서 이 관계는 좀 더 명확하게 드러난다. 규기는 『장엄론』의 송에 대해 다음과 같이 설하고 있다.

> 비록 심 자체인 능변이 그 견분 상분의 둘과 유사하게 나타나서 탐(貪) · 신(信) 등의 체 역시 각각의 능변은 자기의 견분 상분과 유사하게 나타난다. 심이 수승하므로 심이 둘로 사현한다고 한다. 심소는 저열하므로 감추어 설하지 않는다. 능히 유사하게 나타날 수 없는 것이 아니다.416)

탐 · 신 등 심소는 심왕이 견분 · 상분으로 유사하게 변현할 때 심왕과 같이 사현되므로, 심소가 별체가 있는 것이 아니라고 설한다.417)

415) 『성유식론』(『대정장』31, 37a)

416) 『대승법원의림장』(『대정장』45, 259a)

417) 이어서 『대승법원의림장』에서는 『설무구칭경』을 인용하고 있는데, 『설무구칭경』에

은열현승은 심소를 숨기고 심왕을 드러낸다는 뜻으로 심소를 심의 작용으로 보는 것이다. 다른 4중과 달리 이 중(重)에서는 심왕과 심소의 관계만을 다루고 있다.

(5) 견상증성식(遣相證性識)

견상증성이란 상(相)을 버리고 성(性)을 증득한다는 것으로 『대승법원의림장』에는 다음과 같이 정의한다.

> 식이 표현됨에 이(理)와 사(事)를 갖춘다. 사(事)는 상(相)과 용(用)을 버려서 취하지 않고, 이(理)는 성(性)과 체(體)로서 작증을 얻는다.418)

오중유식에서 앞의 4중은 사(事)에 해당된다. 마지막 견상증성에서는 앞의 4중 즉 사(事)를 버리고 이(理)에 해당하는 성(性)을 증득한다. 여기서 증명하고자 하는 것은 바로 유식의 이치이다. 다섯 번째 중(重)에는 두 가지 뜻이 있는데, 하나는 정체지를 밝혀 원성실의 이치를 증명하고, 다른 하나는 후득지 소연의 의타기성을 밝혀 궁극적으로 원성의 이(理)를 증득하고자 한다. 규기는 『승만경』의 '자성청정심'을 인용하며,419) 이에 대해 진홍은 진여성(眞如性)이 멸제(滅諦)이자 모든 염오를 떠나 제법 가

서 설하기를 심이 때 묻었기에 유정도 때 묻었고 심이 깨끗하기에 유정도 같다. 모두 이 문에 포함된다. ("無垢稱言. 心垢故有情垢. 心淨故有情淨等. 皆此門攝.") 여기에서도 심을 본으로 하여 염정의 제법이 있다는 것을 심왕이 염오이면 유정(有情)도 염오이고, 반대로 심왕이 청정하면 유정도 청정하다고 하고 있다. 심이 바로 본(本)이라고 재차 강조하고 있다.

418) 『대승법원의림장』(『대정장』45, 259a)

419) 『대승법원의림장』(『대정장』45, 259a)

운데 있는 실질적인 심의 본체라고 설하고 있다.[420)]

다음으로 『섭대승론』을 인용하여 견상증성의 뜻을 증명한다. 『섭대승론』 송에는 "노끈에 대해 뱀이라는 생각을 일으킨다. 노끈을 본 후에는 대상[뱀]은 없다. 그것[노끈]의 부분임을 깨달아 볼 때 [바로 전에] 뱀이라고 알았던 착란을 알 것이다."[421)] 이것은 3성설의 대표적인 예로서, 규기는 무성(無性)석을 인용하여 이를 설명한다. 노끈이라는 생각이 일어날 때 뱀이라는 생각이 사라지는 것은 바로 변계소집을 버리고 의타기성을 얻는 것이다. 노끈 역시 실재하지 않고 사실 마(麻)가 모인 사물이라고 아는 것은 의타기성으로부터 원성실성을 깨닫는 것이다.[422)]

진흥은 이에 대해 주석하면서, 난위(煖位)·정위(頂位) 2위에서 심사지(尋思智)를 일으켜 소취의 집착을 제거하고, 인위(忍位)에서는 여실지를 일으켜 능취의 집착을 제거하며, 견도에 들어 후득지를 얻어 미란(迷亂)을 제거하는데 이때 원성실에 의거해서 의타기를 버리게 된다고 설명한다.[423)] 마지막으로 『대승법원의림장』에서는 견상증성을 다음과 같이 정리하고 있다.

> 따라서 점차 진실에 도달해서 뱀이 공하고 노끈의 부분인 것을 깨닫는다. 진실을 관하는 위를 증득해서 진리를 비추어 세속사가 드러난다. 이(理)와 사(事)가 이미 드러나 아(我)와 법(法)이 문득 사라진다.[424)]

---

420) 『유식의사기』(『대정장』71, 323b)
421) 『대승법원의림장』(『대정장』45, 259a)
422) 『대승법원의림장』(『대정장』45, 259a)
423) 『유식의사기』(『대정장』71, 324a)
424) 『대승법원의림장』(『대정장』45, 259a)

유루지와 무루지를 통해 견상증성의 행상을 밝히고 있다. 궁극적으로 삼성(三性)에 깨달아 들어갈 때 이(理)와 사(事)가 드러난다고 설하고 있다.

4) 오중유식과 유식교학

앞의 내용을 토대로 오중유식에 각 중(重)에 등장하는 유식의 핵심 교학을 정리하면 〈표15〉과 같다.

규기는 유식교학의 핵심이 되는 『해심밀경』, 『섭대승론』, 『성유식론』 등을 주로 인용하여 오중유식에 대해 설명하고 있으며, 진흥은 각종 주석서를 중심으로 풀이하고 있다. 앞의 〈표〉에서 볼 수 있듯이, 유식의 핵심 교학인 삼성설, 유식오위, 사심사관과 사여실지관, 사선근, 사분설 등이 총망라되어 있다.

〈표15〉 오중유식의 각 중(重)에 언급된 경론과 핵심 교리

오중유식	『대승법원의림장』의 인용경론	『유식의사기』의 인용경론	핵심 교리 내용
1중 견허존실	『섭대승론』 『성유식론』	『대승아비달마잡집론』 『중변분별론』 『성유식론요의등』 『성유식론소』(의연) 『섭대승론』(무성석) 『성유식론』 『성유식론술기』 『성유식론장중추요』 『성유식론소초』(영태)	3성(변계소집성, 의타기성, 원성실성) 4심사관(명 · 의 · 자성 · 차별) 4여실지관 4선근(난 · 정 · 인 · 세제일법) 4정(명득정 · 명증정 · 인순정 · 무간정) 유가5종(지 · 임 · 경 · 명 · 의) 5법(8식, 6위심소, 상 · 견분, 분위차별, 진여) 수행5위(자량위 · 가행위 · 통달위 · 수습위 · 구경위)

2중 사람유순	『성유식론』 『후엄경』 『화엄경』 『유교경』	『성유식론』 『성유식론술기』 『십지경』 『불타반열반약설교계경』 『유교경론』	3성설 친소연연, 소소연연 자체분, 견분, 상분 구유의(俱有依), 개도의(開導依) 삼계유심 3종삼매(三昧) : 공삼매, 원삼매, 무상삼매
3중 섭말귀본	『유식30송』 『성유식론』 『해심밀경』	『성유식론』 『성유식론술기』 『해심밀경』	소취와 능취 식체전사이분(識體轉似二分) 자체분 아와 법의 가설(무체수정가, 유체시설가[이무의유가, 이의의체가]) 제식소연유식소현(諸識所緣唯識所現)
4중 은열현승	『장엄론 『무구칭경』	『성유식론』 『성유식론술기』 『성유식론소초』(영태)	심소만 있고 선법과 염법의 별체 부정 심소는 심왕에 포함 심왕수승 심소저열 심청정유정청정 청정과 잡염 유위법과 무위법
5중 견상증성	『승만경』 『섭대승론』	『승만보굴』(길장) 『해권론』(진나) 『섭대승론』(무성석) 『대승아비달마잡집론술기』(규기) 『반야심경유찬』(규기)	사(事)→이(理) [相用→性體] 자성청정심 마(麻) - 노끈 - 뱀의 비유 의타기성과 원성실성 정체지와 후득지

5) 오중유식의 성격과 성립배경

오중유식의 교학적 특징을 바탕으로 그 성립배경과 응용 가능성에 대해 살펴보기로 한다. 오중유식은 규기가 정립한 것으로 볼 수 있는데, '오중유식'이나 각 중(重)의 용어를 규기 이전의 경론에서 찾을 수 없기 때문이다. 학자들의 선행연구에서도 확인되듯이, 규기는 『대승법원의림장』을 통해 자신만의 독창적인 법상교학을 정립하고자 하였고 오중유식은 그 중 하나라고 볼 수 있다.

규기는 왜 오중유식을 정립하고자 했는가. 필자는 그 성립배경을 다음과 같이 결론내리고자 한다. 오중유식 전체에는 법상유식의 근간이 되는 호법유식의 체계가 흐르고 있는데, 규기는 이를 다섯 가지 순차적 방법인 오중(五重)으로 정리하고자 하였다. 실제 오중유식의 각 중에는 3성설, 4심사관 · 4여실지관과 같은 전통적인 유식교학 외에도 호법의 『성유식론』에 기반한 교학이 등장한다. 유식5위나 4분설이라든지, 영상상분 · 본질상분, 친소연연 · 소소연연 등 법상교학이 언급되고 있다고 할 수 있다. 규기가 오중유식을 정립한 이유는 바로 법상교학을 삼성설(三性說)의 틀에서 체계적으로 재배치하기 위한 것으로 볼 수 있다. 이 관점에서 오중유식의 성격을 추정해보면, 오중유식은 유식성인 진여에 이르는 순차적인 실천관법이라기 보다는 규기가 법상유식을 체계적으로 정립하고자 조직한 교리체계라고 파악된다. 규기는 사중출체의 방법론을 이어 받았고 이와 유사하게 법상유식을 5가지의 단계로 설명하고자 한 것이다.

유식의 실천 수행의 관점에서 오중유식을 파악할 때 그 현실성에 있어서는 의문점이 일어난다. 유식관법은 교법을 관하는 특징이 있음에도, 오중유식의 5단계를 실천 수행에 활용하기에는 어려움이 많아 보인다. 이를테면, 사람유순식에서 친소연연을 남기고 소소연을 버린다거나, 섭말귀본에서 견분을 자체분으로 돌린다고 한다거나, 은열현승에서 심왕만 있고 심소는 없다고 관하는 것과 같은 추상적 사유의 내용을 과연 실천관법으로 수행에 직접 적용할 수 있는지에 대해서 의문점이 남기 때문이다. 일반적으로 실천관법의 대상은 추상적인 개념보다 구체적인 대상이어야 한다. 이에 대해서는 일본 학계에서도 지적한 바 있으며, 오중유식관의 추상성을 보완하기 위해 가마쿠라 시대의 정경, 양변 등은 손쉽게 실천할 수 있는 "의전 · 폐전" 관법을 만들었다고 전해진다.[425] 따라서 오중유식은 실천관법이라기 보다는 유식의 삼성설을 기반으로 법상교학의 체계화를 위한 규기의 노작(勞作)에 가깝다고 결론지을 수 있을 것이다.

마지막으로 오중유식의 현대적 응용 가능성에 대해 고찰해보면, 구체적인 실현에 어려움이 많아 보인다. 그 이유로는 첫째, 오중유식이 내용이 전문적인 유식교학이므로 현대인들에게 매우 난해하고 추상적이기 때문이다. 물론 견허존실 등에서 다루는 일부 내용을 현대적 프로그램으로 재구성할 수 있겠지만 여기에는 체계적인 검증이 뒤따라야 할 것이다. 둘째, 일반적으로 현대적 심리치료 프로그램이 되기 위한 조건으로 실천적으로 전승되어 구체적인 수행법이 있는 경우가 유리할 것이다. 그러나 일본 법상종 전통 내에서도 오중유식을 이용해서 실천 수행을 하고 있다는 문헌적 근거는 찾을 수 없으며, 오히려 후대에 정경 · 양변 등이 다른 관법 수행을 모색했다는 점에서 당시에도 오중유식을 실천관법으로 수행하지 않았다고 추정할 수 있다. 따라서 오중유식을 현대적으로 활용하기에는 향후 좀 더 다양한 연구와 접근이 필요하다고 생각한다.

지금까지 오종유식과 오중유식으로 전개되는 규기의 유식관을 살펴보았다. 규기는 유식경론에 등장하는 유식교리를 여러 방식으로 재조직하여 체계화하고 있는데, 그 최종 결과물이 법상유식이라고 볼 수 있다. 오심,

425) 楠淳證(1992), pp. 115-129. 楠淳證은 오중유식관이 실천하기 어려워서 좀 더 구체적인 실천법으로 정경과 양변에 의해 의전(依詮)·폐전(廢詮) 2중의 유식관이 만들어졌다고 한다.

오종유식, 오중유식은 법상교학의 한 부분을 구성하고 있고, 이에 대한 고찰을 통해 규기가 의도하는 바를 조금이나마 파악할 수 있다. 심식론의 변천과정에서 살펴보았듯이 규기는 오심(五心)을 정립하여 호법이 제시한 심식론을 완결짓고자 하였다. 마찬가지로 그는 오종유식과 오중유식을 통해 법상유식의 핵심교학을 자신의 방식으로 체계화하고자 하였다.

오종유식에서 규기는 외부대상을 부정하는 경(境)유식을 중시하면서 이를 6문유식으로 보충하고자 했다. 집착과 유루에 얽매인 중생의 근기에 맞춰 유식을 논할 필요가 있었기 때문이다.

오중유식(五重唯識)에서 규기는 사중출체(四重出體)의 방법론을 가져와서 3성설의 관점에서 법상유식 전체를 재구성하였다. 큰 범주에서 작은 범주로 좁혀지는 다섯 단계의 과정에서 버려야 할 것과 남겨야 할 것이 드러나면서, 변계소집에서 의타기성을 거쳐 원성실성으로 향하는 도정(道程)이 완성된다.

유식불교에서 가장 중요한 부분은 어디일까? 범부의 입장에서 보자면 3성설도 아니고 전의(轉依)의 결과로 드러나는 붓다의 경지도 아닐 것이다. 유식수행자가 가장 먼저 부딪치는 장애물은 바로 '외부 대상은 없고 오직 식뿐이다'라는 출발점일 것이다. 필자는 오종유식과 오중유식의 다른 요소도 중요하지만, 규기가 유독 강조하는 부분은 외부 대상을 부정하면서 '오직 식뿐'이라고 선언하는 그 출발선상이라고 생각한다. 오종유식에서 경(境)유식이 6문유식으로 부연(敷衍)되고 오중유식에서는 견허존실(遣虛存實)이 총관(總觀)으로 강조된다는 점에서, 규기의 유식관이 시작하고 지향하는 곳이 어디인지를 조금이나마 엿볼 수 있기 때문이다.

▮ 부록 1

『송고승전』「규기전」 원문

宋高僧傳卷第四

宋左街天壽寺通慧大師
賜紫沙門贊寧等奉 勅撰
義解篇第二之一 正傳二十一人附見七人

唐京兆大慈恩寺窺基傳

釋窺基. 字洪道. 姓尉遲氏. 京兆長安人也. 尉遲之先與後魏同起. 號尉遲部. 如中華之諸侯國. 入華則以部爲姓也. 魏平東將軍說. 六代孫孟都生羅迦. 爲隋代州西鎭將. 乃基祖焉. 考諱宗. 唐左金吾將軍松州都督江由縣開國公. 其鄂國公德則諸父也. 唐書有傳. 基母裴氏. 夢掌月輪吞之. 寤而有孕. 及乎盈月誕. 彌與群兒弗類. 數方誦習神晤精爽. 奘師始因陌上見其眉秀目朗擧措踈略. 曰將家之種不謬也哉. 脫或因緣. 相扣度爲弟子. 則吾法有寄矣. 復念在印度時計迴程次. 就尼犍子邊. 占得卦甚吉. 師但東歸哲資生矣. 遂造北門將軍微諷之出家. 父曰. 伊類麁悍那勝教詔. 奘曰. 此之器度非將軍不生. 非某不識. 父雖然諾. 基亦強拒. 激勉再三. 拜以從命. 奮然抗聲曰. 聽我三事方誓出家. 不斷情欲葷血過中食也. 奘先以欲勾牽. 後令入佛智. 佯而肯焉. 行駕累載前之所欲. 故關輔語曰三車和尚. 即貞觀二十二年也. 一基自序云. 九歲丁艱漸疎浮俗. 若然者三車之說. 乃厚誣也. 至年十七遂預緇林. 及乎入法. 奉勅爲奘師弟子. 始住廣福寺. 尋奉別勅選聰慧頴脫者. 入大慈恩寺躬事奘師學五竺語. 解紛開結統綜條然. 聞見者無不歎伏.

凡百犍度跋渠．一覽無差．寧勞再憶．年二十五應詔譯經．講通大小乘教三十餘本．創意留心勤勤著述．蓋切問而近思．其則不遠矣．造疏計可百本．奘所譯唯識論．初與昉尚光四

人同受潤色執筆撿文纂義．數朝之後基求退焉．奘問之．對曰．夕夢金容晨趨白馬．雖得法門之糟粕．然失玄源之醇粹．某不願立功於參糅．若意成一本．受責則有所歸．奘遂許之．以理遣三賢獨委於基．此乃量材授任也．時隨受撰錄所聞．講周疏畢．無何西明寺測法師亦俊朗之器．於

唯識論講場得計於閽者賂之以金．潛隱厥形．聽尋聯綴亦疏通論旨．猶數座方畢測於西明寺鳴椎集僧稱講此論．基聞之慚居其後不勝悵怏．奘勉之曰．測公雖造疏未達因明．遂爲講陳那之論．基大善三支．縱橫立破述義命章．前無與比．又云．請奘師唯爲己講瑜伽論．還被測公同前盜聽先講．奘曰．五性宗法唯汝流通．他人則否．後躬遊五臺山登太行．至西河古佛宇中宿．夢身在半山巖下有無量人唱苦聲．冥昧之間初不忍聞．徒步陟彼層峯．皆瑠璃色．盡見諸國土．仰望一城．城中有聲曰．住住．咄基公未合到此．斯須二天童自城出．問曰．汝見山下罪苦衆生否．答曰．我聞聲而不見形．童子遂投與劍一鐔曰．剖腹當見矣．基自剖之．腹開有光兩道暉映山下．見無數人受其極苦．時童子入城持紙二軸及筆投之．捧得而去．及旦驚異未已．過信夜寺中有光．久而不滅．尋視之數軸發光者．探之得彌勒上生經．乃憶前夢必慈氏令我造疏通暢厥理耳．遂援毫次．筆鋒有舍利二七粒而隕．如呉含桃許大．紅色可愛．次零然而下者．狀如黃梁粟粒．一云．行至太原傳法．三車自隨．前乘經論箱帙．中乘自御．後乘家妓女僕食饌．於路間遇一老父．問乘何人．對曰．家屬．父曰．知法甚精．携家屬偕．恐不稱教基聞之頓悔前非．翛然獨往．老父則文殊菩薩也．此亦卮語矣．隨奘在玉華宮．參譯之際三車何處安置乎．基隨處化徒．獲益者衆．東行博陵有請講法華經．遂造大疏焉．及歸本寺恒與翻譯舊人往還．屢謁宣律師．宣每有諸天王使者執事．或冥告雜務．爾日基去方來．宣怪其遲暮．對曰．適者大乘菩薩在此．善神翼從者多．我曹神通爲他所制．故爾．以永淳元年壬午示疾．至十一月十三日．長往于慈恩寺翻經院．春秋五十一．法臘無聞．葬于樊村北渠．祔三藏奘師塋隴焉．弟子哀慟．餘外執紼．會葬黑白之衆盈于山谷．基生常勇進造彌勒像．對其像日誦菩薩戒一遍．願生兜率．求其

志也. 乃發通身光瑞. 爛然可觀. 復於五臺造玉石文殊菩薩像. 寫金字般若經畢. 亦發神光焉. 弟子相繼取基爲折中. 視之如奘在焉. 太和四年庚戌七月癸酉. 遷塔于平原. 大安國寺沙門令儉檢校塔亭. 徙棺見基齒. 有四十根不斷玉如. 衆彈指言. 是佛之一相焉. 凡今天下佛寺圖形. 號曰百本疏主眞高宗大帝製讃. 一云玄宗. 然基魁梧堂堂. 有桓赳之氣. 而慈濟之心. 誨人不倦. 自天然也. 其符彩則項負玉枕. 面部宏偉交手十指若印契焉. 名諱上字多出沒不同者. 爲以慈恩傳中云. 奘師龍朔三年於玉華宮譯大般若經終筆. 其年十一月二十二日. 令大乘基奉表奏聞. 請御製序. 至十二月七日. 通事舍人馮義宣. 由此云. 靈基開元録爲窺基. 或言乘基非也. 彼曰大乘基. 蓋慧立彦悰. 不全斥故云大乘基. 如言不聽泰耳. 猶謹遣大乘光奉表同也. 今海內呼慈恩法.

師焉系曰. 性相義門至唐方見大備也. 奘師爲瑜伽唯識開創之祖. 基乃守文述作之宗. 唯祖與宗百世不除之祀也. 蓋功德被物. 廣矣. 大矣. 奘苟無基則何祖張其學乎. 開天下人眼目乎. 二師立功與言. 俱不朽也. 然則基也. 鄂公猶子. 奘師門生. 所謂將家來爲法將. 千載一人而已. 故書有之. 厥父菑厥子乃肯播. 矧能肯穫. 其百本疏主之謂歟.

부록 2

『송고승전』「규기전」 번역

송고승전[426][427] 규기전

송좌가(宋左街)[428] 천수사 통혜대사(天壽寺 通慧大師)

사자(賜紫)[429] 사문 찬영(沙門贊寧)[430]등 봉(奉) 자선(勅撰)

---

426) 『송고승전』「규기전」은 천안 평심사(平心寺) 정원(淨圓)스님이 번역하였는데, 짧은 분량이지만 국내에서 처음으로 완역된 것이다. 내용에 대한 각주는 필자가 추가하였음을 밝혀둔다.

427) 송고승전(宋高僧傳)은 30권으로 구성되어 있다. 다른 명칭으로 대송고승전(大宋高僧傳)이라고 한다. 송대 찬영(贊寧, 919-002)이 지었으며 『대정장』 50책에 수록되어 있다. 당 정관(627-649)년 중(中)에서 송 단공 원년(988)에 이르기까지 300여 년간의 고승들의 전기를 기록하고 있다. 고승(高僧) 531인 외에도 부전(附傳) 125인이 수록되었다. 습선편(習禪篇)에 103인의 고승과 29인의 부전이 수록되었는데 운문문언(雲門文偃)을 제외한 외부 선종 각파의 중요한 인물은 모두 전전(專傳)이 있다. 선종 내부의 쟁의사적(爭議事迹)에 대해서도 감추지 않았으므로 선종사(禪宗史) 연구에 중요한 자료가 된다. 수집 자료는 비명(碑銘)・탑명(塔銘)・야사(野史) 등으로 풍부하며, 고증(考證)이 잘 돼있는 것으로 평가되어 사료(史料) 가치가 조금 높은 편이다. 역대 저명한 불교사전(佛敎史傳) 문헌이다.

428) 좌가(左街)는 당대(唐代)의 관직의 명칭이다. 당대 장안에 6가(街)가 있었는데 좌3가(左三街) 우3가(右三街)로 나누었다. 좌우가사(左右街使)는 순찰과 순경(巡警)의 책무를 맡았다. 덕종(德宗) 정원년 간(785-804) 좌우가의 명칭을 따라 좌우가대공덕사(左右街大功德使)를 설치하였는데 전문적으로 승려의 명적(名籍)을 총리(總理)하였다. 당 헌종(憲宗)(806-820) 때 양가(兩街)의 공덕사(功德使) 아래 승록(僧錄)을 설치했고 운수(雲邃)를 우가 승록으로 삼고 단보(端甫)를 좌가 승록으로 삼았다. 또 좌우승록사는 어떤 때엔 합병하여 1직(職)으로 만들었고 양가승록 혹은 좌우가승록이라고 불렀다.

429) 사자(賜紫)는 사자의(賜紫衣)의 약칭이다. 고대 조정에서 신하의 복장(服章)을 칙사(敕賜)하면서 주자(朱紫)를 존귀함으로 삼았다. 당조(唐朝)에 이르러 이 제도를 본떠 조정을 말미암아 자가사(紫袈裟)를 칙사(敕賜)하여 공덕이 있는 승려에게 수여하여 영귀(榮貴)를 표시했다.

430) 찬영(贊寧, 919-1002)은 송대의 학승(學僧)으로 절강 덕청 사람이며 성은 고이다. 항주 상부사에서 출가하여 구족계를 받은 후 3장(藏)을 섭렵했고 남산율(南山律)에 정통했다. 유교와 도가 2가의 전적에도 통달했고 문사(文辭)가 좋아 명성이 드높았

의해편(義解篇)[431] 2의 1 정전(正傳) 21인 부견 7인

당경조(唐京兆)[432] 대자은사규기전(大慈恩寺窺基傳)

석규기(釋窺基)는 자가 홍도(洪道)이며 성이 울지씨(尉遲氏)[433]니 경조(京兆) 장안 사람이다. 울지(尉遲)의 선조는 후위(後魏)와 더불어 일어났으며 호가 울지부(尉遲部)니 중화의 제후국이 중화(華)에 들어오면 곧 부(部)로써 성을 삼는 것과 같다. 위(魏) 평동장군(平東將軍) 열(說)의 육대손(六代孫) 맹도(孟都)가 라가(羅迦)를 낳았고 수(隋) 대주(代州)[434]의 서진장(西鎭將)이 되었으니 곧 규기의 조부이다. 고(考)[435]의 휘(諱)[436]는 종(宗)이며 당(唐) 좌금오[437]장군(左金吾將軍) 송주도독(松州都督)[438] 강곡현(江由縣) 개국공(開國公)

다. 오월(吳越) 전홍숙(錢弘俶)이 그의 덕을 흠모하여 승통(僧統)에 임명한 후 명의종문대사(明義宗文大師)란 호를 주었다. 그 후 송 태종도 예우를 다 하였다. 태평흥국 3년(978) 통혜대사(通慧大師)란 호를 주었고 전후로 한림사관편수(翰林史館編修)·좌가강경수좌(左街講經首座)·서경교사(西京教事)·우가승록(右街僧錄) 등의 직에 임명했다. 함평 4년 83세에 입적했다. 저작으로 송고승전·취령성현록·대송승사략·내전집·사초음의지귀·외학집 등이 있다.

431) 의해편(義解篇)이란 승인이 응시하는 10과(科) 중 하나이다. 10과란 1) 역경(譯經), 2) 의해(義解), 3) 습선(習禪), 4) 명율(明律), 5) 호법(護法), 6) 감통(感通), 7) 유신(遺身), 8) 독송(讀誦), 9) 흥복(興福), 10) 잡과(雜科) 이다.

432) 산시성(陝西省) 장안(長安)의 이명이다.

433) 울(尉)은 음이 울(鬱)이며 울지(尉遲)는 본래 노(虜)의 복성(複姓)이다. 노(虜)란 중국인이 중국 북방의 이민족을 일컫는 말로 주로 흉노(匈奴)를 지칭한다.

434) 현 산시성(陝西省) 대현(代縣) 지방이다.

435) 아버지를 말한다.

436) 이미 고인(故人)이 된 제왕(帝王)이나 존장(尊長)의 이름을 말한다. 살아서는 명(名)이라하고 죽어서는 휘(諱)라고 한다.

437) 금오(金吾)란 옛 관직의 이름이다. 황제와 대신의 경위(警衛)와 의장(儀仗)을 책임지며, 경사를 돌면서 치안을 관장하던 무직(武職)의 관원이다.

438) 송주(松州)는 사천성 아패장족강족 자치주에 있는 동북부의 고성(古城)으로 송반

이었고 그 악국공(鄂國公)[439] 덕(德)은 곧 제부(諸父)[440]니 당서(唐書)에 전(傳)이 있다. 기(基)의 모친은 비씨(裴氏)며 꿈에 월륜(月輪)을 집어서 그것을 삼켰는데 깨고 난 후 잉태가 있었고 달을 채우자 낳았다. 어렸을 적에 다른 아이들[群兒]과 비슷하지 않았고 여러 방서(方書)를 외우고 학습[誦習]했는데 신오(神晤)하고 정상(精爽)[441]했다.

현장 스님이 처음에 맥상(陌上)[442]에서 그를 보니 눈썹이 빼어나고 눈이 환하고 거조(擧措)[443]가 소략(疎略)[444]함을 봄으로 인해 가로되 장가(將家)[445]의 종자임에 틀림이 없어, 혹시 인연으로 상구(相扣)[446]하여 득도(得度)[447]시켜 제자로 삼는다면 곧 나의 법에 기여가 있으리라. 다시 생각하기를 인도(印度)에 있을 때 돌아오기를 계획하던 차, 니건자(尼犍子)[448] 곁(邊)으로 나아가 괘(卦)가 매우 길함을 점쳐 얻었는데 스님이 동귀(東歸)하면 철자(哲資)[449]가 출생할 것이라고 했다. 드디어 북문의 장군에게 나아가 출가를 미풍(微諷)했다[450]. 아버지가 말하기를 그[규기] 같은 무리는 추한(麁悍)[451] 하거늘 어찌 가르침[教詔]을 이기겠습니까. 현장이 말하기를 이러한

현의 옛 명칭이다.
도독(都督)은 중국 고대 장관 중 하나로 군사를 통솔한다.

439) 중국 고대 공작(公爵) 중 최고로서 역대 조정에서 악국공에 봉한 자는 겨우 6인이었는데, 그 중 유명한 사람으로 울지공(尉遲恭)과 상우춘(常遇春)이 있었다.

440) 제부(諸父)란 아버지의 형제로서 백부·중부·숙부·계부 등을 말한다.

441) 정신이 상쾌한 것을 말한다.

442) 맥상(陌上)이란 길 위라는 뜻이다.

443) 행동거지(行動擧止)

444) 조소(粗疏)하고 간략(簡略)하다는 뜻으로 대장부의 기질이 있음을 말한다.

445) 장군가(將軍家)

446) 상(相)이란 한쪽이 다른 쪽에 대해 동작하는 바가 있는 것을 나타내므로 "일방적으로 데려간다."라는 뜻으로 볼 수 있다.

447) 삭발하여 사미가 되는 것을 말한다.

448) 6사외도(六師外道) 중 하나로 자이나 교도를 말한다.

449) 명철(明哲)한 제자를 가리킨다.

450) 의사(意思)를 넌지시 타진하여 권유하는 것을 말한다.

기도(器度)는 장군이 아니면 낳지 못하고 내[某]가 아니면 알지 못합니다. 아버지는 비록 그렇게 승낙했으나 규기[基] 자신은 강하게 거부했다. 격렬하게 권하기를 두 세 차례 예배하고 명(命)을 좇았지만 분연(奮然)히 항성(抗聲)으로 말하기를 저의 3사(事)를 승낙[聽許]하셔야 출가를 장차 맹세하겠습니다. 정욕(情欲) · 훈혈(葷血)[452] · 과중식(過中食)[453]을 끊지 않는 것입니다. 현장이 먼저 욕망(欲)으로써 구견(勾牽)[454]하고 이후 불지(佛智)에 들게 하려고 거짓으로[佯] 수긍하는 척 했다. 이전의 소욕(所欲)을 행가(行駕)[455]하기 여러 해[載]이므로 연관된 용어[輔語]로서 삼거화상(三車和尙)이라 했으니, 정관(貞觀) 22년(서기 648)년이었다.

한편으로 규기가 자서(自序)하여 말하기를, 9세에 정간(丁艱)[456]했고 점차 부속(浮俗)[457]에 소홀했다 했는데 만약 그렇다면 삼거지설(三車之說)은 곧 몹시 과장[誣]되었다고 할 것이다. 나이 17세에 이르자 드디어 치림(緇林)[458]에 참여했고 불법에 들게 되자 칙령을 받아 현장 스님의 제자가 되었다. 처음에는 광복사(廣福寺)에 거주하다가 이윽고 별칙(別勅)을 받들어 총혜(聰慧)가 영탈(穎脫)[459]한 자에 뽑혔고 대자은사(大慈恩寺)에 들어가 현장 스님을 몸소 모시면서 오축(五竺)[460]의 언어(語)를 학습했다. 분쟁을 해결하고 뭉친 것을 풀어 종합하고 조리 정연했으니 듣거나 보는 자가 탄복(歎伏)하지 않음이 없

451) 거칠고 사나움.

452) 어육(魚肉) 등의 음식을 가리킨다.

453) 과오식(過午食)으로 오후에 하는 식사를 말한다.

454) 억지를 쓰는 것을 말한다.

455) 수레로 오고 가는 것을 말한다.

456) 정우(丁憂)라고도 하며 부모의 상(喪)을 당한 것을 의미한다. 규기는 9세에 모친상을 당했다고 볼 수 있다.

457) 경박한 습관.

458) 사찰을 말한다. 승인은 치의(緇衣)를 입으므로 치(緇)라고 하며 림(林)이란 것은 승려가 많은 것을 나타낸다.

459) 송곳이 주머니 속에 있다가 탈출함과 같이 재능이 출중한 자를 가리킨다.

460) 고대에 인도 전역을 동 · 서 · 남 · 북 · 중 5구(區)로 나누어 5천축이라 하였다.

었다. 온갖 건도(犍度)[461]와 발거(跋渠)[462]를 일람(一覽)하면 틀림이 없으니 어찌 수고롭게 다시 기억하겠는가. 나이 25세에 부름에 응하여 역경을 하였고 대소승교(大小乘教) 30여 본(本)을 강통(講通)[463]했다. 창의(創意)적이고 유심(留心)하여 저술에 근근(勤勤)[464]했고 대개 묻지 않고 사유하니[465] 그것이 곧 다르지 않았다. 지은 소(疏)를 계산하니 백본(百本)이었다. 현장이 번역한 『성유식론(成唯識論)』을 처음엔 신방(神昉)·가상(嘉尙)·보광(普光)과 더불어 4인이 동수(同受)하여 윤색(潤色), 집필(執筆), 검문(撿文)하고 뜻과 이치를 찬술(纂述)했는데 며칠 후 규기가 사퇴(辭退)를 요청했다. 현장이 그 이유를 물으니 대답하기를 밤에 금용(金容)[466]을 꿈꾸고 새벽에 백마(白馬)를 뒤쫓으면서 비록 법문(法門)의 일부[糟粕]를 얻었으나 그러나 근본이 되는 순수함을 잃는가 합니다. 제가 참여해서 입공(立功)함을 원하지 않습니다. 만약 뜻하여 하나의 본(本)을 만들면 책망을 받는다 해도 돌아갈 곳이 있을 것입니다. 현장이 마침내 그것을 허락했고 도리로써 세 현인(賢人)을 보내고 오직 규기에게만 맡겼으니 이것은 곧 그의 재주를 헤아려 임무를 맡긴 것이다. 이 때 받아들이는 대로 들은 바를 찬록(撰錄)하여 강설한 것을 반복하여 소(疏)[467]를 마쳤다.

오래지 않아 서명사(西明寺) 원측(圓測)[468]법사도 또한 준랑(俊朗)한 그릇

---

461) 경론의 편장단위(篇章單位)로서 박취(薄聚)·적목(積木) 등의 용어로도 쓰인다.

462) 부(部) 혹은 품(品)을 말한다.

463) 해석하여 연구하고 관통함.

464) 근면하게 노력하되 게으르지 않음.

465) 절문이근사(切問而近思) : 논어에 나오는 글로, 널리 배우면서 의지(意志)를 돈독히 하고 간절히 질문하면서 근사(近事)를 사유한다면 인(仁)이 그 중에 있다는 의미이다.

466) 금색의 용모로서 불신(佛身)을 의미한다.

467) 소(疏)란 『성유식론술기』를 말한다. 『성유식론』을 강독하면서 『성유식론술기』도 같이 편찬한 것으로 알려져 있다.

468) 신라국의 왕손(王孫)으로 이름이 문아(文雅) 이는 현장의 저명한 제자 중 한 명이다. 당초(唐初)에 중국으로 왔고 15세에 법상(法常, 567-645)과 승변(僧辯, 568-642)에게서 수학(受學)하였다. 수계 후 장안 현법사(玄法寺)에 거주하면서 비담

이었다. 『성유식론』을 강의하는 곳에서 문지기에게 금을 뇌물로 주고 그 모습을 몰래 숨어 청강(聽講)하였고 이윽고 연결하고 엮어 논지를 소통했다. 몇 강독을 마치고 원측이 서명사에서 이름을 떨치고 승려들을 모아 『성유식론』을 강의했다. 규기가 이를 듣고서 그의 뒤에 거처함을 부끄러워했으며 창앙(悵怏)[469]을 이기지 못했다. 현장이 격려하면서 말하기를 원측이 비록 소(疏)를 지었지만 인명(因明)에는 통달하지 못했다. [현장은 규기에게] 진나(陳那)[470]의 논(論)[471]을 강설했고 규기가 3지(三支)[472]를 매우 잘해서 종횡으로 입파(立破)하면서 뜻을 서술하고 장(章)을 명명(命名)하는데 이전과 비할 수 없었다. 또 현장이 자신만을 위해 『유가사지론(瑜伽師地論)』을 강설하기를 청했는데 도리어 원측이 전과 같이 도청(盜聽)하여 강의를 들었다. 현장이 말하길 5성(五性)[473]의 종법(宗法)은 오직 너[규기]만이 유통하고 타인은 아니다.

후에 몸소 오대산(五臺山)을 유람하다가 태행산(太行山)에 올랐고 서하(西河)의 옛 불우(佛宇)[474] 중에 이르러 숙박했다. 꿈에 몸이 반산(半山)의 바위 밑에 있었는데 수많은 사람들이 괴로운 신음소리를 내는데 꿈을 꾸고 있어 애초에 듣지를 못했다. 걸음을 옮겨 그 층봉(層峯)에 오르니 모두 유리색(瑠璃色)이었고 여러 국토를 모두 보았다. 한 성(城)을 바라보니 성 중에서 소리가 나며 말하길 멈춰라, 멈춰라고 꾸짖는 소리가 났다. 규기공[基公]이 여기

(毗曇)·성실(成實)·구사(俱舍)·바사(婆沙) 등의 논서를 강독하였다. 645년(貞觀 19년) 현장이 인도에서 장안으로 돌아온 후 현장으로부터 수학(受學)하였다. 현경(顯慶)3년 현장이 새로 건설한 서명사(西明寺)에서 명승 50인을 뽑아 머물게 하였는데 원측도 그 중 한 명이었다.

469) 실망하며 즐겁지 않음.

470) 디그나가(Dignāga, 480-540)라고도 하며, 인명정리문론(因明正理門論) 등을 지었다.

471) 현장이 번역한 인명정리문론(因明正理門論)을 말한다. 다른 역으로 의정(義淨)이 번역한 정리문론(正理門論)이 있다.

472) 종(宗)·인(因)·유(喩)의 3지작법을 말한다.

473) 오종종성은 보살종성(菩薩種性), 독각종성(獨覺種性), 성문종성(聲聞種性), 부정종성(不定種姓), 무성유정(無性有情)을 말한다.

474) 절의 다른 이름이다.

에 오는 것은 합당하지 않다. 잠시 후 두 천동(天童)이 성에서 나와 묻기를 산 아래의 죄로 고통받는 중생을 보았는가. [규기가] 답하기를 내가 소리는 들었지만 형체는 보지 못했다. 동자가 검 한 자루를 던져주며 말하기를 배(腹)를 가르면 볼 수 있을 것이다. 규기 스스로 그것을 갈랐다. 배가 열리자 두 줄기 빛이 있어 산 아래를 밝게 비추었고 무수한 사람들이 극도의 고통을 받는 것을 보았다. 이 때 동자가 입성하여 종이 두 축(軸)과 붓을 가져다 그에게 던진 후 받들고 떠났다. 아침에 이르자 경이(驚異)로움이 그치지 않았는데 이틀 밤이 지나도록 사찰에 빛이 있었고 오래도록 사라지지 않았다. 그것을 찾아보니 몇 축(軸)이 발광(發光)하는 것이었고 찾아보니 『미륵상생경(彌勒上生經)』[475]을 얻게 되었다. 이에 전날 꿈을 기억하고는 필히 자씨(慈氏)가 나로 하여금 소(疏)를 짓게 하여 그 도리를 통하여 막힘이 없게 하였을 뿐이다. 드디어 집필하던 차에 필봉(筆鋒)에 사리(舍利) 14알이 있어 떨어졌는데 오(呉)의 앵두나무 열매만한 크기였고 홍색이면서 가히 사랑스러웠으며 다음으로 떨어지는 모양은 그 상(狀)이 찰기가 없는 조[黄粱]의 낟알과 같았다.

한편으로 이르기를, 태원(太原)으로 향하여 도착하여 전법(傳法)하고자 하는데 3거(車)가 스스로 따랐다. 앞 수레는 경론(經論)의 책 상자[箱帙]이고 중간 수레는 스스로 몰고 뒤의 수레는 가기(家妓)·여복(女僕)·음식(食饌)이 있었다. 가는 길에 한 노부(老父)를 만났는데 수레에 어떤 사람이 있습니까라고 물었다. 집안 권속(家屬)이라고 대답하였다. 노부(父)가 말하기를 법을 아는 것이 매우 정밀(甚精)하지만 가속을 데리고 함께하면 교(教)에 맞지 않을까 염려스럽습니다. 규기가 이를 듣자 문득 전의 잘못(前非)을 뉘우치고 구속됨 없이 혼자 갔다. 노부는 곧 문수보살(文殊菩薩)이었다. 이것도 또한 앞뒤가 맞지 않는 말[巵語]이다. 현장을 따라 옥화궁(玉華宮)에 참여해서 역경하는 시기에 3거(車)를 어느 곳에 안치했겠는가. 규기가 여러 곳에서 대중(徒衆)을 교화했는데 획익(獲益)한 자가 많았다. 박릉(博陵) 동쪽으로 가서 법화

475) 『관미륵보살상생도솔천경』이며 약칭이 『미륵상생경』이다. 미륵정토 신앙이 의거하는 주요 경전 중 하나로서 미륵경전 중 가장 늦게 이루어진 경전에 속한다.

경(法華經) 강의를 청함에 드디어 대소(大疏)를 지었고 본사(本寺)로 돌아와서는 늘 번역하던 사람들과 함께 왕복하였다. 수차례 도선율사(道宣律師)[476]를 뵈었는데 도선은 매일 여러 천왕의 사자가 일을 맡아 보았으며 혹은 몰래 잡무를 보기도 했다.

이날 규기가 떠나자 비로소 왔는데 도선이 그 더딤(遲暮)을 이상하게 여겼다. 대답해서 말하기를 아까 대승보살(大乘菩薩)이 여기에 계셨는데 선신(善神)과 함께 돕는 자가 많았습니다. 우리들은 신통이 그들에게 제압되었으므로 이러했습니다.

영순(永淳) 원년(682년) 임오에 앓기 시작하더니 11월 13일에 이르자 자은사 번경원(翻經院)에서 입적했다. 춘추(春秋)는 51세지만 법랍(法臘)은 듣지 못했다. 번촌(樊村) 북거(北渠)에 안장(安葬)하여 삼장(三藏) 현장 스님의 무덤 언덕(塋隴)에 합사(合祀)했다. 제자들이 애통(哀慟)해 했고 다른 이들은 집불(執紼)[477]했으며 장례에 모인 흑백(黑白)[478]의 무리가 산곡에 가득했다. 규기는 생전(生)에 늘 용맹 정진했고 미륵상(彌勒像)을 조성하고 그 상(像) 앞에서 날마다 보살계(菩薩戒) 1편(遍)을 외우면서 도솔(兜率)에 태어나기를 원했는데 그 의지(意志)를 구하면서 온몸(通身)이 광서(光瑞)를 발하여 환한(爛然) 것이 가관(可觀)이었다. 다시 오대산에 옥석(玉石)의 문수보살상을 조성(造)했고 금자반야경(金字般若經)의 서사(書寫)를 마치자 또한 신광(神光)을 발했다. 제자들이 이어받아 규기가 절충(折衷)한 것을 취했는데 현장이 생존한 것처럼 그것을 보았다. 태화(太和) 4년(830) 경술 7월 계유(癸酉)에 평원(平原)으로 천탑(遷塔)하면서 대안국사(大安國寺) 사문(沙門) 영검(令儉)이 탑정(塔亭)을 대조하여 확인했고 관을 옮기면서 규기의 치아(齒)를 보니 40근(根)이 있었는데 끊어지지 않고 옥과 같았다. 대중(衆)이 손가락을 튕기면서

476) 남산율종의 시조로서 남산율사(南山律師)·남산대사(南山大師)라고 한다.

477) 원래는 장사를 배웅(葬送)할 때 방조(幫助)하여 영구(靈柩)를 견인하는 것을 가리켰으나 후에 장송(葬送)을 의미하게 되었다. 여기서 불(紼)이란 관재(棺材)를 견인하는데 쓰는 큰 노끈을 말한다.

478) 출가자들은 보통 검은 옷을 입고 재가자는 흰 옷을 입으므로, 곧 승속(僧俗)을 말한다.

말하기를 이는 불지일상(佛之一相)[479]이다. 이제 천하 불사(佛寺)에서 형상을 그린 후 백본소주진(百本疏主眞)이라고 불렀다. 고종대제(高宗大帝)가 제찬(製讃)했다고 하는데 한편으로 [고종이 아니라] 현종(玄宗)이라고도 한다.

규기는 괴오(魁梧)[480]하고 당당했으며 환규(桓赳)[481]의 기(氣)가 있었다. 사람을 가르치면서(誨人) 게으르지 않은 것은 선천적으로 비롯되었다. 그 부채(符彩)[482]에 있어 목덜미는 옥침(玉枕)을 짊어졌고 얼굴은 크고 훌륭하며 [宏偉] 양손을 마주 쥔[交手] 열 손가락은 인계(印契)와 같았다. 이름을 새긴 글자가 출몰이 같지 않는 것은 자은전(慈恩傳)[483]에 의한 것이기 때문이다. 현장스님이 용삭(龍朔) 3년(663) 옥화궁에서 대반야경을 번역해 필사를 마치자, 그 해 11월 22일 대승기(大乘基)로 하여금 봉표(奉表)하여 황제에게 아뢰고 어제서(御製序)[484]를 청하게 했다. 12월 7일에 이르러 통사사인(通事舍人)[485]인 풍의(馮義)가 밝혔다[宣]. 이로 인해 영기(靈基)는 개원록(開元錄)[486]에서는 규기(窺基)라고 일컫는다. 혹 승기(乘基)라고 함은 옳지 않다. 자은전(慈恩傳)에서 대승기(大乘基)라 했는데, 대개[蓋] 혜립(慧立)과 언종(彦悰)[487]이 전부 살피지(全斥) 못했으므로 대승기(大乘基)라 했다. 불청태(不聽泰)라고 [잘못] 말하는 것과 같을 뿐이며 오히려 대승광(大乘光)이라 삼가 표(表)하는

479) 전륜성왕이 구족한 32상 중 사십치상(四十齒相)이 있다.

480) 신체가 크고 근육이 잘 발달된, 체격이 건장한 것을 말한다.

481) 굳세고 의기가 당당하다.

482) 인물의 외표(外表)와 의용(儀容)을 비유함.

483) 대자은사삼장법사전(大慈恩寺三藏法師傳)의 약칭이다.

484) 대장삼장성교서(大唐三藏聖教序)를 가리킨다.

485) 당대 중서성에 속한 종6품의 관직으로 궁궐 안에서 황제를 알현함과 및 상주(上奏)하는 일을 총괄했다.

486) 『개원석교록(開元釋教錄)』으로 당(唐)의 지승(智昇)이 편찬했다. 3장(藏)의 경론을 편집하여 목록을 만들었는데, 문목(門目)을 나누지 않고 단지 역인(譯人)과 시대(時代)를 선후로 삼았다. 한명제(漢明帝) 영평(永平) 10년 정묘(67)에서 비롯해 개원(開元) 18년 경오(790)에 이르기까지 목록을 담고 있다.

487) 대자은사삼장법사전(大慈恩寺三藏法師傳)은 혜립(慧立)의 본(本)에 언종(彦悰)이 기록하였다.

것과 같다. 지금 나라 안[海內]에서 호칭(呼稱)하기를 자은법사(慈恩法師)라 한다.

총결하여 말하면(系曰)[488], 성상(性相)의 의문(義門)은 당(唐)에 이르러 바야흐로 크게 준비한(大備) 바를 본다. 현장 스님은 유가유식(瑜伽唯識)을 개창(開創)한 조(祖)며, 기(基)는 곧 글을 있는 그대로 서술하여 짓는[守文述作] 종(宗)이다. 오직 조(祖)와 더불어 종(宗)은 백대(百代) 이후에도 사라지지 않을 대(代)이다. 대개[蓋] 공덕이 중생에 미치는 것이 넓고 크다. 현장에게 규기가 없었다면 곧 어떤 조(祖)가 그의 학(學)을 확장했겠고 천하 사람의 안목을 열었겠는가. 두 대사가 공(功)과 더불어 언(言)을 건립했음은 모두 영원토록 변치 않는 것이다. 그러한즉 규기는 악공(鄂公)의 유자(猶子)[489]이며 현장의 문하생(門下生)이다. 이른바 장군가에서 와서 법의 장군[法將]이 되었음은 천재(千載)에 한 사람일 뿐이다. 따라서 책(書)에 그것이 있으니, 아버지의 잡초 우거진 밭[菑]에서 아들이 이에 수긍하여 파종(播種)한다 했으니 하물며[矧] 능히 즐겁게 수확(收穫)함이 아니겠는가. 그것은 백본소주(百本疏主)를 일컫는 것이다.

488) 계(系)란 것은 사부(辭賦)의 말미에 전문(全文)을 총결하는 말을 일컫는다.

489) 악공은 악국공 덕(德)으로 규기의 백부를 말한다.

참고문헌

1. 원전(原典)

求那跋陀羅 譯, 『雜阿含經』(『大正藏』2)
鳩摩羅什 譯, 『佛說仁王般若波羅蜜經』(『大正藏』8)
佛馱跋陀羅 譯, 『大方廣佛華嚴經』(『大正藏』9)
玄奘 譯, 『解深密經』(『大正藏』16)
實叉難陀 譯, 『大乘入楞伽經』(『大正藏』16)
弗陀多羅多 造, 『律二十二明了論』(『大正藏』24)
迦多衍尼子 造, 『阿毘達磨發智論』(『大正藏』26)
世友 造, 『阿毘達磨品類足論』(『大正藏』26)
玄奘 譯, 『阿毘達磨大毘婆沙論』(『大正藏』27)
法勝 造, 『阿毘曇心論』(『大正藏』28)
法救 造, 『雜阿毘曇心論』(『大正藏』28)
世親 造, 『阿毘達磨俱舍論』(『大正藏』29)
衆賢 造, 『阿毘達磨順正理論』(『大正藏』29)
彌勒 造, 『瑜伽師地論』(『大正藏』30)
曇無讖 譯, 『菩薩地持經』(『大正藏』30)
護法等 造, 『成唯識論』(『大正藏』31)
世親 造, 『唯識三十論頌』(『大正藏』31)
無著 造, 『攝大乘論』(『大正藏』31)
無性 造, 『攝大乘論釋』(『大正藏』31)
無著 造, 『顯揚聖教論』(『大正藏』31)
世親 造, 『大乘成業論』(『大正藏』31)
世親 造, 『大乘五蘊論』(『大正藏』31)
天親 造, 『大乘百法明門論』(『大正藏』31)
安慧 糅, 『大乘阿毘達磨雜集論』(『大正藏』31)

訶梨跋摩 造, 『成實論』(『大正藏』32)
優波底沙 譯, 『解脫道論』(『大正藏』32)
遁倫集撰『瑜伽論記』(『大正藏』42)
窺基 撰, 『瑜伽師地論略纂』(『大正藏』43)
窺基 撰, 『成唯識論述記』(『大正藏』43)
窺基 撰, 『成唯識論掌中樞要』(『大正藏』43)
惠沼 述, 『成唯識論了義燈』(『大正藏』43)
智周 撰, 『成唯識論演秘』(『大正藏』43)
窺基 撰, 『大乘法苑義林章』(『大正藏』45)
世友 造, 『異部宗輪論』(『大正藏』49)
賛寧 等撰, 『宋高僧伝』(『大正藏』50)
窺基 記, 『異部宗輪論述記』(『大正藏』53)
智周 撰, 『因明入正理論疏前記』(『大正藏』53)
慧琳 撰, 『一切經音義』(『大正藏』54)
智昇 撰, 『開元釋教錄』(『大正藏』55)
智周 撰, 『大乘法苑義林章決擇記』(『大正藏』55)
善珠 述, 『法苑義鏡』(『大正藏』71)
淸範 抄, 『五心義略記』(『大正藏』71)

2. 원전(原典) 번역서

권오민 역주, 『아비달마구사론』 1-4, 서울: 동국역경원, 2002.
김묘주 역, 『성유식론 외』, 서울: 동국역경원, 2008.
김윤수 편역, 『주석 성유식론』, 광주: 한산암, 2006.
대림스님 · 각묵스님 번역 및 주해, 『아비담마 길라잡이』(상)(하), 서울: 초기불전연구원, 2002.
붓다고사 지음, 대림 옮김, 『청정도론』1, 2, 서울: 초기불전연구원, 2004.
이 만 역주, 『성유식론 주해: 마음의 구조와 작용』, 서울: 씨아이알, 2016.

전재성 역주, 『맛지마니까야』 1-5, 서울: 한국빠알리성전협회, 2003.

Bhikkhu Bodhi, A Comprehensive Manual of Abhidhamma : The Abhidhammattha Saṅgaha, Srilanka: Buddhist Publcation Society, 1993.
Nārada Thera Vājirārāma, A Manual of Abhidhamma, Abhidhammattha Saṅgaha, Yangon: Ministry of Religious Affairs, 1996.
S. Z. Aung, Mrs. Rhys Davids, Compendium of Philosophy, London: PTS, 1910.
Upatissa, The Path of Freedom, Translated by Ehara, Soma Thera and Kheminda Thera, Srilanka: Buddhist Publication Society, 1995.

高井観海, 『國譯一切經 和漢撰述部二：諸宗部二』「大乘法苑義林章」, 東京: 大東出版社, 1937.

3. 단행본

권오민 저, 『유부 아비달마와 경량부 철학의 연구』, 서울: 경서원, 1994.
________, 『아비달마불교』, 서울: 민족사, 2003.
________, 『상좌 슈리라타와 경량부』, 서울: 씨아이알, 2012.
김동화 저, 『구사학』, 서울: 뇌허불교학술원, 2001.
________, 『불교유심사상의 발달』, 서울: 뇌허불교학술원, 2001.
________, 『불교학개론』, 서울: 뇌허불교학술원, 2001.
________, 『유식철학』, 서울: 뇌허불교학술원, 2001.
________, 『불교교리발달사』, 서울: 뇌허불교학술원, 2001.
김묘주 저, 『유식사상』, 서울: 경서원, 1997.
냐냐난다 지음, 아눌라 옮김, 『위빠사나 명상의 열쇠 빠빤차』, 서울: 한언숨, 2006.

나가오 가진 지음, 김수아 옮김, 『중관과 유식』, 서울: 동국대학교 출판부, 2005.
니나 판 고오콤 지음, 홍종욱 옮김, 『마음은 이렇게 움직인다』, 서울: 경서원, 2002.
다카사키 지키도 지음, 이지수 옮김, 『유식입문』, 서울: 시공사, 1997.
다케무라 마키오 지음, 정승석 옮김, 『유식의 구조』, 서울: 민족사, 1989.
데이비드 L. 칼루파하나 지음, 나성 옮김, 『붓다는 무엇을 말했나: 불교철학의 역사적 분석』, 파주: 한길사, 2011.
미즈노 고겐 지음, 이미령 옮김, 『경전의 성립과 전개』, 서울: 시공사, 1996.
범 진 저, 『마두삔디까 숫따』, 창원: 한가람, 2010.
복부정명 · 상산춘평 저, 이만 옮김, 『인식과 초월』, 서울: 민족사, 1991.
삼지충덕 편, 심봉섭 옮김, 『인식론·논리학』, 서울: 불교시대사, 1996.
신명희 편저, 『지각의 심리』, 서울: 학지사, 1995.
앤드류 올렌즈키 지음, 박재용 · 강병화 옮김, 『붓다 마인드』, 과천: 올리브그린, 2018.
오형근 저, 『유식과 심식사상 연구』, 서울: 불교사상사, 1989.
________, 『유식사상연구』, 서울: 유가사상사, 1992.
요코야마 코이치 저, 장순용 역, 『유식이란 무엇인가』, 서울: 세계사, 1996.
횡산굉일 저, 묘주 역, 『유식철학』, 서울: 경서원, 2004.
Johansson 저, 허우성 역, 『초기불교의 역동적 심리학』, 서울: 경희대학교 출판국, 2006.
이정모, 『인지심리학』, 서울: 학지사, 2000.
이중표, 『아함의 중도체계』, 서울: 불광출판부, 1991.
최봉수, 『원시불교의 연기사상연구』, 서울: 경서원, 1991.
카지야마 유이치 외 저, 전치수 역, 『인도불교의 인식과 논리』, 서울: 민족사, 1989.
키무라 키요타카 저, 장휘옥 옮김, 『중국불교사상사』, 서울: 민족사, 1989.
타니 타다시 지음, 권서용 옮김, 『무상의 철학』, 부산: 산지니, 2008.

평천창 외, 이만 역, 『유식사상』, 서울: 경서원, 1993.
한자경 저, 『유식무경, 유식 불교에서의 인식과 존재』, 서울: 예문서원, 2000.
________, 『불교의 무아론』, 서울: 이화여자대학교 출판부, 2006.
________, 『성유식론 강해 : 아뢰야식』, 파주: 서광사, 2019.
화십철랑 지음, 안승준 옮김, 『원시불교의 실천철학』, 서울: 불교시대사, 1993.
후카우라 세이분 저, 박인성 역, 『유식삼십송풀이』, 서울: 운주사, 2012.
E. Bruce Goldstein 지음, 정찬섭. 공역, 『감각과 지각』, 서울: 시그마프레스, 2004.

A. Wayman, Analysis of the Śravakabhūmi manuscript, California: University of California Press, 1961.
Akira Sadakata, Buddhist Cosmology: Philosophy and Origins, Translated by Gaynor Sekimori, Tokyo: Kosei Publishing Co., 1997.
Bhikkhu Ñaṇanada, Concept and Reality in Early Buddhist Thought, Kandy: BPS, 1986.
E. R. Sarathchandra, Buddhist Psychology of Perception, Colombo: Ceylon University Press, 1958.
Paul J. Griffiths, On being mindless: Buddhist meditation and the mind-body problem, Delhi: Sri Satguru pub., 1999.
P. V. Bapat, Vimuttimagga and Visuddhimagga - A comparative study, Poona: Calcutta Oriental Press, 1937.
S. Collins, Selfless Persons: Imagery and Thought in Theravāda Buddhism, London: Cambridge University Press, 1982.

結城令聞, 『心識論より見たる唯識思想史』, 東京: 東方文化學院東方研究所, 1935.

袴谷憲昭, 『唯識思想論考』, 東京: 大藏出版, 2001.
谷貞志, 『刹那滅の研究』, 東京: 春秋社, 2000.
吉村誠, 『中國唯識思想史研究 玄奘と唯識學派』, 東京: 大藏出版, 2013.
浪花宣明, 『パーリ・アビタンマ思想の研究: 無我論の構築』, 京都: 平樂寺書店, 2008.
渡辺隆生, 「慈恩大師の傳記資料と教學史的概要」, 『慈恩大師御影聚英』, 京都: 法藏館, 1982, pp. 194-225.
保坂玉泉, 『唯識根本教理』, 東京: 鴻盟師, 1976.
富貴原章信, 「日本唯識思想史」, 京都: 大雅堂, 1944.
_________, 「日本中世唯識佛教史」, 東京: 大東出版社, 1975.
_________, 『唯識の研究』, 富貴原章信仏教學選集 第 2卷, 東京: 國書刊行會, 1988.
水野弘元, 『パーリ佛教を中心とした佛教の心識論』, 東京: ピタカ, 1964.
________, 『佛教文獻研究』, 水野弘元著作選集 第1卷, 東京: 春秋社, 1996.
________, 『佛教教理研究』, 水野弘元著作選集 第2卷, 東京: 春秋社, 1997.
勝呂信靜, 『初期唯識思想の研究』, 東京: 春秋社, 1990.
勝又俊教, 『佛教における心識說の研究』, 東京: 山喜房佛書林, 1974.
深浦正文, 『唯識學研究 下卷(教義論)』, 京都: 永田文昌堂, 1972.
戸田忠 外, 『アビタンマッタッサンガハ, 南方佛教哲學教義概說』, 東京: アビタンマッタッサンガハ刊行會, 1980.
花田凌雲, 『唯識論講義』 上, 名著出版, 1976.

4. 논문

권오민, 「구사론에서의 경량부(1)」, 『한국불교학』 제53집, 서울: 한국불교학회, 2009, pp. 251-288.
______, 「구사론에서의 경량부(2)」, 『불교학보』 제51집, 서울: 동국대학교 불교문화연구원, 2009, pp. 7-44
______, 「아뢰야식의 연원에 관한 일고」, 『불교학연구』 제26호, 서울: 불교

학연구회, 2010, pp. 79-140.
김명우, 「초기 유식 논서의 저자와 성립 및 장의 구성에 관한 연구: 『대승장엄경론』과 『유가사지론』 중심으로」, 『정토학연구』 제7집, 서울: 한국정토학회, 2004, pp. 235-265.
김성철, 「유가행파의 수행에서 意言의 역할과 의의」, 『보조사상』 21집, 서울: 보조사상연구회, 2004. pp. 139-170.
______, 「아뢰야식의 기원에 관한 최근의 논의 -람버트 슈미트하우젠과 하르트무트 뷔셔를 중심으로」, 『불교학연구』 제26호, 서울: 불교학연구회, 2010, pp. 7-45.
김진태, 「부정심소 중 심 · 사에 대한 고찰」, 『한국불교학』 제26집, 서울: 한국불교학회, 2000, pp. 255-284.
미 산, 「남방상좌불교의 심식설과 수행계위」, 『한국불교학결집대회논집』 하권, 서울: 한국불교학결집대회 조직위원회, 2002, pp, 53-64.
루버트 게틴, 「아비담마에서의 유분심과 재생에 대해서」, 『승가』 20호, 김포: 중앙승가대학교 학생회, pp. 54-60.
박인성, 「문장의 의미파악과 오심(五心)의 관계에 대한 태현의 해석」, 『한국불교학』 제45집, 서울: 한국불교학회, 2006, pp. 7-40.
______, 「의식의 솔이심에 대한 규기의 해석」, 『불교학보』 제51집, 서울: 동국대학교 불교문화연구원, 2009, pp. 67-89.
박재용, 「5심을 통한 식의 자류상속 고찰」, 『불교학보』 제65집, 서울: 동국대학교 불교문화연구원, 2013, pp. 49-74.
______, 「5심에 관한 연구 : 식의 구기와 상속에 대한 논의를 중심으로」, 박사학위논문, 동국대학교대학원, 2014.
______, 「오중유식관의 특징과 명상 프로그램의 가능성 모색」, 『명상심리상담』 12권, 서울: 한국명상심리상담학회, 2014, pp. 13-28.
______, 「오중유식관(五重唯識觀)에 대한 고찰」, 『불교학보』 제77집, 서울: 동국대학교불교문화연구원, 2016, pp. 95-121.
______, 「유식불교의 수행법과 수용전념치료 비교 고찰 - 사심사관(四尋思觀)과 RFT를 중심으로」, 『문화와융합』 40집, 안성: 한국문화융합

학회, 2018, pp. 987-1014.

______, 「호흡수행을 통해 본 유식불교의 수행법 변천 고찰 - 한역『유가사지론』을 중심으로」, 『문화와융합』 41집, 안성: 한국문화융합학회, 2019, pp. 977-1004.

______, 「주의(注意)개념을 통한 불교의 작의(作意) 심소 고찰 - 작의의 불교사적 변천을 중심으로 -」, 『동아시아불교문화』 제41집, 경주: 동아시아불교문화학회, 2020, pp. 27-54.

______, 「자은대사 규기의 오종유식(五種唯識) 고찰」, 『한국불교학』 제96집, 서울: 한국불교학회, 2020, pp. 39-63.

수 산, 「아비달마불교의 심소법 연구」, 『한국선학』 제18집, 서울: 한국선학회, 2007, pp. 263-307.

안성두, 「유가행파(瑜伽行派)에 있어 견도(見道)(darśana-mārga)설(說)(1)」, 『인도철학』 제12집, 서울: 인도철학회, 2003, pp. 145-171.

______, 「유가행파의 견도(darśana-mārga)설(Ⅱ) - 9심 찰나의 견도설과 止觀」, 『보조사상』 제22집, 서울: 보조사상연구원, 2004, pp. 73-105.

______, 「유식성(vijñaptimātratā) 개념의 유래에 대한 최근의 논의의 검토」,『불교연구』 20호, 서울: 한국불교연구원, 2004, pp. 161-162.

이동우, 「유식학파의 아뢰야식 종자론에 관한 연구: 『성유식론』의 호법(護法) 체계를 중심으로」, 박사학위논문, 동국대학교대학원, 2001.

이 만, 「신라 의적의 일실본 『대승의림장』에 관한 연구」, 『불교학보』 제44집, 서울: 동국대학교 불교문화연구원, 2006, pp. 85-108.

______, 「신라 의적의 『대승의림장』 중 「오심장」에 관한 연구」, 『한국불교학』 제46집, 서울: 한국불교학회, 2006, pp. 7-42.

______, 「신라 의적의 『대승의림장』 산일본 복원」, 『한국불교학』 제52집, 서울: 한국불교학회, 2008, pp. 145-201.

이지수, 「〈중변분별론〉 제3진실품에 대해 -안혜의 소를 중심으로」, 『불교학보』 제31집, 서울: 동국대학교 불교문화연구원, 1994, p.279.

이필원, 「초기불교의 정서 이해」, 『인문논총』 제67집, 서울: 서울대학교 인문학연구원), 2012, pp. 49-80.

林香奈, 「基撰とされる論疏および『大乘法苑義林章』の成立過程について」, 『佛教學報』 제61집, 서울: 동국대학교 불교문화연구원, 2012, pp. 189-212.

임승택, 「Paṭisambhidāmagga(無碍解道)의 수행관 연구」, 박사학위논문, 동국대학교대학원, 2001.

______, 「상좌부의 마음전개(路心, vithicitta) 이론에 대한 고찰」, 『보조사상』 권20, 서울: 보조사상연구원, 2003, pp. 211-254.

______, 「남방 상좌부의 cetasika(心所)에 대한 고찰」, 『한국불교학』 제41집, 서울: 한국불교학회, 2005, pp. 27-85.

정영근, 「인식의 문제에 대한 원측의 견해」, 『백련불교논집』 제4집, 서울: 백련불교문화재단, 1994, pp. 239-265.

조배균, 「십중유식설로 보는 법장의 포월논리」,『불교학연구』38호, 서울: 불교학연구회), 2014. pp.257-287.

최연자, 「오중유식관의 명상요법이 간호학생의 정신건강상태에 미치는 효과」 『정신간호학회지』 Vol.15 No.2, 2006, pp.127-135.

L. Schmithausen, "Ālayavijnāna - On the origin and the Early Development of a Central Concept of Yogācāra Philosophy" part I and Ⅱ, The International Insitute for Buddhist studies, Tokyo, 1987, p.14.

R.M.L. Gethin, "Bhavaṅga and Rebirth According to the Abhidhamma", The Buddhist Forum, Vol. III, edited by T. Skorupski and U. Pagel, London: School of Oriental and African Studies, 1994, pp. 11-35.

Wan Doo Kim, The Theravādin Doctrine of Momentarines: A Survey of its Origins and Development, Dr. Phil Thesis, Oxford University, 1999.

江坂信幸, 「五重唯識観の研究」,『龍谷大学大学院研究紀要』 通号 21, 1999, pp. 171-174.

高務祐輝, 「『瑜伽師地論』「五識身相應地」および「意地」における六識のモデルについて」, 『日本印度學佛教學會』 第64回 學術大會, 2013.

根無一力, 「五重唯識観の思想とその成立」, 『仏教学研究』 通号 38, 京都: 龍谷大學佛教學會, 1982. pp. 59-77.

金克木, 「說'有分識(Bhavaṅga)'」, 『現代佛學』 135期, 北京: 現代佛學社, 1963, pp. 26-36.

吉元信行, 「阿毘達磨集論における心所法の定義」, 『日本印度學佛教學研究』 22卷 1號, 東京: 日本印度學佛教學會, 1973, pp. 337-342.

楠淳證, 「法相と唯識観」『日本仏教学会年報』 通 号57, 京都: 日本仏教学会西部事務所, 1992. pp. 115-129.

曇摩結, 「南傳的五十二心所法」, 『現代佛學』 109期, 北京: 現代佛學社, 1959, pp. 23-30.

武內紹晃, 「因能變と果能變」, 『日本印度學佛教學會』 3卷 2號, 東京: 日本印度學佛教學會, 1955, pp. 303-305.

渡辺隆生, 「慈恩大師の伝記資料と教学史的概要」『慈恩大師 御影聚英』, 慈恩大師御影聚英刊行會, 興復寺; 藥師寺 編, 京都: 法藏館, 1982.

保坂玉泉, 「慈恩選疏年代考」,『性相』第9輯, 奈良: 法隆寺勸學院同窓會, 1940, pp. 361-370.

北畠典生, 「唯識の観」, 『印度学仏教学研究』通号14, 東京: 日本印度学仏教学会, 1959, pp. 248-251.

山崎慶輝, 「法相唯識の観法に関する二´ 三の問題」,『印度学仏教学研究』 通号 18, 東京: 日本印度学仏教学会), 1961, pp. 136-137.

上田晃圓, 「法相唯識における観法の重要性」, 『印度学仏教学研究』 通号 53, 1978, pp. 134-135.

______, 「法相唯識における五心の意義」, 『佛教學研究』 35集, 京都: 龍谷大學 佛教學會, 1979, pp. 95-120.

______, 「法相唯識の観法としての唯識観」, 『印度学仏教学研究』 通号 56,

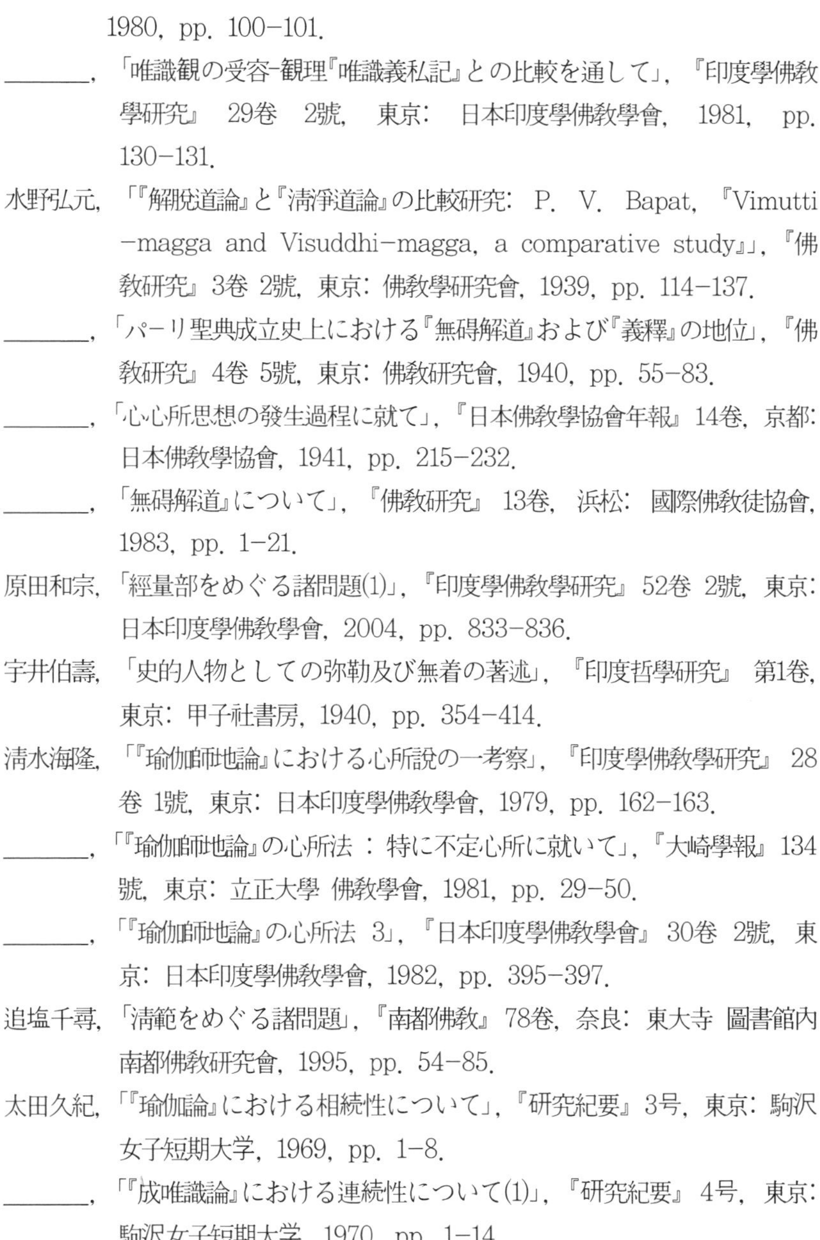
1980, pp. 100-101.

_______, 「唯識観の受容-観理『唯識義私記』との比較を通して」, 『印度學佛教學研究』 29巻 2號, 東京: 日本印度學佛教學會, 1981, pp. 130-131.

水野弘元, 「『解脫道論』と『清淨道論』の比較研究: P. V. Bapat, 『Vimutti-magga and Visuddhi-magga, a comparative study』」, 『佛教研究』 3巻 2號, 東京: 佛教學研究會, 1939, pp. 114-137.

_______, 「パーリ聖典成立史上における『無碍解道』および『義釋』の地位」, 『佛教研究』 4巻 5號, 東京: 佛教研究會, 1940, pp. 55-83.

_______, 「心心所思想の發生過程に就て」, 『日本佛教學協會年報』 14巻, 京都: 日本佛教學協會, 1941, pp. 215-232.

_______, 「無碍解道」について」, 『佛教研究』 13巻, 浜松: 國際佛教徒協會, 1983, pp. 1-21.

原田和宗, 「經量部をめぐる諸問題(1)」, 『印度學佛教學研究』 52巻 2號, 東京: 日本印度學佛教學會, 2004, pp. 833-836.

宇井伯壽, 「史的人物としての弥勒及び無着の著述」, 『印度哲學研究』 第1巻, 東京: 甲子社書房, 1940, pp. 354-414.

清水海隆, 「『瑜伽師地論』における心所說の一考察」, 『印度學佛教學研究』 28巻 1號, 東京: 日本印度學佛教學會, 1979, pp. 162-163.

_______, 「『瑜伽師地論』の心所法 : 特に不定心所に就いて」, 『大崎學報』 134號, 東京: 立正大學 佛教學會, 1981, pp. 29-50.

_______, 「『瑜伽師地論』の心所法 3」, 『日本印度學佛教學會』 30巻 2號, 東京: 日本印度學佛教學會, 1982, pp. 395-397.

追塩千尋, 「清範をめぐる諸問題」, 『南都佛教』 78巻, 奈良: 東大寺 圖書館內 南都佛教研究會, 1995, pp. 54-85.

太田久紀, 「『瑜伽論』における相続性について」, 『研究紀要』 3号, 東京: 駒沢女子短期大学, 1969, pp. 1-8.

_______, 「『成唯識論』における連続性について(1)」, 『研究紀要』 4号, 東京: 駒沢女子短期大学, 1970, pp. 1-14.

______, 「『成唯識論』における連続性について(2)」, 『研究紀要』 5号, 東京: 駒沢女子短期大学, 1971, pp. 1-13.

______, 「五心義について」, 『研究紀要』 8号, 東京: 駒沢女子短期大学, 1974, pp. 25-40.

______, 「『成唯識論』における開導依について」, 『研究紀要』 11号, 東京: 駒沢女子短期大学, 1977, pp. 3-13.

向井亮, 「瑜伽論の成立とアサンガの年代」, 『日本印度學佛教學研究』 29巻 2號, 東京: 日本印度學佛教學會, 1981, pp. 680-686.

黃俊威, 「南傳上座部「有分識」思想之探討 - 以「九心輪」問題為中心」, 『圓光佛學學報』 創刊號, 臺灣: 圓光佛學研究所, 1993, pp. 293-302.

後藤康夫, 「観理の『唯識義私記』について」, 『印度学仏教学研究』 通号 68, 1986, pp. 78-81.

______, 「貞慶における五重唯識に関する一考察」, 『印度学仏教学研究』 通号 72, 1988, pp. 166-168.

______, 「貞慶の『唯識論尋思紗」に関する一考察」, 『印度学仏教学研究』 通号 76, 1990, pp. 34-36.

______, 「五重唯識における摂末帰本識に関する一考察について」, 『宗教研究』 通号 287, 1991, pp. 194-196.

______, 「貞慶の『遺相証性』について」, 『印度学仏教学研究』 通号 102, 2003, pp. 140-142.

______, 「貞慶の五重唯識説の特色」, 『龍谷大学仏教文化研究所紀要』 通号 44. 2005, pp. 36-64.

______, 「良遍の五重唯識論義『遺相證性事』の特色」, 『佛教文化』 No.15, 九州龍谷短期大學 佛教文化研究所, 2006, pp. 45-68.

찾아보기

ㄱ

ㄴ

ㅇ

ㅈ

ㅊ

ㅌ

ㅍ

ㅎ

자은대사 규기와 심식론의 변천

2021년 01월 20일 초판 1쇄 인쇄
2021년 01월 21일 초판 1쇄 발행

저 자 박 재 용
발행인 이 주 현
발행처 도서출판 해조음

등 록 2002. 3. 15 제2-3500호
서울 중구 필동로1길 14-6 리앤리하우스203호
전화 02)2279-2343 전송 02)2279-2406
메일 haejoum@naver.com

값 20,000원

ISBN 979-11-970082-8-3 93220